Internationales Marketing

Ausgewählte Strategien zur Sicherung von Absatz- und Beschaffungsmärkten

von
Prof. Dr. Jürgen Breitschuh
und
Dipl.-Wirtsch. Ing. Thomas Wöller

R. Oldenbourg Verlag München Wien

Bibliografische Information der Deutschen Nationalbibliothek

Die Deutsche Nationalbibliothek verzeichnet diese Publikation in der Deutschen
Nationalbibliografie; detaillierte bibliografische Daten sind im Internet über
<http://dnb.d-nb.de> abrufbar.

© 2007 Oldenbourg Wissenschaftsverlag GmbH
Rosenheimer Straße 145, D-81671 München
Telefon: (089) 45051-0
oldenbourg.de

Lektorat: Wirtschafts- und Sozialwissenschaften, wiso@oldenbourg.de
Herstellung: Anna Grosser
Satz: DTP-Vorlagen des Autors
Coverentwurf: Kochan & Partner, München
Gedruckt auf säure- und chlorfreiem Papier
Druck: Grafik + Druck, München
Bindung: Thomas Buchbinderei GmbH, Augsburg

ISBN 978-3-486-58297-0

Vorwort

Im Brennpunkt des unternehmerischen Handelns steht profitables Wachstum. Dieses Ziel ist insbesondere für Unternehmen, die sich auf gesättigten Märkten bewegen, eine große Herausforderung: die Frage ist, wie man einer Wachstumskrise begegnen und eine Neuausrichtung auf Expansion vollziehen kann.

Das traditionelle Wachstumsschema westlicher Unternehmen in unterschiedlichen Branchen ist häufig dadurch gekennzeichnet, dass man ein attraktives Produkt erfinden und es mit erheblichen Werbeanstrengungen im Markt einführen muss. Zentraler Punkt dieses traditionellen Schemas sind die Produkte mit ihren technischen und qualitativen Eigenschaften und die Annahme, dass diese Produkte auch mit Begeisterung vom Markt aufgenommen werden. Zahlreiche Beispiele zeigen jedoch, dass dieser Ansatz alleine nicht ausreichend ist. Hier setzt das vorliegende Buch an, das Praktikern und Studenten Möglichkeiten aufzeigen soll, durch systematische Ableitungen von Strategien Wachstumspotenziale für Unternehmen zu erschließen. Dabei werden insbesondere ausgewählte Aspekte der praktischen Umsetzung betrachtet.

Strategien werden von Menschen entwickelt und von Menschen umgesetzt. Einer der Schwerpunkte dieses Buches ist daher auch die nähere Auseinandersetzung mit der Implementierung von Strategien, sowie dem Erfolgsfaktor Personal. Der Erfolgsfaktor Personal wird zum einen im Rahmen des Diversity Management, also dem Gesichtspunkt der Verschiedenartigkeit der Mitarbeiter und der Steuerung dieser Vielseitigkeit, betrachtet. Zum anderen wird der Erfolgsfaktor Personal aus dem Blickwinkel von Unternehmen reflektiert, für die personelle Präsenz in Auslandsmärkten nötig erscheint.

Das Buch ist wesentlich beeinflusst durch die verschiedenen beruflichen Erfahrungen und damit auch Sichtweisen der beiden Autoren:

Prof. Dr. Jürgen Breitschuh mit dem Schwerpunkt Forschung und Lehre an der Fachhochschule Stralsund im Bereich Marketing und Management. Darüber hinaus Tätigkeit als Unternehmensberater im Bereich B-to-C und B-to-B sowie langjährige Führungserfahrungen im Marketing.

Dipl. Wirtschaftsingenieur Thomas Wöller, tätig in einem deutschen Unternehmen der Automobilindustrie, sammelte Erfahrungen als Unternehmensberater und Projektmanager im Automobilbereich in Shanghai und Peking/China.

Die Konzeption des Buches ist dabei nach der folgenden Logik gestaltet:

Zunächst wird eine Übersicht über die Entwicklungsmöglichkeiten von Unternehmen durch geeignete Strategien gegeben. Dabei wird Augenmerk auf die Bewertung von Strategien gerichtet, sowie auf die Implementierung von Strategien. Bei der Implementierung von Strategien werden verschiedene Einflussfaktoren betrachtet, die der konkreten Umsetzung der ausgewählten Strategien förderlich oder hinderlich seien können.

Weiter erfolgt die Betrachtung des Human Capitals mit den Erfolgfaktoren Diversity Management und Personalmanagement, denn technisch hochwertige Produkte reichen nicht automatisch aus, den Unternehmenserfolg zu sichern: der Mensch und die Art der persönlichen Gestaltung von Beziehungen ist häufig limitierender Faktor.

Der zweite Schwerpunkt des Buches beschäftigt sich mit strategischen Ansätzen der Automobilindustrie in der Praxis auf dem chinesischen Markt. Der Markt China ist im Fokus der deutschen Industrie und das Land der Rekorde: die meisten Einwohner, das schnellste Wirtschaftswachstum und die höchsten Auslandsinvestitionen. Hier erfolgt eine nähere Betrachtung von Strategien von Absatz- und Beschaffungsmärkten: Beispielhaft wird ein langfristiges Konzept des Beziehungsmanagement durch Maßnahmen der Personalentwicklung auf dem chinesischen Markt dargestellt.

Zum inhaltlichen Gelingen des Buches hat die freundliche Auskunftsbereitschaft und Informationsbereitstellung vieler Unternehmen beigetragen. Das Buch hatte viele Mithelfende. Dabei erlauben wir uns einige besonders zu erwähnen: der Dekan des Fachbereiches Maschinenbau an der Fachhochschule Stralsund, Prof. Dr. E. Kusserow, hat dieses Buchvorhaben durch Schaffung notwendiger Rahmenbedingungen wesentlich beeinflusst. Die Manuskriptbearbeitung und das formale Finishing lagen in der Hand der studentische Hilfskraft Herr Tobias Poggendorf. Umfangreiche Schreibarbeiten und die Kritik an missverständlichen Formulierungen übernahm Frau Anke Breitschuh.

Allen danken wir sehr herzlich.

Jürgen Breitschuh   Thomas Wöller

Inhaltsverzeichnis

Vorwort		**V**
Abbildungsverzeichnis		**IX**
Tabellenverzeichnis		**1**
1	**Begriffe und Abgrenzungen**	**1**
1.1	Aspekte des Internationalen Marketings	1
1.2	Abgrenzung und ausgewählte Besonderheiten von Absatzmärkten	5
1.3	Aspekte von Kaufentscheidungen bei Organisationen	7
1.4	Strategie	7
2	**Entwicklung von Unternehmen durch Strategien**	**9**
2.1	Grundprinzip der Strategieformulierung	9
2.2	Übersicht der strategischen Optionen	12
2.3	Strategien des Wachstums auf Unternehmensebene	14
2.3.1	Strategien nach geografischer Ausrichtung	15
2.3.2	Produkt-/Markt-Strategien	15
2.3.3	Marktdurchdringung	16
2.3.4	Produktentwicklung	17
2.3.5	Marktentwicklung	18
2.3.6	Diversifikation	19
2.3.7	Strategien des internen und externen Wachstums: Do-It-Yourself-, Kooperations- und Akquisitionsstrategie	25
2.4	Strategien auf Geschäftsbereichsebene	28
2.4.1	Marktstimulierungs-Strategien	28
2.4.2	Präferenz-Strategie	28
2.4.3	Preis-Mengen-Strategie	29
2.4.4	Marktparzellierungs-Strategien	31
2.5	Kombination der Marketingstrategien	33
2.6	Bewertung von Strategien	34
2.6.1	Bewertungsmethoden für Produkt-Markt-Strategien	35
2.6.2	Portfolio-Technik als Bewertungsmethode	40
2.6.3	Checklisten-Verfahren als Bewertungsmethode	43

2.7   Implementierung...45
2.7.1   Aufgaben der Strategieimplementierung: Überblick...............................45
2.7.2   Ausgewählte Einflussfaktoren der Implementierung 48

3   Erfolgsfaktor Diversity Management   73

3.1   Begriff Diversity Management..75

3.2   Generatives Diversity Management 78

3.3   Ziele und Potentiale 81

3.4   Angewandtes Diversity Management: Beispiele aus der Praxis 83
3.4.1   Beispiel BP 83
3.4.2   Beispiel FORD...86

3.5   Erfolgsmessung..90

3.6   Exkurs: kulturspezifische Aspekte im Management internationaler
        Kooperationsprozesse..91

4   Erfolgsfaktor Personalmanagement   97

4.1   Entscheidungen im Bereich personeller Präsenz vor Ort.......................97

4.2   Entsendungsprozess eines Delegierten des Stammhauses 101
4.2.1   Auswahlphase..101
4.2.2   Vorbereitungsphase 103
4.2.3   Einsatzphase..105
4.2.4   Reintegrationsphase 108

4.3   Erfolgskomponenten eines Auslandseinsatzes 112

**5   Ausgewählte Strategien zur Sicherung von
        Absatz- und Beschaffungsmärkten in der Praxis: Beispiel China   115**

5.1   Ausgewählte Aspekte des chinesischen Marktes 115
5.1.1   Relevante Marktdaten..115
5.1.2   Bildungsmarkt China...117
5.1.3   Kulturspezifische Rahmenbedingungen bei Geschäftskontakten 119
5.1.4   China im Interessenfeld der Automobilindustrie....................................126

5.2   Beziehungsmanagement durch interne und externe Personalentwicklung in China:
        Aufbau eines Human Resource Training Center....................................134
5.2.1   Hintergrund...134
5.2.2   Ziele 135
5.2.3   Modelle der Personalentwicklung 137
5.2.4   Aspekte der Durchführung 164

Literaturverzeichnis   165

Schlagwortverzeichnis   177

Abbildungsverzeichnis

Abb. 1: Abgrenzung des B-to-B-Marketings   5
Abb. 2: Wesentliche Charakteristika von Industriegütermärkten   6
Abb. 3: Strategieauswahl im Kontext der Strategiebestimmung   9
Abb. 4: Theoretischer Aufbau der SWOT-Matrix   10
Abb. 5: Operative und strategische Lücke   11
Abb. 6: Strategiearten   13
Abb. 7: Ausprägungen der Marktarealstrategie   15
Abb. 8: Produkt-Markt-Matrix von Ansoff   16
Abb. 9: Anknüpfungsfelder der Marktentwicklung   18
Abb. 10: Wachstumsstrategien   22
Abb. 11: Drei Ebenen der Differenzierung   29
Abb. 12: Marktstimulierungsstrategien im Vergleich   30
Abb. 13: Basisalternativen der Marktparzellierung   32
Abb. 14: Individualisierte Kundenansprache als Strategietrend   33
Abb. 15: Kombinations-Matrix zur Bestimmung des Strategieprofils   34
Abb. 16: PIMS-Paradigma der Wettbewerbsstrategie   37
Abb. 17: Marktattraktivitäts-Wettbewerbsvorteil-Portfolio   41
Abb. 18: Qualitätssicherung und Trainingseffekte   68
Abb. 19: Internes und externes Diversity Management   77
Abb. 20: Generatives Diversity Management   79
Abb. 21: Generatives Diversity Management   80
Abb. 22: Mögliche Vorteile und Verbesserungen durch Diversity   82
Abb. 23: Vergleich Lohnkosten in China und Indien   100
Abb. 24: Klassifikation von Vorbereitungsmaßnahmen für Stammhausdelegierte   104
Abb. 25: Idealtypischer Zusammenhang zwischen Entsendungsdauer und   107
Abb. 26: Die Probleme der Auslandsmitarbeiter bei der Rückkehr mit der Heimat   109
Abb. 27: Typologie von Stammhausdelegierten   111
Abb. 28: Erfolgsfaktoren des Auslandseinsatzes von Stammhausdelegierten   112
Abb. 29: Entwicklung des realen BIP   115
Abb. 30: Marktentwicklung   116
Abb. 31: Der Aufbau des chinesischen Bildungssystems   118
Abb. 32: Der relevante Bildungsmarkt in China   119
Abb. 33: Kommunikationsmodell   120
Abb. 34: Prägende Wertvorstellungen in Deutschland und China   121
Abb. 35: Problemstellung des chinesisch-deutschen Joint Ventures   126
Abb. 36: Ursachen des Handlungsbedarfs   127

Abb. 37: Interessensgegensätze der Joint Venture Partner 128
Abb. 38: Philosophische Perspektiven der Joint Venture Partner 129
Abb. 39: Kulturspezifische Lerntechniken 130
Abb. 40: Systemtheoretisch-Kybernetische Perspektive 131
Abb. 41: Spieltheoretische Perspektive 132
Abb. 42: Unternehmenskulturelle Perspektive 133
Abb. 43: Ziele und Instrumente 136
Abb. 44: Entscheidungshilfen für die Unternehmensgründung in China 138
Abb. 45: Das Fünf-Kräfte Modell nach Porter für die Sales Academy 140
Abb. 46: Ziele und Aufgaben der Sales Academy 141
Abb. 47: SWOT-Analyse der Sales Academy 142
Abb. 48: Leistungsprogramm der Sales Academy 143
Abb. 49: Wertschöpfungstiefe der Sales Academy 145
Abb. 50: Ist-Produktportfolio Training on the Job 146
Abb. 51: Interessensgegensätze der JV Partner 147
Abb. 52: Das Fünf-Kräfte Modell nach Porter für das Training on the Job 149
Abb. 53: SWOT-Analyse des Training on the Job 151
Abb. 54: Das ausgleichende Verhältnis von Training und Beratung 153
Abb. 55: Wertschöpfungstiefe des Training on the Job 154
Abb. 56: Kunden des Geschäftsfelds Universität 157
Abb. 57: Das Fünf-Kräfte Modell nach Porter für die Universität 158
Abb. 58: SWOT-Analyse der Universität 160
Abb. 59: Die Produkte der Universität nach Zielgruppen 162

Tabellenverzeichnis

Tab. 1: Ausgewählte Motive für Diversifikation   20
Tab. 2: Ausprägungsarten der Diversifikation   23
Tab. 3: Aktionsprogramme zur Steigerung des Unternehmenswertes im Kerngeschäft   24
Tab. 4: Markteintrittsstrategien der Diversifikation   25
Tab. 5: Übersicht interner und externer Wachstumsoptionen   27
Tab. 6: Marktstimulierungsstrategien in der Übersicht   28
Tab. 7: Bewertung der Marktattraktivität   41
Tab. 8: Bewertung des Strategischen Fit   42
Tab. 9: Bewertung der rechtlichen Rahmenbedingungen   43
Tab. 10: Differenzierung der globalen Umweltbedingungen eines Landes   44
Tab. 11: Beispiel für die Ausrichtung des Marketing Mix auf eine gewählte Strategie   60
Tab. 12: Diversity Dimensionen   76
Tab. 13: Vor- und Nachteile einer ethno-, poly- und geozentrischen Besetzungspolitik   98

1 Begriffe und Abgrenzungen

1.1 Aspekte des Internationalen Marketings

Das Internationale Marketing ist die globale Marktbearbeitung mit den Instrumenten des Marketing-Mix. Die Ausgestaltung des Internationalen Marketings orientiert sich dabei an der Strategischen Orientierung, der internationalen Umfeldanalyse und dem internationalen Marketing-Mix. Zur begrifflichen Abgrenzung wird auf die verbreitete Definition von Meffert:

> *"Internationales Marketing besteht in der Analyse, Planung, Durchführung, Koordination und Kontrolle marktbezogener Unternehmensaktivitäten bei einer Geschäftstätigkeit in mehr als einem Land"*[1]

Bezug genommen.

Strategische Orientierung

Die strategische Orientierung im internationalen Marketing und die Art und Weise, wie die Unternehmen dem internationalen Markt entgegen gehen ist abgeleitet vom Ansatz des strategischen Managements.[2] Die Marketingdisziplin ist universal, aber Märkte und Kunden sind sehr unterschiedlich. Ein Konzept der strategischen Orientierung kann nach dem Grad der Internationalisierung unterteilt werden:[3]

- "Domestic Market Extension Orientation"
  Die internationalen Aktivitäten werden als zweitrangig angesehen und sind lediglich profitable Abnehmer von Produktionsüberschüssen.

- "Multidomestic Market Orientation"
  Die internationalen Aktivitäten sind von großer Bedeutung, aber jeder Markt wird differenziert bearbeitet. Es gibt eine eigene Marketingstrategie für jedes Land und die Länder operieren unabhängig voneinander. Oft sind die Ziele und Pläne dem Markt angepasst, genauso wie Produkte und andere Elemente des Marketing-Mix.

---

[1] Meffert, H., Bolz, J., Internationales Marketing- Management, 2. Aufl., Stuttgart 1994, S. 2

[2] Vgl. Keegan, W. J., Schlegelmilch, B. B., Stöttinger, B., Globales Marketing-Management: eine europäische Perspektive, München 2002, S. 9

[3] Vgl. Cateora, P. R., Graham, J. L., International Marketing, Boston 2001, S. 23

- "Global Marketing Orientation"
  Ein Unternehmen mit einer globalen Orientierung strebt nach Größeneffekten und entwickelt dafür einen standardisierten Marketing-Mix der über die Grenzen der Länder hinweg anwendbar ist. Die Märkte sind dennoch segmentiert nach Charakteristiken wie Einkommen, Alter, Sprache etc. Das Konzept betrachtet aber nicht mehr den einzelnen Markt differenziert, sondern sieht vielmehr Cluster von Ländern, die unter ähnlichen Marketing Aspekten zu bearbeiten sind.

Eine ähnliche Struktur und Orientierung weist die „EPRG" – Konzeption [4] auf. Sie wird in vier verschiedene Ausrichtungen unterteilt: [5]

Ethnozentrische Orientierung - überwiegend orientiert am Heimatmarkt, internationale Beziehungen haben eine niedrige Priorität und Bewährtes wird unverändert auf andere Länder übertragen.

- **Polyzentrische Orientierung** – überwiegend orientiert an den Ländermärkten, jeder ist einzigartig und sollte dementsprechend berücksichtigt werden.
- **Regiozentrische Orientierung** - überwiegend regional orientiert, Regionen werden als eine Einheit mit einer regionalen Strategie gesehen, die entwickelt und implementiert wird.
- **Geozentrische Orientierung** – überwiegend orientiert an der Welt, sie wird als ein Markt mit einer globalen Strategie gesehen, die lokale Anforderungen und Bedürfnisse gleichmäßig erfüllt.

Internationale Umfeldanalyse
Der Ansatz, alles über den Kunden zu wissen, genügt den Anforderungen an ein internationales Marketingkonzept nicht mehr. Es ist vielmehr erforderlich, den Kunden in seiner Umgebung genauestens zu kennen: Wettbewerb, politische Situation, sowie die ökonomischen, sozialen und politischen Kräfte, die die Entwicklung des Marktes beeinflussen.

Dabei spielt die Verlagerung des Ziels vom Profit zum Stakeholder Value[6] im internationalen Marketing eine wichtige Rolle.[7] Unter Berücksichtigung dieser Sichtweise ist die Marketing Situation eines Landes zu beurteilen, die sich in kontrollierbare und unkontrollierbare Elemente einteilen lässt.[8] Zu den unkontrollierbaren Elementen zählt insbesondere die:

---

[4] „EPRG" – Konzeption: E= Ethnozentrische OrientierungP= Polyzentrische Orientierung
R= Regiozentrische Orientierung G= Geozentrische Orientierung

[5] Vgl. Meffert, H., Bolz, J., Internationales Marketing- Management, 2. Aufl., Stuttgart 1994, S. 25 und Keegan, W. J., Schlegelmilch, B. B., Stöttinger, B., Globales Marketing-Management: eine europäische Perspektive, München 2002, S. 17

[6] Als Stakeholder gelten dabei neben den Shareholdern die Mitarbeiter, die Kunden, die Lieferanten sowie der Staat und die durch die Unternehmenstätigkeit mittel- und unmittelbar betroffene Öffentlichkeit, deren Wertansatz zu optimieren ist.

[7] Vgl. Keegan, W. J., Schlegelmilch, B. B., Stöttinger, B., Globales Marketing-Management: eine europäische Perspektive, München 2002, S. 5

[8] Vgl. Cateora, P. R., Graham, J. L., International Marketing, Boston 2001, S. 23

- ökonomische Umwelt
- soziokulturelle Umwelt
- Wettbewerbs-Umwelt
- politische, legale und regulierende Umwelt
- informationstechnologische Umwelt
- Absatzstruktur
- Geografie und Infrastruktur.[9]

Die kontrollierbaren Elemente sind im Wesentlichen durch die Marketing-Mix-Komponenten gekennzeichnet.

Internationaler Marketing-Mix
Die Instrumente der einzelnen Komponenten des Marketing-Mix können je nach strategischer Ausrichtung zu einem unterschiedlichen Grad national, international oder global ausgerichtet werden. Das eine Extrem des internationalen Marketing-Mix beinhaltet einen standardisierten Marketing-Mix in der ganzen Welt, was die niedrigsten Kosten durch Größeneffekte verspricht.[10] Die Größeneffekte basieren allerdings auf der kritisch zu betrachtenden Prämisse, dass die Länder sich annähern und zu einem homogenen Markt zusammenwachsen. Durch Marketingstandardisierung sind besonders Effekte im Bereich von Promotions und Werbung zu verzeichnen.[11] Das andere Extrem ist die Anpassung des Marketing-Mix an den jeweiligen Zielmarkt. Sie beinhaltet die Gesamtheit der Aktionen bzw. Handlungsalternativen, die sich auf die Beeinflussung der Absatzmärkte bzw. auf die Umwelt richtet.

- Produkt- und Programmpolitik
Unter internationalen Gesichtspunkten muss die Frage betrachtet werden, welche Leistungen bzw. Problemlösungen wie am Markt angeboten werden sollen.[12] Standardisierung würde bedeuten, dass ein Produkt und Dienstleistungen weltweit oder zumindest für eine Region einheitlich angeboten werden. Ein einheitliches Produkt schöpft Gewinn bei einer großen Masse an Menschen ab, mit dem Ziel, die Kosten zu minimieren. Diese können wieder an den Kunden weitergegeben werden.[13] Mit Anpassungen hingegen fokussiert das Management die länderspezifischen Unterschiede des Zielmarkts. Standardisierung zielt auf Kostensenkung durch Massenproduktion ab, während Differenzierung eine stärkere Marktorientierung hat und die Kundenzufriedenheit durch lokale Anpassungen steigert.

- Kontrahierungspolitik
Hier ist die Frage, zu welchen Bedingungen Leistungen am Markt angeboten werden sollen.[14] Die Kontrahierungspolitik umfasst alle vertraglichen Vereinbarungen bzw. Transakti-

---

[9] Vgl. Berndt, R., Altobelli, C. F., Sander, M., Internationales Marketing-Management, Berlin 2003, S. 16 ff

[10] Vgl. Kotler, P., Marketing Management, New Jersey 2003, S. 393

[11] Vgl. Richter, T., Marketing Standardisation in International Marketing, Frankfurt/ Main 2002, S. 49

[12] Vgl. Meffert, H., Marketing, 9. Aufl., Wiesbaden 2000, S. 327 ff

[13] Vgl. Kotabe, M., Helsen, K., Global Marketing Management, 2. Aufl., New York 2001, S. 330

[14] Vgl. Meffert, H., Marketing, 9. Aufl., Wiesbaden 2000, S. 482 ff

onsbedingungen über das Leistungsangebot. Dabei sind Entscheidungen über die Preis- und Rabattpolitik, die Lieferungs- und Zahlungsbedingungen, sowie die Kreditpolitik zu treffen.[15] Eine Harmonisierung der Preis- und Kontrahierungspolitik bringt die Verringerung firmeninterner Preiskämpfe und paralleler Importe mit sich.[16] Allerdings sind insbesondere die lokalen Unterschiede in den Produktions- und Lohnkosten, sowie steuerliche Aspekte bei der Vereinheitlichung zu berücksichtigen.

- Distributionspolitik

Der Distributionsmix beschäftigt sich mit der Fragestellung, an wen und auf welchen Wegen die Produkte verkauft bzw. an die Käufer herangetragen werden sollen.[17] Dazu gehören Entscheidungen der Logistik, der Absatzkanäle, der Absatzmittler, der Transportmittel, der Lagerhaltung etc.[18]

Die Distributionsformen sind stark abhängig von den Marktgegebenheiten und eine Vereinheitlichung schon auf europäischer, geschweige auf globaler Ebene scheint problematisch.[19]

- Kommunikationspolitik

Weiter ist zu klären, welche Informations-Beeinflussungsmaßnahmen ergriffen werden sollen, um die Leistungen abzusetzen.[20] Dazu gehören Maßnahmen der globalen Werbung und des Brandings[21], internationales Sponsoring, Sales Promotion, Öffentlichkeitsarbeit etc..[22] Die standardisierte kommunikative Ansprache auf internationaler Ebene führt zu einem starken globalen und einheitlichen Brandimage.[23] Diese ist in der Praxis aber nur beschränkt möglich, weil gerade bei diesem Aspekt kulturelle, ökonomische, mediale und produkttechnische Gegebenheiten eine große Rolle für den Erfolg spielen.[24]

---

[15] Vgl. Keegan, W. J., Schlegelmilch, B. B., Stöttinger, B., Globales Marketing-Management: eine europäische Perspektive, München 2002, S. 404 ff

[16] Vgl. Büschken, J., Hinzdorf, T., Preispolitik auf interdependenten Märkten, S. 18, in: Belz, C., Mühlmeyer, J., Internationales Preismanagement, Wien/Frankfurt 2000, S. 16-29

[17] Vgl. Meffert, H., Marketing, 9. Aufl., Wiesbaden 2000, S. 600 ff

[18] Vgl. Weis, H. C., Marketing, 12. Aufl., Ludwigshafen 2001, S. 351 ff

[19] Vgl. Richter, T., Marketing Standardisation in International Marketing, Frankfurt/ Main 2002, S. 45

[20] Vgl. Meffert, H., Marketing, 9. Aufl., Wiesbaden 2000, S. 678

[21] Vgl. Esch, F.-R., Strategie und Technik der Markenführung, München, 2003, S. 153 ff
Branding umfasst alle konkreten Maßnahmen zum Aufbau einer Marke, die dazu geeignet sind, ein Angebot aus der Masse gleichartiger Angebote herauszuheben und die eine eindeutige Zuordnung von Angeboten zu einer bestimmten Marke ermöglichen.

[22] Vgl. Keegan, W. J., Schlegelmilch, B. B., Stöttinger, B., Globales Marketing-Management: eine europäische Perspektive, München 2002, S. 455 ff

[23] Vgl. Bukhari, I., Europäisches Brand Management, Wiesbaden 1999, S. 27

[24] Vgl. McAuley, A., International Marketing, Chichester 2001, S. 175

1.2 Abgrenzung und ausgewählte Besonderheiten von Absatzmärkten

Bei der Betrachtung von Absatzmärkten gibt es in der Literatur und im Sprachgebrauch der unternehmerischen Praxis zahlreiche Begriffe, die zu einer überschneidungsfreien Anwendung einer Klärung bedürfen. Hierzu gehören beispielsweise die Begriffe Investitionsgüter und Industriegütermarketing, Business-to-Business-Marketing sowie Business-to-Consumer-Marketing und Konsumgüter-Marketing. Weiter gefasst ist die Bezeichnung Industriegüter, die nicht durch ihre technischen Merkmale, sondern vielmehr durch die Adressierung im Vermarktungsprozess definiert wird.[25] Unter dem Begriff Investitionsgüter werden vor allem Produkte mit hohen technologischen Anforderungen und hohem Investitionsvolumen, wie zum Beispiel Maschinen und Anlagen, subsumiert. Allerdings wird diese Definition nicht zu allen als Investitionsgüter bezeichneten Produkten gerecht. [26]

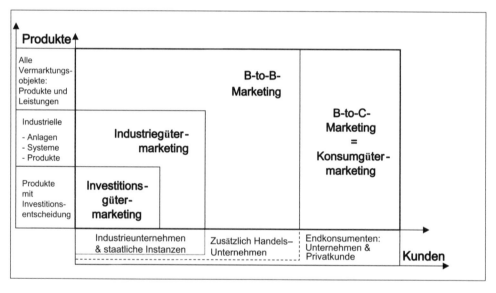

Abb. 1: Abgrenzung des B-to-B-Marketings

Industriegütermarketing unterscheidet sich gegenüber dem B-to-B-Marketing darin, dass es die Vermarktung an reine Handelsorganisationen definitorisch ausschließt.[27] Management von Geschäftsbeziehungen hat im Industriegütermarketing bereits lange Tradition, wird

---

[25] Im Gegensatz zu Industriegütern werden Konsumgüter direkt an den Endkunden vertrieben.

[26] Vgl. Homburg, C., Krohmer, H., Marketing Management: Strategie- Umsetzung- Unternehmensführung, Wiesbaden 2003, S. 881

[27] Vgl. Backhaus, K., Industriegütermarketing, 7. Aufl., München 2003, S. 8

durch den Gedanken der Kundenbindung jedoch auf eine strategische und langfristige Ebene gehoben.[28]

Im B-to-B-Bereich müssen die Bedürfnisse auf allen Stufen des Absatzkanals geprüft sowie die Gestaltung des Produkts und die Marketingmaßnahmen mit allen Bedürfnissen abgestimmt werden.[29] Das Bestreben von Herstellerunternehmen Marketingmaßnahmen in Koordination mit Absatzmittlern an den Endkunden zu kommunizieren, bezeichnet man als vertikales Marketing.[30] Die Bindung einer Handelsstufe an den Hersteller bezeichnet man im Gegenzug als Handelspartnerbindung.[31]

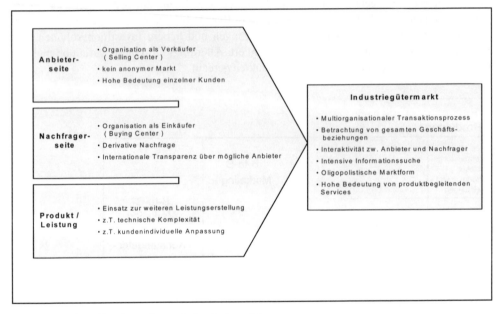

Abb. 2: Wesentliche Charakteristika von Industriegütermärkten.
Quelle: Vgl. Backhaus, Industriegütermarketing, 7. Aufl., München 2003, S. 3-6 und Meffert, H., Marketing, 9. Aufl., Wiesbaden, 2000 S. 1204 f

Die Implementierung einer intakten B-to-B-Beziehung ist essentiell für den Hersteller, um sicher gehen zu können, dass die Produkte beim Endkunden in adäquater Weise platziert und die Produktqualitäten dem Endkunden angemessen verdeutlicht werden.

---

28   Vgl. Meffert, H., Marketing, 9. Aufl., Wiesbaden 2000, S. 25

29   Vgl. Gummesson, E., Relationship-Marketing, Landsberg Lech, 1997, S. 97 ff

30   Vgl. Homburg, C., Krohmer, H., Marketing Management, Wiesbaden 2003, S. 726

31   Vgl. Zentes, J., Swoboda, B., Morschett, D., Kundenbindung im vertikalen Marketing, in: Bruhn, M., Homburg, C. (Hrsg.): Handbuch Kundenbindungsmanagement, 4. Aufl., Wiesbaden 2003, S. 166 ff

1.3 Aspekte von Kaufentscheidungen bei Organisationen

Das Käuferverhalten im organisatorischen Entscheidungsprozess ist im Wesentlichen durch folgende Besonderheiten gekennzeichnet:

- Multiorganisationalität und Multipersonalität bzw. hoher Grad an Kollektivität
- Abgeleitete Nachfrage
- Anreiz- und Sanktionsmechanismen
- Prozessorientierung, stärkere Rationalität und hoher Formalisierungsgrad
- hoher Individualisierungsgrad sowie Relevanz von Dienstleistungen
- hohe Interaktion und Gleichstellung von Anbieter und Nachfrager[32].

Die Multiorganisationalität bezeichnet die Beteiligung weiterer Organisationen am Beschaffungsprozess neben der Anbieter- und Nachfragerorganisation. Multipersonalität wird oft in Zusammenhang mit dem Begriff Buying-Center[33] verwendet, welcher besagt, dass die Kaufentscheidung durch mehrere Personen der Organisation gefällt wird. Die Nachfrage von Industrieunternehmen wird zusätzlich nicht als originär, sondern als derivativ bezeichnet, da diese die Nachfrage ihrer Kunden nur weitergeben. [34] Auf dem B-to-B-Markt spielt Rationalität zudem eine größere Rolle als auf Konsumgütermärkten, wo oft spontane Entscheidungen getroffen werden. Dagegen sind enge persönliche und langfristig aufgebaute Kontakte bei Industrieunternehmen der Erfolgsfaktor einer interaktiven Geschäftsbeziehung, jedoch meist ohne Verzicht auf schriftlich formulierte Verträge.[35]

Zusammenfassend wird deutlich, dass im indirekten Vertriebskanal den Anforderungen aller Vertriebsstufen entsprochen werden sollte und die enge Beziehung mit allen Buying-Center-Mitgliedern beim Verkauf einen hohen Stellenwert einnimmt.

1.4 Strategie

Der Begriff Strategie hat seine sprachliche Herkunft aus dem Griechischen und ist inhaltlich aus dem militärischen abgeleitet: ursprünglich ist mit Strategie die Kunst der Heerführung (griechisch: strategos = Heerführer) gemeint. Carl v. Clausewitz (19. Jahrhundert) zieht den

---

[32] Vgl. Homburg, C., Krohmer, H., Marketing Management, Wiesbaden 2003, S. 883, auch: Fuchs, W., Management der Business- to- Business- Kommunikation, Wiesbaden 2003, S. 6 und Meffert, H., Marketing, 8. Aufl., Wiesbaden 1998, S. 131 ff

[33] Vgl. Kotler, P., Bliemel, F., Marketing-Management, 10. Aufl., Stuttgart 2001, S. 382
Ein Buying- Center (= Beschaffungsteam) kann bestehen aus dem Initiator, dem Anwender, dem Einflussnehmer, dem Entscheider, dem Einkäufer, den Genehmigungsinstanzen und dem Informationsselektierer.

[34] Vgl. Homburg, C., Krohmer, H., Marketing Management, Wiesbaden 2003, S. 884 f

[35] Vgl. Fuchs, W., Management der Business- to- Business- Kommunikation, Wiesbaden 2003, S. 8

Vergleich zwischen dem Militär und der Wirtschaft und vergleicht den Krieg mit dem Handelsgeschäft. Nach seinem Verständnis bezeichnet der Begriff Strategie den Gebrauch des Gefechts zum Zwecke des Krieges. Die Erfinder der so genannten Spieltheorie, John v. Neumann und Oskar Morgenstern entmilitarisierten den Begriff Strategie: Strategie ist eine Folge von Einzelschritten, die auf ein bestimmtes Ziel ausgerichtet ist. Als aktuelle Definition im Management und als Basis für die nachfolgenden Ausführungen wird die Sichtweise Bea`s herangezogen: [36]

Strategie sind Maßnahmen zur Sicherung des langfristigen Erfolgs eines Unternehmens.

---

[36]   Vgl. Bea, X., Strategisches Management, 3. Aufl., Stuttgart, 2001, S. 163

2 Entwicklung von Unternehmen durch Strategien

2.1 Grundprinzip der Strategieformulierung

Ausgehend von der Zielbildung und den Informationen der in der Eigensituationsanalyse durchgeführten Umfeld- und Unternehmensanalyse, geht es um die Formulierung einer Strategie[37] zur Erreichung der Wachstumsziele der Unternehmung.

Abb. 3: Strategieauswahl im Kontext der Strategiebestimmung

Um zur endgültigen und modifizierten Strategieauswahl zu kommen, bedarf es zunächst der Analyse der Ist-Situation eines Unternehmens. Ein Hilfsmittel zur ersten Orientierung und Vorgabe der alternativen strategischen Stoßrichtungen kann dabei die SWOT-Analyse[38] sein.

SWOT-Analyse:
Aus den in der Umfeldanalyse identifizierten Chancen und Risiken und den in der Unternehmensanalyse ermittelten Stärken und Schwächen lässt sich zusammenfassend die so genannte SWOT-Analyse[39] anfertigen. Es handelt sich dabei um eine Übertragung der vier Bewertungskomponenten der Eigensituationsanalyse mit den Elementen:

- **S**trength (Stärke)
- **W**eakness (Schwäche)
- **O**pportunities (Chancen)
- **T**hreats (Risiken)

---

[37] Begriffsbestimmung: „Strategie ist ein geplantes Maßnahmenbündel zur langfristigen Erreichung der gesetzten Ziele." vgl. Welge, M. K., Al- Laham, A., Strategisches Management, 4. Aufl., Wiesbaden 2003, S. 23

[38] Vgl. Becker, J., Marketing-Konzeption, 7. Aufl., München 2002, S. 147 ff

[39] In der Literatur wird neben der SWOT- Analyse auch die TOWS- Analyse genannt. Beide Begriffe werden dabei oft im Wechsel synonym in die Kategorie der strategieentwickelnden Analyse-Tools eingeordnet. Vgl. Meffert, H., Marketing, 9. Aufl., Wiesbaden 2000, S. 68 und Macharzina, K., Unternehmensführung, 4. Aufl., Wiesbaden 2003, S. 253 f und Welge, M. K., Al-Laham, A., Strategisches Management, 4. Aufl., Wiesbaden 2003, S. 317 ff

Die SWOT-Analyse ist nicht nur deskriptiver Natur und nennt die identifizierten Schwächen und Stärken sowie Chancen und Risiken, sondern ist Bindeglied zwischen Analyse und Strategieentwicklung und gibt erste Handlungsalternativen in Bezug auf die Entwicklung einer strategischen Stoßrichtung vor.[40]

Den vier Kombinationen der SWOT-Analyse können Normverhaltensweisen zugeordnet werden.[41] Ein exemplarischer Aufbau der SWOT-Analyse ist der folgenden Abbildung zu entnehmen.

Unternehmen / Umfeld	STÄRKEN (S) STRENGHTS	SCHWÄCHEN (W) WEAKNESSES
	Auflistung der wichtigsten Stärken eines Unternehmens (meistens 5 - 10).	Auflistung der bedeutensten Schwächen eines Unternehmens (meistens 5 - 10).
CHANCEN (O) OPPORTUNITIES Auflistung der identifizierten Marktchancen des Unternehmensumfeldes (meistens 5 - 10).	SO-STRATEGIEN : AUSBAUEN Einsatz von Stärken zur Nutzung von Chnacen.	WO-STRATEGIEN : AUFHOLEN Überwindung der eigenen Schwächen durch Nutzung von Chancen.
RISIKEN (T) THREATHS Auflistung der identifizierten Marktrisiken des Unternehmensumfeldes (meistens 5 - 10).	ST-STRATEGIEN : ABSICHERN Nutzung der eigenen Stärken zur Abwehr von Bedrohungen.	WT-STRATEGIEN : MEIDEN Einschränkung der eigenen Schwächen und Vermeidung von Bedrohungen.

Abb. 4: Theoretischer Aufbau der SWOT-Matrix
Quelle: Darstellung in Anlehnung an: Macharzina, K., Unternehmensführung, 4. Aufl.,Wiesbaden 2003, S. 253 ff

Nach der strategischen Analyse der Ausgangssituation muss in einem weiteren Schritt die strategische Stoßrichtung des Unternehmens bestimmt werden mit den zu treffenden Entscheidungen bezüglich:

- der geografischen Ausrichtung,
- der Produkte und Märkte und
- dem Grad der Eigenständigkeit. [42]

Strategien stellen aus entscheidungstheoretischer Betrachtungsweise Handlungsalternativen dar, deren prognostizierte Zielerträge die Wahl der Alternative bestimmen. Mit Wahl der

---

[40] Vgl. Pepels, W., Handels-Marketing und Distributionspolitik, 1. Aufl., 1995, S. 306

[41] Vgl. Macharzina, K., Unternehmensführung, 4. Aufl., Wiesbaden 2003, S. 253 ff

[42] Vgl. Macharzina, K., a.a.O., S. 211

Strategie sind die strategischen Ziele zu verwirklichen, nachdem die Stärken und Schwächen des Unternehmens identifiziert sind und die Stärken des Unternehmens zur Potentialerschließung der Chancen und zur Bewältigung der Risiken genutzt werden.

Die Differenz zwischen der gewünschten langfristigen Entwicklung eines Unternehmens bzw. Zielprojektion und der Status-quo-Projektion, d.h. die erwartete Entwicklung, die ohne die Durchführung weiterer operativer und strategischer Maßnahmen eintritt, kann als Lücke bezeichnet werden. Dabei unterscheidet man zwischen der operativen Lücke und der strategischen Lücke.

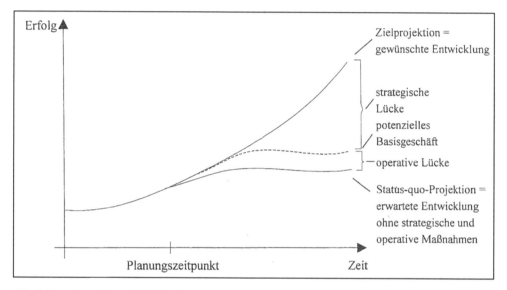

Abb. 5: Operative und strategische Lücke
Quelle: Bea, X., Strategisches Management, 3. Aufl., Stuttgart 2001, S. 162

Die operative Lücke bezeichnet die Differenz zwischen dem potenziellen Basisgeschäft und der Status-quo-Projektion. Um die Lücke zum potenziellen Basisgeschäft zu schließen, reicht die Durchführung operativer Maßnahmen wie beispielsweise Rationalisierungen, Kostensenkungen oder Maßnahmen zur Motivation von Mitarbeitern.

Im Rahmen der Lückenanalyse gilt es darüber hinaus solche Strategien zu entwickeln, die die strategische Lücke schließen, die sich aus der Differenz zwischen der Zielprojektion und dem potentiellen Basisgeschäft ergibt.[43] Die strategischen Ansätze zur Schließung der strategischen Lücke werden im folgenden Kapitel erörtert.

---

[43] Vgl. Bea, X., Strategisches Management, 3. Aufl., Stuttgart 2001, S. 162 f

2.2   Übersicht der strategischen Optionen

Im Rahmen des strategischen Managementprozesses folgt der strategischen Analyse im nächsten Schritt die Strategieformulierung und -auswahl. Hier steht im Mittelpunkt die Entwicklung von Wettbewerbsstrategien, mit denen man zukünftig ein Geschäftsfeld so im Markt positionieren kann, dass Wettbewerbsvorteile erzielt und langfristig auch erhalten werden können.[44] Die Schwierigkeit dieser Aufgabe wird durch eine Vielzahl von Faktoren beeinflusst, so beispielsweise:

- die Dynamik, mit der sich Änderungen in der globalen und aufgabenspezifischen Umwelt vollziehen,
- die Änderungen im Wettbewerb,
- die Änderungen in der Kommunikationstechnologie und die technologischen
- Entwicklungen,
- die Änderung im Konsumverhalten und
- gesellschaftspolitische Änderungen.

Die Zahl der Strategiearten und damit der strategischen Optionen sind sehr umfangreich. Ihre Entstehung resultiert teilweise aus der unternehmerischen Praxis, teilweise aus theoretischen Konzepten von Wissenschaftlern, die Eingang in die unternehmerische Praxis gefunden haben. Der im strategischen Management erste Ansatz zur Systematisierung von Wachstumsstrategien stammt von Igor Ansoff. Dessen Ansatz geht von der Überlegung aus, was angeboten werden soll (Produkt) und wem angeboten werden soll (Markt). Die Strategien werden als „Produkt-Markt-Kombinationen" bezeichnet und werden im Weiteren näher erläutert.

Die im Folgenden dargestellte Systematisierung verfolgt den Ansatz, verschiedene Konzepte von Systematisierungen zu vereinen und die verschiedenen Strategien hierarchischen Ebenen im Unternehmen, im Einzelnen der Unternehmensebene, der Geschäftsbereichsebene und der Ebene der Funktionsbereiche zuzuordnen.

Auf der Unternehmensebene zeigen die Strategien die generelle Stoßrichtung auf, die generell auf Wachstum, Stabilisierung oder Desinvestition ausgerichtet sein kann. Gegenstand detaillierter Ausführungen sind die Strategien des Wachstums, auf die Stabilisierungs- und Desinvestitionsstrategie soll nur kurz eingegangen werden.

Bei den **Stabilisierungsstrategien** liegt eine tendenziell eher defensive Grundeinstellung vor, die darauf abzielt, die bisherige Position zu sichern. Die Begründung einer Defensivstrategie liegt häufig in der Begrenzung der Risiken und/oder darin, durch Attentismus, die Chance zu nutzen, Bekanntes besser zu machen. Im Gegensatz zur Wachstumsstrategie, bei der Unternehmen im Allgemeinen als Strategieführer agieren, handeln Unternehmen bei der Umsetzung der Stabilisierungsstrategie häufig als Strategiefolger.

---

[44]   Vgl. Hungenberg, H., Strategisches Management in Unternehmen, 2. Aufl., Wiesbaden 2001, S. 148 und Plinke, W., Unternehmensstrategie, in: Kleinaltenkamp, M., Plinke, W., Strategisches Business- to- Business Marketing, Berlin et al. 2000, S. 15 ff

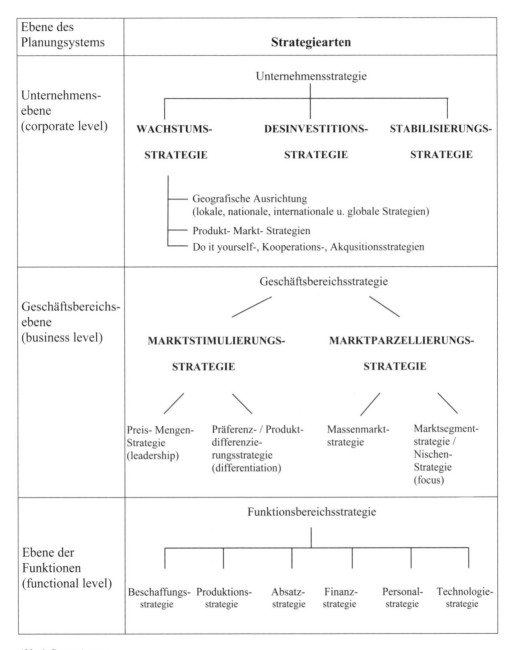

Abb. 6: Strategiearten
Quelle: In Anlehnung an Bea, X., Strategisches Management, 3. Aufl., Stuttgart 2001, S. 165

Desinvestitionsstrategien werden insbesondere von Unternehmen verfolgt, die sich in ihrer Orientierung auf die Kernkompetenzen der Unternehmenstätigkeit fokussieren und/ oder den

Shareholder- Value- Ansatz verfolgen, mit der Idee, dass strategische Geschäftseinheiten separat bewertet werden und deren Quersubventionierung nicht akzeptiert wird. Der Grundgedanke bei der Desinvestitionsentscheidung ist dabei analog zu dem der Investitionsentscheidungen: es gelten die gleichen Bewertungs- und Kontrollmechanismen. Desinvestitionsentscheidungen stoßen auf zwei Arten von Barrieren.

Zum einen die *rationalen Barrieren*, zu denen u.a. aufgeführt werden können:

- Veräußerungsverluste bei getätigten Investitionen, die an einen spezifischen Unternehmenszweck gebunden sind,
- Kosten im Zusammenhang mit vertraglichen Verpflichtungen mit Mitarbeitern (Abfindungen, Sozialpläne), Lieferanten, Verpächter, Vermieter und Kunden sowie anfallende Steuern bei Veräußerungen.

Zum anderen kommen häufig auch *emotionale Barrieren* zur Wirkung, die betriebswirtschaftlich richtige oder gar notwendige Entscheidungen verhindern, wie beispielsweise:

- die traditionellen sowie emotionalen Bindungen an ein Unternehmen oder
- die Angst der Verantwortlichen vor dem Stigma des Versagens.

Im Folgenden werden im Rahmen der Strategien auf der Unternehmensebene verschiedene Wachstumsstrategien vorgestellt sowie Strategien der Geschäftsbereichsebene und der Ebene der Funktionsbereiche.

2.3   Strategien des Wachstums auf Unternehmensebene

Als strategisches Grundsatzproblem dominiert auf der Ebene des Gesamtunternehmens die Anforderung Wachstum zu erreichen, verbunden mit der Fragestellung, in welche Märkte bzw. Produkte und Dienstleistungen investiert werden soll (Produkt-Markt-Strategien), um die Wachstums- und Gewinnziele des Unternehmens zu erreichen. Dabei gilt es Handlungsalternativen zur Erschließung neuer Wachstumspotentiale zu suchen.[45]

Die Wachstumsstrategie setzt auf eine neue Kombination der Einsatzfaktoren eines Unternehmens, um beispielsweise neue Absatzmärkte zu gewinnen, vorhandene Märkte auszubauen, neue Produkte auf den Markt zu bringen oder in völlig neue Dienstleistungsbereiche in Form einer Diversifikation vorzudringen.

---

[45]   Vgl. Kotler, P., Bliemel, F., Marketing Management, 10. Aufl., Stuttgart 2001, S. 126 ff sowie Plinke, W., Unternehmensstrategie, in: Kleinaltenkamp, M., Plinke, W., Strategisches Business- to- Business- Marketing, Berlin et al. 2000, S. 18 ff

2.3.1 Strategien nach geografischer Ausrichtung

Wachstumsstrategien können lokal, national oder international ausgerichtet sein. Länderübergreifende Aktivitäten stellen insbesondere für größere Unternehmen und Konzerne eine Notwendigkeit dar, um Wachstumsziele erreichen zu können. Die Ausweitung auf mehrere Märkte sichert häufig erst die Wettbewerbsfähigkeit von Unternehmen und damit deren nach-haltige Existenz, weil so niedrigere Stückkosten durch Größendegressionseffekte realisiert werden können. Die räumliche Ausdehnung der Marktbearbeitung lässt sich folgendermaßen unterteilen:

Marktareale							
nationale Marktbearbeitung				übernationale Marktbearbeitung			
lokal	regional	überregional	gesamtnational	international	multinational	weltweit
Bsp.: Hamburg	Bsp.: Nielsen Gebiet	Bsp.: mehrere Bundesländer	Bsp.: Deutschland	Bsp.: Deutschland, Italien, Frankreich	Bsp.: Europa & Asien	Bsp.: alle Kontinente

Abb. 7: Ausprägungen der Marktarealstrategie
Quelle: In Anlehnung an: Uhe, G., Strategisches Marketing: vom Ziel zur Strategie, 1. Aufl., Berlin 2002, S. 68

Insgesamt kann in vielen Branchen dabei ein Trend zu einer gesamtnationalen bis internationalen Marktbearbeitungsstrategie beobachtet werden. Aufgrund der verstärkten Nutzung und Verbreitung der Neuen Medien ist selbst für kleinere Anbieter eine gesamt- und über-nationale Marktbearbeitung möglich geworden. Ein Grund für die überregionale Orientierung bzw. den Gang ins Ausland findet sich u.a. in den vielen stagnierenden regionalen Heimmärkten, die Umsatzzuwächse oft nur durch eine Gebietserweiterung ermöglichen.[46] Dies begründet u.a., dass die Marktarealstrategien in Bezug auf die festzulegende Marketingstrategie in jüngster Vergangenheit ihre Bedeutung vergrößern konnten. Die individuelle Kundenansprache in den gewählten Marktarealen, z.B. hinsichtlich einer differenzierten Produktgestaltung oder unterschiedlichen Distributionskanalwahl, sollte dabei verstärkte Berücksichtigung finden.[47] Realisierte Markteintrittsstrategien für den übernationalen Absatz-markt können in Abhängigkeit von der Intensität der Kapital- und Managementleistungen im Gastland u.a. der Export, eine Lizenzvergabe, Franchising, ein Joint Venture, die Gründung einer Auslandsniederlassung, ein Produktionsbetrieb oder eine Tochtergesellschaft sein.[48]

2.3.2 Produkt-/Markt-Strategien

Zu den Strategien des Wachstums gehört die Produkt-Markt-Strategie, die die künftigen Produkte und Dienstleistungen des Unternehmens, die Zielmärkte sowie den Ressourcen-

---

[46] Vgl. Uhe, G., Strategisches Marketing: vom Ziel zur Strategie, 1. Aufl., Berlin 2002, S. 77 f

[47] Vgl. Linxweiler, Marken-Design, 2. Aufl. 2004, S. 118 ff

[48] Vgl. Becker, J., Marketing-Konzeption, 7. Aufl., München 2002, S. 324

transfer zwischen den strategischen Geschäftseinheiten festlegt.[49] Die klassische Konzeption der Wachstumsstrategien nach Ansoff[50] stellt die Grundlage für alle Weiterentwicklungen dar.[51] Demnach lassen auf der Ebene der Primärstrategien Marktdurchdringung, Produktentwicklung, Marktentwicklung und Diversifikation unterscheiden. In diesem Zusammenhang muss betont werden, dass in der Praxis häufig mehrere Strategien simultan verfolgt werden. In der Tat ist die simultane Verfolgung aller vier Strategien ein Zeichen für ein progressives, wachstumorientiertes Unternehmen, was in Hinsicht auf die Konkurrenz essentiell für das Überleben am Markt sein kann.

Zunächst soll die nachfolgende Abbildung grafisch die möglichen Wachstumsoptionen bzw. -richtungen aufzeigen.

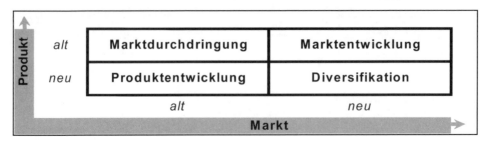

Abb. 8: Produkt-Markt-Matrix von Ansoff
Quelle: vgl. Welge, M. K., Al-Laham, A., Strategisches Management, 4. Aufl., Wiesbaden 2003 S. 442 f

2.3.3   Marktdurchdringung

Zu Beginn der Analysephase alternativer Wachstumsquellen kommt der Marktdurchdringungsstrategie eine besondere Bedeutung zu. Es werden zunächst gegenwärtig vorhandene Produkt-Markt-Kombinationen hinsichtlich der aktuellen Marketinganstrengungen kritisch hinterfragt und versucht den Absatz in diesen Bereichen und damit den Marktanteil zu steigern.[52] Ansatzpunkte für die Absatzsteigerung stellen

- die Intensivierung der Produktverwendung bei vorhandenen Kunden,
- die Gewinnung von Kunden der Konkurrenz und
- die Gewinnung bisheriger Nichtverwender

dar.[53]

[49]   Vgl. Macharzina, K., Unternehmensführung, 4. Aufl., Wiesbaden 2003, S. 211

[50]   Vgl. Ansoff, I., A Model for Diversification, in: Management Science, 1958, S. 392 ff

[51]   Vgl. Müller-Stewens, G., Vorstoß in neue Geschäfte: Identifikation und Eintrittsstrategien in: Riekhof, H.-C. (Hrsg.), Praxis der Strategieentwicklung, Stuttgart 1994 und Johnson, G., Kevan S., Exploring corporate strategy, 6. Aufl., Prentice Hall 2002, S. 223

[52]   Vgl. Welge, M. K., Al-Laham, A., Strategisches Management: Grundlagen- Prozess- Implementierung, 4. Aufl., Wiesbaden 2003, S. 442 f

[53]   Vgl. Meffert, H.,, Marketing, 9. Aufl., Wiesbaden 2000, S. 244 ff

Insbesondere können dies Änderungen der Marketingstrategie in Form von beispielsweise kostensenkenden Maßnahmen, Preissenkungen, Erhöhung des Werbedrucks, die Schaffung zusätzlicher Anwendungsbereiche oder die Wahl neuer Distributionskanäle sein.

Ein essentielles Ziel der Marktdurchdringungsstrategie ist die Erhöhung des relativen Marktanteils, was durch eine Intensivierung der Marktbearbeitung erreicht werden kann. Hierzu kommen die klassischen vier Marketing-Politiken aus dem Marketing-Mix zum Einsatz, um beispielsweise mit verstärkten Werbemaßnahmen den Wettbewerb zu verdrängen oder Neukunden zu gewinnen.[54]

2.3.4   Produktentwicklung

Bei der Bereicherung bestehender Märkte mit neuen Produkten liegt eine Produktentwicklung vor. Hierbei besteht die Strategie darin, durch eine Entwicklung neuer Produktmerkmale oder äußerlicher Anpassung der Produkte, einen gesteigerten Kundennutzen zu generieren und so Marktanteile bei der vorhandenen Zielgruppe auf dem Markt auszubauen.[55] Es besteht die Möglichkeit, dass ein neues Produkt das bestehende ersetzt (Substitutionsprodukt) oder aber ergänzend in das Sortiment aufgenommen wird. In der Praxis findet eine Erweiterung der Produktpalette häufig durch die Entwicklung von Qualitätsvariationen oder eine Erweiterung des ursprünglichen Produktes um einen speziellen Zusatznutzen statt. Die Substitution ergibt sich in der Regel aus dem Lebenszyklus eines Produktes, der mit zunehmender Geschwindigkeit der technischen Entwicklungen immer kürzer wird.[56]

Die Produktentwicklung lässt sich grob in drei Arten unterscheiden:[57]

- **echte Produktinnovationen** im Sinne echter Marktneuheiten,
- **„Quasi neue Produkte"** bzw. neuartige Produkte, die aber auf verwandten Märkten bereits vorhanden sind,
- **„Me-too-Produkte"**: nachgeahmte Produkte, die bereits im Markt bekannt sind.

Kritisch ist dabei die in den vergangenen Jahren vorherrschende Produktentwicklungsinflation und der damit einhergehende verkürzte Lebenszyklus vieler Produkte zu betrachten.[58]

Wichtige Kriterien für die Unterscheidung zum vorhandenen bzw. zu substituierenden Produkt im Ansatz der Produktentwicklung sind u.a. die Wahl des Preis-Leistungs-Verhältnisses, die Konzentration auf Grund- oder Zusatznutzen, der Einsatz bestehender oder neuer

---

[54] Vgl. Pepels, W., Handels-Marketing und Distributionspolitik, 1. Aufl., 1995, S. 298 ff
[55] Vgl. Macharzina, K., Unternehmensführung, 4. Aufl., Wiesbaden 2003, S. 252
[56] Vgl. Welge, M. K., Al-Laham, A., Strategisches Management: Grundlagen – Prozess – Implementierung, 3. Aufl., Wiesbaden 2001, S. 438
[57] Vgl. Becker, J., Marketing-Konzeption, 7. Aufl., München 2002, S. 157
[58] Vgl. Uhe, G., Strategisches Marketing: vom Ziel zur Strategie, 1. Aufl., Berlin 2002, S. 62

Technologien und die Konzentration auf den Grad der Problemlösung (einfach oder komplex).[59]

2.3.5   Marktentwicklung

Die Strategie der Marktentwicklung versucht bestehende Produkte auf neuen Märkten zu implementieren. Der Begriff „neue Märkte" ist in diesem Zusammenhang differenziert zu betrachten, da unterschiedliche Ausprägungen der Entwicklung vorliegen können. Im klassischen Stil definiert Ansoff einen neuen Markt als „neue Mission" des Produktes, zu dessen Erfüllung in der Regel kleinere Modifikationen am Produkt notwendig sind.[60] Neue Märkte können aber auch in Form von neuen Abnehmergruppen, Distributionskanälen oder einer Internationalisierung vorliegen, so dass durch erhöhte Absatzmengen Größendegressionseffekte genutzt werden können.[61]

Für eine Marktentwicklung lassen sich drei Anknüpfungsfelder realisieren:[62]

Abb. 9: Anknüpfungsfelder der Marktentwicklung

---

[59] Vgl. Welge M. K., Al-Laham, A., Strategisches Management: Grundlagen- Prozess- Implementierung, 4. Aufl., Wiesbaden 2003, S. 444

[60] "An airplane company which adapts and sells its passenger transport for the mission of cargo transportation is an example of this strategy (Marktentwicklung)". Vgl. Ansoff, I., Strategies for Diversification, 1957, S. 114

[61] Vgl. Welge, M. K. und Al- Laham, A., Strategisches Management, Wiesbaden 2001, S. 439

[62] Vgl. Becker, J., Marketing-Konzeption, 7. Aufl., München 2002, S. 152 f

Insgesamt lassen sich bei der Marktentwicklungsstrategie zwei Hauptstoßrichtungen unterscheiden. Zum einen das Suchen neuer Verwendungszwecke (New Uses), das sich im Zusatz-Markt-Ansatz widerspiegelt, und zum anderen das Suchen neuer Verwender (New Users) beim Absatzraum-Ansatz.[63]

2.3.6   Diversifikation

Mit dem Begriff Diversifikation beschreibt man „eine Wachstumsstrategie der planmäßigen Ausdehnung der bisherigen Schwerpunkttätigkeiten einer Unternehmung auf vor- und nachgelagerte, angrenzende oder völlig neue Märkte und Leistungsbereiche."[64] Die Diversifikation, als Wachstumsvariante mit dem geringsten Synergiepotential zum bisherigen Tätigkeitsfeld, stellt häufig eine umfassende Absicherungsstrategie eines Unternehmens in Bezug auf die Oberziele Gewinn- und Existenzsicherung dar.[65]

Unverzichtbare Voraussetzung jeder erfolgreichen Diversifikation ist, dass im neuen Geschäftsbereich langfristig bedeutende Vorsprünge im Wettbewerb realisiert werden können. Wettbewerbsvorteile generieren sich in der Praxis häufig aus Synergieeffekten zwischen dem Stammgeschäft und dem neuen Geschäftsfeld.[66]

Basierend auf dem Konzept der Porterschen Wertschöpfungskette[67] kann jede Geschäftseinheit in mehrere Wertschöpfungsaktivitäten unterteilt werden, die in ihrer Gesamtheit die Grundlage für die Wettbewerbsvorteile sind. Mit dem Konzept der Wertschöpfungskette lassen sich zwei Formen von Synergieeffekten definieren:[68]

- Wissen und Erfahrung zwischen ähnlichen Wertschöpfungsketten zu übertragen (Know How-Transfer),
- Wertschöpfungstätigkeiten gemeinsam auszuführen (Aufgabenzentralisierung).

Ein Know How-Transfer führt nur dann zu Wettbewerbsvorteilen, wenn die Ähnlichkeiten zwischen Geschäftseinheiten drei Bedingungen erfüllen:[69]

---

[63] Vgl. Uhe, G., Strategisches Marketing: vom Ziel zur Strategie, 1. Aufl., Berlin 2002, S. 61 f

[64] Welge, M. K., Al-Laham, A., Strategisches Management, 4. Aufl., Wiesbaden 2003, S. 445

[65] Vgl. Becker, J., Marketing-Konzeption, 7. Aufl., München 2002, S. 174 ff

[66] Synergie wird definiert als Leistung eines Clusters relativ zu der Summe der Leistungen der einzelnen Elemente. In der Praxis wird der Synergieeffekt oftmals als „1+1=3" Effekt bezeichnet. Vgl. Buzell, R. D., Gale, B. T., Das PIMS-Programm: Strategien und Unternehmenserfolg, Wiesbaden 1989, S. 195 f

[67] Vgl. Porter, M. E., Wettbewerbsvorteile (competitive advantages): Spitzenleistung erreichen und behaupten, 5. Aufl., Frankfurt/ Main, 2000, S. 63-96

[68] Beispielsweise nutzen zwei Geschäftsbereiche die gleiche Vertriebsmannschaft. Solche Chancen ergeben sich, wenn Geschäftseinheiten ähnliche Kunden oder Vertriebskanäle (Verkaufs- und Absatz Synergien), eine vergleichbare Struktur der Wertschöpfungskette, technologische Synergien, Managementsynergien etc. aufweisen.

[69] Vgl. Porter, M. E., Diversifikation – Konzerne ohne Konzept, in: Harvard Manager, 4/ 1987

- die Wertschöpfungsaktivitäten gleichen einander so stark, dass ein Wissens- und Erfahrungsaustausch sinnvoll ist.
- der Austausch von Wissen und Erfahrung betrifft Tätigkeiten mit zentraler Bedeutung für Wettbewerbsvorteile.
- das ausgetauschte Wissen stellt für den Empfänger eine wichtige Quelle von Wettbewerbsvorteilen dar. Es handelt sich um fortschrittliches und ausreichend geschütztes Know How, das Mitbewerbern nicht zur Verfügung steht.

Die Motive für diversifizierende Unternehmen, in u.a. Abbildung aufgeführt, lassen sich generell in zwei Gruppen einteilen. Zum einen findet eine passive Reaktion statt, deren Ursprung in einer Anpassung auf gegebene Marktcharakteristika zu finden ist. Aktive Anpassung hingegen ist keine reaktionäre Handlung, sondern in seinem Ursprung evolutionär. Das Motiv des Unternehmens beruht darauf, neue Strukturen zu entwickeln und als Vorreiter zu agieren, um Wettbewerbsvorteile als so genannter „First Mover" zu erlangen.[70]

Tab. 1: Ausgewählte Motive für Diversifikation
Quelle: Vgl. Dorenkamp, A., Kombination aus Diversifikation- und Wachstumsstrategien im Lichte von Rendite, Risiko und Unternehmensgröße, Osnabrück 2002, S. 8-13 und Jacobs, S., Strategische Erfolgsfaktoren der Diversifikation, Mannheim 1992, S. 13-25

Passive Reaktion	Aktive Anpassung
Risikostreuung Rahmenbedingungen interner Art (Wachstumsvorgaben etc.) Rahmenbedingungen externer Art - Gesetzgebung - Prognosen im Stammgeschäft - Gesellschaftliches Umfeld - Branchenwachstum stagniert Verschärfter Wettbewerb Sättigungstendenzen des Marktes	Partizipation an neuen Wachstumsfeldern Verbundvorteile (Economies of Scope) Größeneffekte (Economies of Scale) Spezialisierungsvorteile (Economies of spezialisation) Überkapazitäten an Ressourcen Eigeninteresse der Manager (Gewinnbeteiligung) Synergieeffekte Gewinnsteigerung Reputation des Unternehmens Ausschaltung von saisonalen Nachfrageschwankungen Reduzierung der Abhängigkeit von Lieferanten Mittel der Kapitalanlage

---

[70]   Vgl. Tsekrekos, A. E., The effect of first-mover`s advantages on the strategic exercise of real options in: Paxson, D. A. (Hrsg), Real R&D options, Oxford 2003, S. 185 ff

In der Literatur werden diverse Konzepte bezüglich relevanter Diversifikationsarten und -richtungen diskutiert. Die durch Ansoff[71] vorgenommene Unterscheidung in vier verschiedene Diversifikationsrichtungen, nämlich concentric diversification, horizontal diversification, vertical integration und conglomerative diversification ist durch eine zunehmende Entfernung vom Kerngeschäft gekennzeichnet und wird im Folgenden kurz umrissen: [72]

- Werden mit dem neuen Produkt aufbauend auf Synergieeffekte neue Abnehmergruppen angesprochen, spricht man von **konzentrischer Diversifikation.**

- Zweitens könnte eine **horizontale Diversifikation** vorgenommen werden, indem das Unternehmen sich an den gleichen Markttyp wie bisher, jedoch mit völlig andersartigen Produkten wendet. Bezogen auf die Absatzwegekette bleibt das Unternehmen auf der gleichen Stufe (z.B. ein Produktionsunternehmen produziert völlig andersartige Produkte).

- Die dritte Alternative der Diversifizierung liegt in der integrativen Wachstumsmöglichkeit innerhalb der Branche (**vertikale Integration**). Durch einen Aufkauf von Zulieferbetrieben (Rückwärtsintegration) könnten Umsatz und Gewinn gesteigert werden. Gleiches gilt bei der Integration eines Abnehmers (Vorwärtsintegration).

- Als vierte und zugleich risikoreichste Option, die sich am weitesten vom Kerngeschäft entfernt, ist die **konglomerate Diversifikation** aufzuführen. Hierbei betätigt sich das Unternehmen in gänzlich neuen Geschäftsfeldern, die keinerlei Beziehungen zu derzeitigen Produkten, Produktionstechniken und Märkten aufweisen. „This obviously opens a great many possibilities, from operating banana boats to building atomic reactors."[73]

Die unten stehende Abbildung zeigt die Einordnung der vier Diversifikationsrichtungen nach Ansoff in die Wachstumsstrategien der Produkt-Markt Matrix.

---

[71] Vgl. Ansoff, I., Corporate Strategy, 1988, S. 132

[72] Vgl. Kotler, P., Bliemel, F., Marketing Management, 10. Aufl., Stuttgart 2001, S. 129

[73] Vgl. Ansoff, I., Strategies for Diversification in: Harvard Business Review, 1957

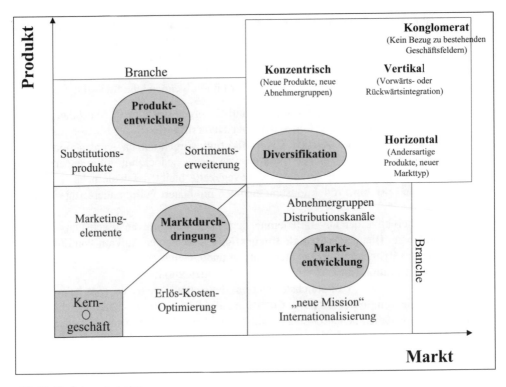

Abb. 10: Wachstumsstrategien
Quelle: in Anlehnung an Ansoff, I., Strategies for Diversification, 1957

Der vornehmlich im anglo-amerikanischen Raum vertretenen Einordnung der vier Diversifikationsrichtungen nach Ansoff soll die im deutschen Sprachraum gängige Unterteilung in drei Ausprägungsarten einer Diversifikation gegenüber gestellt werden:[74]

---

[74] Vgl. Welge, M. K., Al-Laham, A., Strategisches Management, 4. Aufl., Wiesbaden 2003, S. 445 f

Tab. 2: Ausprägungsarten der Diversifikation
Quelle: In Anlehnung an: Welge, M. K., Al-Laham, A., Strategisches Management, 4. Aufl., Wiesbaden 2003, S. 445

Diversifikationsarten		
horizontal	**vertikal**	**lateral**
Erweiterung des Produktprogramms (Integration) um Leistungen, die mit bisheriger Produkt-Markt-Kombination in sachlichem Zusammenhang steht.	Integration bzw. Erweitreung des Produktprogramms um Leistungen der vor- (Vorwärtsintegration) bzw. nachgelagerten (Rückwärtsintegration) Wertschöpfungskette.	Die gewählte Produkt-Markt-Kombination steht in keinem sachlichen Zusammenhang zu(r) bisherigen Produkt-Markt-Kombination(en).
Bsp.:	*Bsp.:*	*Bsp.:*
Neben Bier bietet eine Brauerei nun auch Softdrinks an.	Aufkauf eines Lieferanten; Aufkauf eines nachgelagerten Distributionskanals	Stahlproduzent diversifiziert in die Tourismusbranche.
Vorteil u.a.:	*Vorteil u.a.:*	*Vorteil u.a.:*
Ausschöpfung von Synergiepotentialen	Kostendegressionseffekte, Wertschöpfungsoptimierung	Branchenunabhängigkeit, Risikostreuung bei Erfolg
Nachteil u.a.:	*Nachteil u.a.:*	*Nachteil u.a.:*
Branchenabhängigkeit bleibt vorhanden	Inflexibilität = hohe vertikale Integration kann bei Mißerfolg zur strategischen Marktaustrittsbarriere werden; Branchenabhängigkeit bleibt	keine Markterfahrungen, Diversifikation bleibt risikobehaftet

Strategische Wettbewerbsvorteile im Kerngeschäft geben in der Regel erste Hinweise für eine mögliche Diversifikationsrichtung. Aufgrund dessen ist es notwendig, Maßnahmen zur Stärkung des Kerngeschäftes zu ergreifen, um langfristig Ressourcen zur Strategieumsetzung bereitstellen zu können und diese auf andere Geschäftsfelder zu übertragen. In der folgenden Abbildung werden in Anlehnung an das „Shareholder Value Konzept" von Rappaport beispielhaft Aktionsprogramme aufgeführt, die Kosten- und Differenzierungsvorteile realisieren und den Unternehmenswert steigern sollen.[75]

Hat man sich für eine Entwicklungsrichtung der Diversifikation entschieden und den entsprechenden Zielmarkt auf seine Marktattraktivität hin geprüft, sowie relevante Markteintrittsbarrieren identifiziert und als machbar bewertet, folgt die Planung der Eintrittsstrategie, die sich in zwei grundlegend verschiedene Optionen unterscheiden.[76]

---

[75] Vgl. Rappaport, A., Shareholder Value, Stuttgart 1995 S. 83 ff

[76] Vgl. Macharzina, K., Unternehmensführung, 4. Aufl., Wiesbaden 2003, S. 251 f

Tab. 3: Aktionsprogramme zur Steigerung des Unternehmenswertes im Kerngeschäft
Quelle: In Anlehnung an: Rappaport, A., Shareholder Value, 1995, S. 83 ff

Ausgewählte Wertgeneratoren	Kostenführerschaft	Differenzierung	Fokussierung
Umsatzwachstum	•Marktanteilsausweitung	• Serviceorientierung (Customer Relationship Management) •Professional Education • Hochpreispolitik • Produktqualität •Innovationsführerschaft	• Ausbau der Kundenbeziehung •Key Account Management
Gewinnmarge	•Verbesserte Logistikprozesse durch Global Supply Chain Management •Europäisches Logistik Zentrum •Lean Management im Produktionsbereich	•Abschöpfung bei innovativen Produkten •Preisführerschaft	• Projekte zur Prozessoptimierung (Process Excellence) •Fokussierung auf Wachstumsfelder
Investitionen	•Bessere Lagerbewirtschaftung (Global Supply Chain Management System) •Europäisches Lagerhaus •Ausbau einer Gesamteuropäischen Fertigung	• Differenzierung der Vertriebspolitik (Außendienst vs. Telefon-Marketing)	• kundengerechte Vertriebspolitik •Optimierung der Logistik
Kapitalkosten	• Senkung der Kapitalbindungskosten durch Variantenharmonisierung auf globaler Ebene • Global Supply Chain Management reduziert Kapitalbindungskosten • Globales Marketing		

Bei der internen Diversifikation erfolgt im Gegensatz zur externen Diversifikationsstrategie keine Angliederung fremder Potentiale zur Erweiterung des Produktangebotes bzw. des Leistungsspektrums.[77] Anhand der folgenden Abbildung kann man die Optionen der beiden alternativen diversifikationsbezogenen Eintrittsstrategien nachvollziehen.

---

[77] Vgl. Winkelmann, P., Marketing und Vertrieb, 3. Aufl., 2002, S. 70 ff

Tab. 4: Markteintrittsstrategien der Diversifikation
Quelle: Darstellung in Anlehnung an: Welge, M. K., Al-Laham, A., Strategisches Management, 4. Aufl., Wiesbaden
2003, S.445 ff

Eintrittsstrategien der Diversifikation	
interne	externe
Eigenentwicklungen	Akquisitionsstrategie vertikale Akquisition horizontale Akquisition konglomerate Akquisition
Erwerb von Lizenzen	
Zukauf (von Handelsware)	Kooperationsstrategie strategische Allianzen Joint Venture

Als Kritikpunkt an der in der Vergangenheit stark zunehmenden Wachstumsvariante der Diversifikation, lässt sich die oft zu beobachtende „Verzettelung" von Unternehmen nennen, vor allem bei strategisch unvorbereiteten und extremen Ausdehnungen in lateraler Hinsicht. Viele risikobehaftete Diversifikationsaktivitäten wurden so in der Vergangenheit, aufgrund von Fehleinschätzungen insbesondere in der Evaluation des Zielmarktes, wieder versucht zu korrigieren. Die einseitige Ausrichtung auf das Wachstum unter Vernachlässigung anderer Unternehmensziele führte dabei zum Misserfolg, so dass viele Unternehmen zuletzt nach dem Leitsatz „Zurück zu den Wurzeln, zurück zu den Kernkompetenzen!" agierten.[78] Die strate-gischen Korrekturen durch eine Rücknahme der Diversifikation und die Hinwendung zu traditionellen Geschäftsfeldern gehen dabei einher mit einer verstärkten Internationalisie-rung im Sinne des „Global Playing" und damit mit einer Erweiterung der strategischen Ab-satz-räume.[79]

2.3.7   Strategien des internen und externen Wachstums: Do-It-Yourself-, Kooperations- und Akquisitionsstrategie

Bei der Expansion wird zwischen internen und externen Wachstum unterschieden. Beide Strategien schließen sich gegenseitig nicht aus. Viele erfolgreiche Strategien sind vielmehr Kombinationen aus internem und externem Wachstum.

---

[78]   Vgl. Uhe, G., Strategisches Marketing: vom Ziel zur Strategie, 1. Aufl., Berlin 2002, S. 66

[79]   Vgl. Becker, J., Marketing-Konzeption, 7. Aufl., München 2002, S. 174 ff

Internes Wachstum

Internes Wachstum bedeutet für das Unternehmen, „aus eigener Kraft" zu wachsen. Die Expansion beruht allein auf den Fähigkeiten der Unternehmung, ohne eine Beschaffung von externem Know How oder Produkten. Unter dem Aspekt der Unternehmensorganisation stellt internes Wachstum zweifellos die einfachere Lösung dar, da keine Kompromisse eingegangen werden müssen und die Organisation nicht einem zusätzlichen Integrationsprozess ausgesetzt wird.[80] Zugleich ist diese Form der Strategie höchst motivierend für die Mitarbeiter, die so Perspektiven innerhalb des Unternehmens sehen und gleichzeitig für eine interne Know How-Steigerung sorgen.

Andererseits besteht die Gefahr, dass für die Nutzung der Wachstumspotentiale nicht genug Ressourcen zur Verfügung stehen. Ein systematischer interner Aufbau benötigt hohe personelle Ressourcen, um sich fundierte Kenntnisse im neuen Geschäftsfeld anzueignen. Dies kann auf lange Sicht kostenintensiver sein als ein Know How-Erwerb von außen. Darüber hinaus besteht insbesondere auf dynamischen Märkten das Risiko, das Zeitfenster für Markttrends zu verpassen, da Selbermachen häufig zeitaufwendiger ist. Unter Umständen wird das Unternehmen an Grenzen des Wachstums geführt, die es aus eigener Kraft nicht mehr überwinden kann. Der Erfolg der Wachstumsstrategie kann dann nur noch durch eine Kombination mit externem Wachstum realisiert werden. In der Praxis gilt diese Erkenntnis im besonderen Maße, je weiter sich die Diversifikation vom eigentlichen Kerngeschäft der Unternehmung entfernt.[81]

Externes Wachstum

Grundlage externen Wachstums sind Unternehmenszusammenschlüsse in verschiedenen

Formen.[82] Externe Diversifikation kann demzufolge durch Akquisitionen oder diverse Kooperationsformen realisiert werden.

Im Gegensatz zur Akquisition unterscheiden sich die Kooperationsformen durch rechtliche und wirtschaftliche Selbständigkeit [83] der kooperierenden Unternehmen, Freiwilligkeit der Zusammenarbeit, bewusste vertragliche Vereinbarungen, Gleichberechtigung sowie eine aktive gemeinsame Zielerreichung.[84] Die Vor- und Nachteile des externen Wachstums sind gewissermaßen spiegelbildlich zu denen des internen zu betrachten. Mit einer Akquisition sind bei ausreichend finanziellen Ressourcen dem Wachstum innerhalb kürzester Zeit kaum Grenzen gesetzt. Allerdings ist trotz des vergleichbar schnellen Markteintritts eine unter Umständen sehr zeitaufwendige Integration nicht zu vernachlässigen. In der Praxis stellten

---

[80] Vgl. Rall, W., Internes vs. externes Wachstum in: Glaum, M. (Hrsg), Wachstumsstrategien internationaler Unternehmungen, Stuttgart 2002, S. 16-20

[81] Vgl. Christensen, C. M., Johnson, M. W., Rigby, D. K., Foundation for Growth in Sloan, Management Review 2002, S. 22 ff

[82] Vgl. Corsten, H., Lexikon der Betriebswirtschaftslehre, 4. Aufl., München 2000, S. 989 f

[83] Eine Ausnahme stellt in diesem Zusammenhang die Kooperationsform des Joint Ventures dar, bei der auf dem Papier ein rechtlich und wirtschaftlich unabhängiges neues Unternehmen entsteht.

[84] Vgl. Strohmeyer, M., Expansion durch Kooperation, Frankfurt/ Main, 1996, S. 26 ff

sich im Nachhinein oftmals Synergiepotentiale als idealisiert heraus, so dass eine Akquisition im Vorfeld häufig deutlich überbewertet wurde.

Kooperationen entstehen in erster Linie, weil sich beide Kooperationspartner einen Vorteil aus der Zusammenarbeit versprechen und Schwächen des eigenen Unternehmens kompensieren wollen. Dieser Grundsatz gilt für alle Formen der Kooperation. So können durch eine kooperative Partnerschaft beispielsweise Markteintrittsbarrieren überwunden und Risiken minimiert werden. Indes sind Konfliktpotentiale, insbesondere bei engeren Kooperationsformen, durch unternehmenskulturelle Unterschiede bzw. unterschiedliche Managementinteressen die größte Herausforderung bei der Zusammenarbeit. Aufgrund dessen ist bei einer Kooperation auf Zeit die Empfehlung geboten, bereits im Vorfeld festzulegen, welche Maßnahmen im Fall einer Trennung zu ergreifen sind.

Die folgende Tabelle gibt eine Übersicht der internen und externen Wachstumsoptionen:

Tab. 5: Übersicht interner und externer Wachstumsoptionen

Internes Wachstum			
Methode	**Bedeutungsinhalt**	**Vorteile**	**Nachteile**
Internes Wachstum „Do it yourself Strategie"	Wachstum „aus eigener Kraft"	Interner Know-How-Aufbau Keine Kompromisse bei Managemententscheidungen Mitarbeitermotivation	ggf. sehr kostenintensiv Erheblicher Zeitverzug/ verpassen des Zeitfenster für Markttrends
Methode	**Bedeutungsinhalt**	**Vorteile**	**Nachteile**
Externes Wachstum			
Akquisition:	Übernahme eines Unternehmens	Schneller Markteintritt Überwindung hoher Eintrittsbarrieren Niedrige Aufbaukosten	Integrationsprobleme Fehlende Marktkenntnisse Hohe Übernahmeprämien
Joint Venture/ Strategische Allianzen/ Partnerschaften[85]	Synonyme für Kooperation, d.h. strategischer Zusammenarbeit von Unternehmen	Risikostreuung Überwindung von Markteintrittsbarrieren Synergieeffekte Know-How-Gewinn Begrenzter Kapitaleinsatz Fokussierung auf Gegenstand der Strategie	Hohes Konfliktpotential Know-How-Verlust

---

[85] Lizenz- und Franchisingverträge sind von der Kooperation abzugrenzen, da hier eine Übertragung von Rechten gegen eine Gegenleistung stattfindet.

2.4   Strategien auf Geschäftsbereichsebene

2.4.1   Marktstimulierungs-Strategien

In der zweiten strategischen Ebene bzw. Geschäftsbereichsebene der Strategiefestlegung geht es grundlegend um die Unterscheidung zweier möglicher „Hebel" der Marktbearbeitung zur Erlangung von Wettbewerbsvorteilen.[86] Sie zielen durch ihre differenzierte Ausprägung auf eine unterschiedliche Ansprache bestimmter Abnehmergruppen ab, die durch unterschiedliche Verhaltensweisen und Präferenzen hinsichtlich ihrer Kaufentscheidung gekennzeichnet sind.[87] Im Sinne der beiden Wettbewerbsformen Qualitätswettbewerb und Preiswettbewerb, unterscheidet man folgende Strategiemuster zur Beeinflussung von Konsumenten und Steuerung von Märkten:[88]

Tab. 6: Marktstimulierungsstrategien in der Übersicht
Quelle: In Anlehnung an: Becker, J., Marketing-Konzeption, 7. Aufl., München 2002, S. 231 f

Marktstimulierungsstrategien		
Präferenzstrategie	**versus**	**Preis-Mengen-Strategie**
Qualitätswettbewerb	*versus*	**Preiswettbewerb**
Hochpreis-Konzept	*versus*	**Niedrigpreis-Konzept**
Markenartikel-Konzept	*versus*	**Discount-Konzept**
Markenkäufer	*versus*	**Preiskäufer**

Beide Strategien bilden unterschiedliche langfristige Positionierungsoptionen hinsichtlich der zwei Hauptdeterminanten Qualität und Preis, die in ihrer Ausprägung obere, mittlere und untere Marktschichten voneinander trennen können.[89]

2.4.2   Präferenz-Strategie

Die Präferenzstrategie, die in ihrer Charakteristik der Differenzierungsstrategie von Porter entspricht, bedient i.d.R. Markenkäufer durch die Schaffung von klaren Bildern bzw. Markenimages und Vorzugsstellungen in den Köpfen der Konsumenten, unterstützt durch Leistungsvorteile am Markt[90] sowie einer hohen Preis- und Qualitätslage. [91] [92]

---

[86]   Vgl. Kotler, P., Bliemel, F., Marketing-Management, 10. Aufl., Stuttgart 2001, S. 467 ff

[87]   Vgl. Becker, J., Marketing-Konzeption, 7. Aufl., München 2002, S. 179 ff

[88]   Vgl. Uhe, G., Strategisches Marketing: vom Ziel zur Strategie, 1. Aufl., Berlin 2002, S. 67 ff

[89]   Vgl. Becker, J., Marketing-Konzeption, 7. Aufl., München 2002, S. 180 f

[90]   Wettbewerbsvorteile bzw. -nachteile können beispielsweise durch das Erstellen von Differenzeignungsprofilen des eigenen Unternehmens im Vergleich zu den wichtigsten Konkurrenten analysiert werden. Hierzu: Welge M.K., Al-Laham, A., Strategisches Management, 4. Aufl., Wiesbaden 2003, S. 290

Porter unterscheidet dabei drei grundlegende Ebenen der Differenzierung, auf denen sich ein Unternehmen mit seinem Produkt bzw. seinen Produkten vom Wettbewerb unterscheiden kann. Die drei Stufen lassen sich anhand folgender Abbildung nachvollziehen: [93]

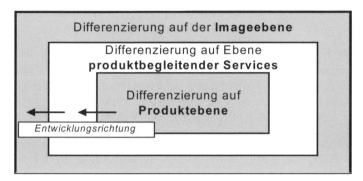

Abb. 11: Drei Ebenen der Differenzierung
Quelle: Welge M. K., Al-Laham, A., Strategisches Management, 4. Aufl., Wiesbaden 2003, S. 313 ff

Die in der dritten Stufe der Abbildung beschriebene Differenzierung der Markenprofilierung durch Gestaltung eines positiven Markenimages folgt den Regeln der Sozialtechnik unter Verwendung bzw. dem Aufbau von Schemata.[94] Da sich viele Produkte in ihrem Grundnutzen (erste Stufe) bzw. ihrer technisch-funktionalen Qualität angeglichen haben oder gar austauschbar sind, erreicht man meist nur über die kommunikationspolitische Gestaltung eines psychosozialen Zusatznutzen eine Differenzierung.[95] Man versucht den USP herauszustellen und die Konsumenten durch eine eigenständige Positionierung und einem klaren Markenimage zu überzeugen und zu binden.[96] Dies geschieht im Gegensatz zum Discount-Konzept in einem zeitlich längerfristigen Profilierungsprozess, beispielsweise in Form der emotionalen Produktdifferenzierung.

2.4.3   Preis-Mengen-Strategie

Die Preis-Mengen-Strategie ist nicht identisch mit Porters Ansatz der Kostenführerschaft, denn diese kann ja ebenfalls im Konzept einer Differenzierung aufgehen. Bei der „Billiganbieter-Strategie" stellt der niedrige Preis gegenüber der Produktqualität den wichtigsten

[91] „Markenpräferenzen werden insbesondere durch Markeninhalte bzw. Markenpositionierungen – also durch spezifische Leistungs- bzw. Nutzenversprechen – geschaffen." vgl. Becker, J., Einzel- , Familien- und Dachmarken als grundlegende Handlungsoptionen, in: Esch, Moderne Markenführung, 3. Aufl., 2001, S. 301

[92] Vgl. Kroeber- Riel, W., Strategie und Technik der Werbung, 3. Aufl., 1991, S. 81

[93] Vgl. Becker, J., Marketing-Konzeption, 7. Aufl., München 2002, S. 181 ff

[94] Vgl. Trommsdorf, V., Konsumentenverhalten, 5. Aufl., 2003, S. 101 ff

[95] Vgl. Becker, J., Marketing-Konzeption, 7. Aufl., München 2002, S. 192

[96] Vgl. Uhe, G., Strategisches Marketing: vom Ziel zur Strategie, 1. Aufl., Berlin 2002, S. 67 ff

Kaufgrund und das fast einzig benutzte Marketinginstrument dar.[97] Ziel ist es, billigster Anbieter in einer Qualitätsstufe zu sein. Die Preis-Mengen-Strategie kann infolge genutzter
Stückkostendegressionseffekte vermehrt von größeren Unternehmen genutzt werden. Sie
weist eine größere Instabilität als die Präferenzstrategie auf, da vorhandene preisorientierte
Kunden, die aufgrund des Preisvorteils die Lieferantenauswahl getroffen haben, bei preis-
werteren Angeboten konsequenterweise meist sofort zum Konkurrenzanbieter wechseln.

Die Mittellagen-Strategie, als Kombination einer durchschnittlichen Produktqualität und
mittleren Preislage, ist in Anlehnung an das Porter´sche „stuck in the middle"-Dilemma[98] als
Form der langfristigen Differenzierung und Positionierung sehr problematisch. Die beiden
extremen Marktbearbeitungshebel polarisieren die Konsumenten auf sich und die angespro-
chene Durchschnitts-Strategie verkommt so zu einer „Zwischen-den-Stühlen-Position".[99]

Zusammenfassend lassen sich in der folgenden Abbildung die verschiedenen Kombinati-
onsmöglichkeiten der Marktstimulierung in einer Matrix mit den Achsenbezeichnungen bzw.
Determinanten Preis und Qualität darstellen.

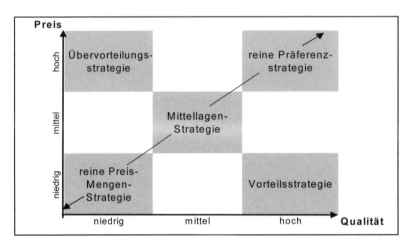

Abb. 12: Marktstimulierungsstrategien im Vergleich
Quelle: Vgl. Uhe, G., Strategisches Marketing: vom Ziel zur Strategie, Berlin 2002, S. 68

Zusätzlich zu den vorgestellten Konzepten ist die Vorteilsstrategie als Kombination einer
hohen Qualität und einem niedrigen Preis ist oft nur kurzfristig in der Phase der Marktein-
führung bestimmter Produkte oder bei befristeten Verkaufsförderungsaktionen zu finden.

---

[97]   Vgl. Uhe, G., a.a.O., S. 70

[98]   Durch grundlegende Änderungen in den Marktschichtenstrukturen gibt es vermehrt das Phänomen des „Verlust-
       der-Mitte" bzw. des mittleren Marktes. vgl. Becker, J., Marketing-Konzeption, 7. Aufl., München 2002, S. 359

[99]   Vgl. Becker, J., Marketing-Konzeption, 7. Aufl., München 2002, S. 182

Übervorteilungsstrategien sind langfristig nur bei nicht vorhandener Markttransparenz oder Monopolstellungen realisierbar.[100]

2.4.4   Marktparzellierungs-Strategien

Die dritte Stufe der strategischen Konzeption verfolgt die wichtige Frage der Marktdifferenzierung und die Art und Weise der Marktabdeckung. Man unterscheidet zwei Basisstrategien, die wiederum in zwei unterschiedliche Grade der Marktabdeckung unterteilt werden können:[101]

- Massenmarktstrategien[102] („Schrotflinten-Konzept")
- mit totaler Marktabdeckung
- mit partialer Marktabdeckung
- Marktsegmentierungsstrategien („Scharfschützen-Konzept")
- mit totaler Marktabdeckung
- mit partialer Marktabdeckung

Die unterschiedlichen Ausprägungen sowie verbundene Vor- und Nachteile der Basisstrategien sind in der folgenden Tabelle dargestellt:

---

[100] Vgl. Becker, J., a.a.O., S. 180 ff

[101] Vgl. Becker, J., Marketing-Konzeption, 7. Aufl., München 2002, S. 287

[102] synonym: Unifizierungsstrategie vgl. Uhe, G., Strategisches Marketing: vom Ziel zur Strategie, Berlin 2002, S. 70

Massenmarktstrategie	
mit totaler Marktabdeckung	*mit partialer Marktabdeckung*

Beschreibung:	Versuch das Abnahmepotenzial eines Gesamtmarktes zu nutzen, durch Konzentration auf gemeinsame Elemente der Abnehmer (Standardprodukte)	Variantenmarketing durch Konzentration auf einen bestimmten Globalabschnitt eines Marktes durch grobe Marktabgrenzung
Marketingprogramm:	undifferenziert	konzentriert-undifferenziert

Vorteile:	# Kostenvorteile durch Massenproduktion # Abdeckung des gesamten Grundmarktes (Absatzpotenzial) # geringerer marketing-organisatorischer Aufwand bzw. vereinfachter vereinfachter Marketingmix
Nachteile:	# nicht volle Entsprechung von Käuferwünschen # Gefahr des Preiswettbewerb durch Aktionspreiswettbewerb # gezielte Marktsteuerung eingeschränkt

Marktsegmentierungsstrategie	
mit totaler Marktabdeckung	*mit partialer Marktabdeckung*

Beschreibung:	Abdeckung des heterogenen Gesamtmarktes durch Untergliederung in homogene Segmente bzw. Teilmärkte und deren individuelle Bearbeitung (segment-spezifische Produktgestaltung)	Konzentration auf einen oder mehrere Teilmärkte bzw. Segmente des Gesamtmarktes und deren spezielle Bedürfnisbefriedigung Nischenstrategie
Marketingprogramm:	differenziert	selektiv-differenziert

Vorteile:	# individuelle spezielle Bedürfnisbefriedigung / Kundenansprache # Zusatznutzenvorteile ggü. Massenprodukten # breitere marketing-strategische Handlungsoptionen # Erarbeitung überdurchschnittlicher Preisräume # Chance der Ausgestaltung des Qualitätswettbewerbs
Nachteile:	# Gefahr des "Oversegmentation" (zu hohe Kosten bei übertrieben detaillierter Feinsegmentierung) # Gefahr des "Overconcentration" (Konzentration auf ein Segment bei Vernachlässigung anderer Teilmärkte) # Steigende Marketingmix-Kosten in Folge steigender Kundenorientierung # Verzicht auf Kostenvorteile der Massenproduktion

Abb. 13: Basisalternativen der Marktparzellierung
Quelle: In Anlehnung an: Becker, J., Marketing-Konzeption, 7. Aufl., München 2002, S. 237 ff

Je nach Marktsituation ist eine Differenzierung einzelner oder aller Instrumente des Marketing-Mix anzustreben.[103]

Die Kombination aus gestiegenen Konsumansprüchen und die zu beobachtende quantitative Sättigung vieler Märkte in Verbindung mit einem reinen Preiswettbewerb haben die Entwicklung der Segmentierung[104] geprägt. Individuelle Kundenwünsche in Bezug auf die Produktbeschaffenheit oder die kommunikative Ansprache, haben neue Wachstumsmöglichkeiten insbesondere für kleinere und mittlere Unternehmen geschaffen und die qualitative Wettbewerbsebene weiter entwickelt.[105]

Aus den Basisstrategien und der o. a. Entwicklung, haben sich in der Praxis jüngst verstärkt folgende Strategietrends herausgebildet:[106]

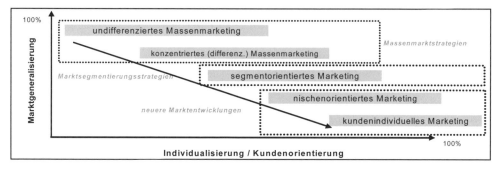

Abb. 14: Individualisierte Kundenansprache als Strategietrend
Quelle: In Anlehnung an: Becker, J., Marketing-Konzeption, 7. Aufl., München 2002, S. 294

Die obige Abbildung zeigt den in den vergangenen Jahren und Jahrzehnten erkennbaren Trend der Umorientierung vom Massenmarketing zur individuellen Kundenansprache und feineren Abstufung der Segmente.

2.5   Kombination der Marketingstrategien

Die konsequente Durchsetzung einer Teilstrategie ist häufig nicht ausreichend für den unternehmerischen Erfolg, sondern die geschichtete Bündelung und Verknüpfung strategischer Optionsmöglichkeiten. Die vorgestellten ausgewählten Strategien lassen sich in verschiedenen Ebenen bzw. Stufen kombinieren. Auf allen Ebenen gibt es differenzierte Möglichkeiten der Marktbearbeitung zur Auswahl, wie u.a. aus Abb. 14 ersichtlich ist.

---

[103] Vgl. Meffert, Marketing, 9. Aufl., Wiesbaden 2000, S. 269

[104] Vgl. Kotler, P., Bliemel, F., Marketing-Management, 10. Aufl., Stuttgart 2001, S. 422

[105] Vgl. Uhe, G., Strategisches Marketing: vom Ziel zur Strategie, Berlin 2002, S. 74 f

[106] Vgl. Becker, J., Marketing- Konzeption, 7. Aufl., München 2002, S. 293 ff

Strategieebenen		Strategiealternativen					
1. Ebene	Marktfeldstrategie	Marktdurchdringung		Marktentwicklung		Produktentwicklung	
2. Ebene	Marktstimulierungsstrategie		Präferenzstrategie				Preis-Mengen-Strategie
3. Ebene	Marktparzellierungsstrategie		Massenmarktstrategie				Segmentierungsstrategie
		total		partial		total	
4. Ebene	Marktarealstrategie	lokal	regional	überregional	gesamtnational	international	multinational

Abb. 15: Kombinations-Matrix zur Bestimmung des Strategieprofils
Quelle: Darstellung in Anlehnung an: Uhe, Strategisches Marketing, Berlin 2002, S.60 ff

Die Kombinations-Matrix kann sowohl zur eigenen Planung, als auch zur Abschätzung und Verdeutlichung der durch die Konkurrenz gewählten Strategie beitragen. Aufgrund komplexer Wettbewerbsbedingungen und rückläufiger Märkte reicht oftmals nicht nur ein Strategiepfad in vertikaler Ausprägung aus. Es kommen so verstärkt „und-Ansätze" zum Einsatz, d.h., dass mehrere Pfade auf einer Strategiestufe zwecks optimaler Marktabdeckung und besserer Potenzialausschöpfung beispielsweise in Form von Mehrmarkenkonzepten gewählt werden. Eine weitere strategische Option, die man sich anhand des Kombinationskastens verdeutlichen kann, ist der „oder-Ansatz" in Form einer Änderung bzw. Neuwahl eines Pfades auf horizontaler Ebene.

2.6   Bewertung von Strategien

An die Generierung einer Strategie schließt sich ihre Bewertung und Kombination zu einem konsistenten strategischen Programm an. In der Praxis wird dieser Schritt oft vorschnell übersprungen oder wenn überhaupt, unsystematisch und dem Gefühl nach durchgeführt. Diese Vorgehensweise rächt sich spätestens dann, wenn im nach hinein festgestellt wird, dass bestimmte Auswirkungen der Strategie nicht beachtet worden sind. Dabei kommt der Bewertung, d.h. der Wirksamkeitsermittlung einer Strategie eine zentrale Stellung zu, da hier alle Informationen aus dem vorgelagerten Entscheidungsprozess zu einem Gesamtbild zusammengefügt werden.

In der Betriebswirtschaftslehre wurden zahlreiche Analyse- und Bewertungsprogramme entwickelt, die aus unterschiedlichen Blickwinkeln heraus Entscheidungsunterstützung bieten.[107] Aufgrund der komplexen Wechselwirkungen zwischen Strategien und unternehmensinternen bzw. -externen Erfolgsfaktoren, orientieren sich die Bewertungsprogramme meist an allgemeinen Auswahlkriterien.

---

[107] Vgl. Buzell, R. D., Gale, B. T., Das PIMS- Programm: Strategien und Unternehmenserfolg, Wiesbaden 1989 auch Reichert, R., Entwurf und Bewertung von Strategien, 1984, S. 154-218 und Wilde, K., Bewertung von Produkt-Markt-Strategie: Theorie und Methoden, Berlin 1989, S. 302-315

2.6.1   Bewertungsmethoden für Produkt-Markt-Strategien

Eine Kernfrage bei der Bewertung von Strategien lautet: Handelt es sich um eine zur Situation passende Strategie, die einer überzeugenden Logik folgt? In der Praxis erfolgt die Beantwortung dieser Frage häufig nur gefühlsmäßig, so dass Verzerrungen zugunsten persönlich favorisierter Alternativen und vor allem zum Nachteil innovativer Strategien stattfinden.[108] Richtig angewendete Bewertungsmethoden helfen dagegen, Meilensteine zu setzen und die Auswirkungen des strategischen Handelns systematisch zu betrachten. Sie unterstützen die prozedurale Rationalität[109], indem sie eine Strategie hinsichtlich des Zielerreichungsgrades beurteilen oder Strategiealternativen im Hinblick auf Auswahl und Durchführung bewerten.[110] Ausgehend von den spezifischen Anforderungen an eine Bewertungsmethode, ist zwischen einfachen Checklistenverfahren bis hin zu komplexen Scoring-Modellen[111] zu wählen.[112]

Anforderungen an Bewertungsmethoden
Eine alles umfassende Bewertung von Produkt-Markt-Strategien unter allen betriebswirtschaftlich relevanten Aspekten mit einer einzigen Methode abzudecken, scheitert an Komplexitäts- und Handhabbarkeitsproblemen.[113] Die Bewertungsmethode als Teil eines Strategieentwicklungsprozesses soll dem Management dabei behilflich sein, die Sachlage und die Konsequenzen der erwogenen Strategie besser zu erfassen und auf ihren Zielerreichungsgrad zu überprüfen. Im Sinne der Entscheidungsträger darf es sich nicht um ein komplexes und zeitaufwendiges System handeln, sondern um eine übersichtliche Methode, die ohne großen Aufwand prägnante Aussagen liefert und den organisatorischen Entscheidungsprozessen angepasst ist.[114] Die Qualität des Systems hängt im hohen Maße von der Strategiebewertung ab, die zu großen Anteilen auf subjektiven Einschätzungen beruht.

In Abhängigkeit der zugrunde gelegten Kriterien, ist bei der Bewertung zwischen einer qualitativen bzw. quantitativen Vorgehensweise zu unterscheiden. Bei der quantitativen Bewertung werden ökonomische Kriterien, d.h. monetäre Ziele, fokussiert.[115] In der Praxis scheitern rein quantitative Betrachtungen allerdings an der Komplexität der Wirkungszusammen-

---

[108] Vgl. Wilde, K., a.a.O., S. 140

[109] Vgl. Weber, M., Krahnen, J., Weber, A., Scoring Verfahren – häufige Anwendungsfehler und ihre Vermeidung in: Der Betrieb, Heft 33, 48.Jg., 1995, S. 1621

[110] Vgl. Wilde, K., a.a.O., S. 55

[111] Synonym zum Begriff Scoring- Modell werden auch Nutzwertanalyse und Rangfolgemodell verwendet.

[112] Im Mittelpunkt der Methodenvarianten steht in diesem Zusammenhang die Entwicklung formaler Systeme zur Abbildung von strategischen Entscheidungsfehlern. Eine inhaltliche Bewertung erfolgt nach Integration der identifizierten Erfolgsfaktoren.

[113] Vgl. Wilde, K., a.a.O., S. 302

[114] Vgl. Wilde, K., Bewertung von Produkt-Markt-Strategien: Theorie und Methoden, Berlin 1989, S. 21

[115] Monetäre Ziele wie Shareholder Value, Return on Investment oder Jahresüberschuss, finden in unternehmenswertorientierten Bewertungsmodellen Anwendung. Vgl. Schultze, S.: Methoden der Unternehmensbewertung, 2. Aufl., Düsseldorf 2003, S. 24 ff, S. 73-150 und Coenenberg, A. G., Salfeld, R., Wertorientierte Unternehmensführung, Stuttgart 2003, S. 3, S. 263-280

hänge, die die monetären Rückflüsse der Erfolgsfaktoren als Vorsteuergrößen nicht ganzheitlich erfassen können.[116]

Eine qualitative Vorgehensweise beinhaltet die Ableitung von qualitativen Bewertungskriterien aus den strategischen Zielen des Unternehmens. Dadurch entsteht ein Kriterienkatalog, der eine Grobprüfung ermöglicht.

Auswahl einer Bewertungsmethode

Die einfachste Form einer strategischen Analyse besteht in der Entwicklung eines Anforderungskataloges, der Punkt für Punkt auf seine Erfüllung oder Nichterfüllung zu überprüfen ist (Checklisten-Methode).[117] Ebenfalls als relativ einfach und schnell handhabbar einzuordnen ist, ähnlich der SWOT-Analyse, die Gegenüberstellung von Pros und Contras mit integrierter Gewichtung der einzelnen Aspekte.[118] Dem stehen komplexe Nutzwertanalysen gegenüber, die durch gewichtete Aggregation einzelne Faktoren zu einer Attraktivitätskennziffer zusammenfassen.[119]

Die Strategieprofil-Methode wird in ihrer Aussagekraft durch die Erweiterung um eine Risikokomponente noch verstärkt. Ergänzend zur Bewertung hinsichtlich des Erfüllungsgrad der Anforderungen erfolgt eine Unsicherheitsbewertung, die das Risiko bei großer (kleiner) Eintrittswahrscheinlichkeit als gering (hoch) bzw. mittel einstuft. Im Gegensatz zur Nutzwertanalyse erscheint es jedoch nicht sinnvoll, genaue Gewichtungsfaktoren für einzelne Erfolgsfaktoren festzusetzen, da diese in Abhängigkeit der Strategie hinsichtlich ihrer Relevanz variieren können. Vielmehr ist es von Bedeutung, den Entscheidungsträger auf die Bedeutung bestimmter Bewertungsebenen hinzuweisen.[120] Der große Vorteil einer solchen Vorgehensweise ist die Erhaltung von Flexibilität bei der Bewertung unterschiedlicher Strategien, ohne dass allgemein gültige Relevanzkriterien der Erfolgsfaktoren[121] vernachlässigt werden.

Bewertung von Wachstumsstrategien unter marketingrelevanten Aspekten

Welche strategischen Gesetzmäßigkeiten sind bei der Bewertung von Strategien zu beachten? Neben einer Vielzahl allgemeiner Kriterienkataloge bietet eine Orientierung am PIMS-Programm die Möglichkeit, Erfahrungen von Unternehmen in unterschiedlichen Markt- und

---

[116]   Vgl. Welge, M. K., Al-Laham, A., Strategisches Management, 3. Aufl., Wiesbaden 2001, S. 121 ff

[117]   Vgl. Albrecht, K., Best practice, checklists, actionlists, Frankfurt a.M., 2003, S. 24 ff

[118]   Die Pro und Contra Gegenüberstellung kann durch Chancen und Risiken ergänzt werden. Vgl. Blunder, R., Die Vierfelder-Entscheidungsmatrix in: CM-Controller Magazin, 05/2003

[119]   Vgl. Nicolai, Ch., Die Nutzwertanalyse in: Das Wirtschaftsstudium, 23/1994, S. 423.

[120]   Beispielsweise ist die Marktattraktivität Grundvoraussetzung einer erfolgreichen Wachstumsstrategie und somit verstärkt zu gewichten.

[121]   Vgl. Buzell, R. D., Gale, B. T., Das PIMS-Programm: Strategien und Unternehmenserfolg, Wiesbaden 1989

Wettbewerbssituationen zu erfassen. Demnach lassen sich wichtige Beziehungen zwischen Strategie und Erfolg feststellen, die in untenstehender Abbildung dargestellt werden. [122]

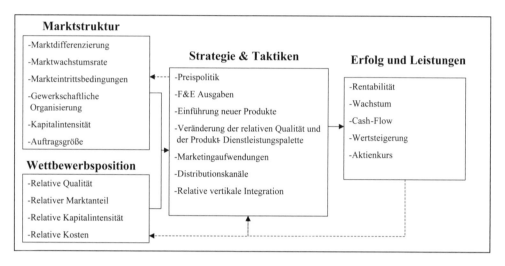

Abb. 16: PIMS-Paradigma der Wettbewerbsstrategie
Quelle: Buzell, R. D., Gale, B. T., Das PIMS-Programm: Strategien und Unternehmenserfolg, Wiesbaden 1989, S. 25

Zur Bewertung von Wachstumsstrategien unter marketingrelevanten Aspekten empfiehlt es sich unter Berücksichtigung dieser Beziehungen eine Unterteilung in die fünf Dimensionen Marktattraktivität, strategischer Fit, rechtliche Rahmenbedingungen, Kooperationen und Marketing-Mix vorzunehmen. Hinter diesen Dimensionen stehen Leitziele, die jeweils in Unterziele bzw. Kategorien unterteilt wurden. Die jeweiligen Kriterien innerhalb der Bereiche sollten so definiert werden, dass die relevanten Erfolgsfaktoren und Wirkungszusammenhänge auf Produkt-Markt-Ebene abgebildet werden können. Die Bewertung ermöglicht letztendlich eine Aussage über den Erfüllungsgrad einzelner Erfolgsfaktoren sowie der Gesamtstrategie durch Betrachtung aller Dimensionen in ihrer Gesamtheit.

Die Bedeutung der Dimensionen wird in Abhängigkeit der zu bewertenden Strategie variieren. Um die Einsatzmöglichkeiten des Tools nicht auf wenige Strategien zu beschränken, sollten allgemeine Erfolgskriterien berücksichtigt werden.

Grundvoraussetzung für jede erfolgreiche Unternehmensstrategie ist die Wahl der „richtigen" Märkte oder Branchen, in denen man tätig werden will. Unterschiedliche Märkte wei-

---

[122] PIMS = „Profit Impact of Market Strategies". Empirische Studie zur Untersuchung der Erfolgsfaktoren einer Unternehmung. Vgl. Buzell, R. D., Gale, B. T., Das PIMS-Programm: Strategien und Unternehmenserfolg, a.a.O., S. 7 ff

sen ungleiche Gewinnpotentiale auf, da bestimmte Marktcharakteristika die Gewinnaussichten beeinflussen.[123] Zu den bedeutendsten Gewinneinflussgrößen gehören:[124]

- das aktuelle Marktpotential in Verbindung mit dem Marktwachstum[125]
- die Wettbewerbsvorteile gegenüber anderen Anbietern
- die Wettbewerbsintensität
- die Eintrittsbarrieren
- das Marktrisiko.

Marktattraktivität ist dann vorhanden, wenn langfristig ein hohes Marktwachstum prognostiziert wird, der Wettbewerb relativ gering ist und Markteintrittsbarrieren für andere eventuelle Anbieter gegeben sind. Wettbewerbsvorteile des eigenen Unternehmens sind gegeben, wenn entsprechende Erfahrungsvorsprünge (Know How), Reputation, Qualitätsvorteile etc. vorhanden sind. Das Marktpotential[126] bezeichnet die Aufnahmefähigkeit des Marktes für ein Produkt, falls alle denkbaren Käufer über das erforderliche Einkommen verfügen würden und ein bewusstes Kaufbedürfnis entwickelt hätten. Marktwachstum ist ein Teilaspekt des umweltbezogenen Veränderungsprozesses. Zusammen mit den unternehmensbezogenen Entwicklungen stehen diese im Mittelpunkt der strategischen Entscheidungen der Unternehmensführung.[127]

Eine Beurteilung des Marktwachstums setzt eine Marktlebenszyklusanalyse voraus. Das Konzept des Marktlebenszyklus wird als eigenständiges Konzept der strategischen Planung angesehen. Wie beim Produktlebenszyklus durchlaufen Märkte die Phasen der Einführung, des Wachstums, der Reife, der Sättigung und schließlich der Degeneration.[128] Obwohl die Zeitdauer und die Ausprägung der Phasen stark variieren, lassen sich tendenziell ähnliche Strukturen der Umsatzverläufe feststellen.[129] Unter Zuhilfenahme des Konzeptes können grobe Verläufe des zukünftigen Wachstums (Degeneration) des Gesamtmarktes bzw. eines bestimmten Produktes oder einer Produktgruppe gewonnen werden. Insofern dient diese

---

[123] Innerhalb mancher Märkte ist zwischen mehreren Marktsegmenten bzw. Nischen zu unterscheiden, die wesentlich attraktiver als der Rest des Marktes sein können. Hierfür wird in der Literatur der Begriff der „Strategischen Gruppen" gebraucht. Eine weitergehende Diskussion hierzu findet sich bei: Porter, M. E., Wettbewerbsstrategie (Competitive Strategy). Methoden zur Analyse von Branchen und Konkurrenten, 1999

[124] Marktattraktivität wird in der Literatur durch mehrere Teildimensionen bestimmt, die in Abhängigkeit vom Konzept in ihrer Zusammensetzung voneinander abweichen. Vgl. hierzu: Hahn, D., Zweck und Entwicklung der Portfolio-Konzepte in der strategischen Unternehmensplanung, in: Hahn, D. , Taylor, B. (Hrsg.), Strategische Unternehmensplanung – Strategische Unternehmensführung: Stand und Entwicklungstendenzen, Heidelberg 1990 und Hammer, R. M., Strategische Planung und Frühaufklärung, 2. Aufl., München 1992 und Welge, M. K., Al- Laham, A., Strategisches Management: Grundlagen – Prozess – Implementierung, 3. Aufl., Wiesbaden 2001, S. 346

[125] Vgl. Buzell, R. D., Gale, B. T., Das PIMS- Programm: Strategien und Unternehmenserfolg, Wiesbaden 1989, S. 47 ff

[126] Das Marktpotential wird in der Regel in Währungseinheiten berechnet (Bsp. €), indem der Stückpreis des Produktes mit der Anzahl des Marktpotentials in Einheiten multipliziert wird.

[127] Vgl. Macharzina, K., Unternehmensführung, 4. Aufl., Wiesbaden 2003, S. 6

[128] Vgl. Meffert, H., Marketing, 9. Aufl.,Wiesbaden 2000, S. 256

[129] Vgl. Macharzina, K., a.a.O., S. 265 f

Analyse der strategisch relevanten Grundsatzentscheidung, ob und unter welchen Umständen eine Erschließung des Marktes profitabel ist.[130] Viele Unternehmen, die überstürzt in rasch wachsenden Märkte investierten (Biotechnologie, Roboter, Computer etc.) mussten zurückstecken, weil sie kurzfristiges Wachstum mit langfristigem Gewinnpotential verwechselt haben. „Geschäftsfelder versprechen keine hohen Renditen, weil sie sexy oder hochtechnologisch sind, sondern weil die Marktstrukturen gesund sind."[131]

Unter dem Begriff „Eintrittsbarrieren" sind diejenigen Faktoren zu subsumieren, die einen Eintritt in einen neuen Markt erschweren oder sogar verhindern.[132] In der Praxis gilt es diese zu identifizieren und zu bewerten, um die Kosten des Markteintritts bestimmen zu können.

Eine wichtige Dimension der Bewertung stellt die Konsistenz einer Strategie (Strategischer Fit) dar.[133] Konsistenz bedeutet in diesem Zusammenhang das „Zusammenpassen" oder die Abstimmung der Strategie, d.h. die Stimmigkeit der einzelnen Komponenten zueinander.[134]

Konkrete Inhalte einer abgestimmten Strategie lassen sich nicht allgemein definieren, sondern müssen fallspezifisch aus den Unternehmenszielen abgeleitet werden. Strategische Stimmigkeit erfordert die Koordination:

1. zwischen den derzeitigen und zukünftigen strategischen Aktionen des Unternehmens, d.h. den einzelnen Komponenten einer Strategie (Intra-Strategie-Fit),
2. der strategischen Ziele des Unternehmens mit den strategierelevanten Komponenten des Unternehmens und der Umwelt (Intra-System-Fit) und
3. der derzeitigen und zukünftigen Situation der Umwelt und des Unternehmens (Strategie System Fit).[135]

Eine Überprüfung des Strategischen Fit kann durch diverse Ansätze erfolgen, die sich in generalisierende und fallspezifische Methoden unterscheiden lassen.[136] Die Gesamtproblematik kann in diesem Zusammenhang in Teilaspekte zerlegt werden, um den Erfüllungsgrad der einzelnen „Fit Dimensionen" zu erfassen.

Fehlende strategische Stimmigkeit, d.h. fehlende Gleichrichtung aller strategischen Maßnahmen, kann zu einer Verringerung der Erfolgsaussicht der Strategie führen. In der Konse-

---

[130] Die strategische Relevanz der Marktsituation basiert auf dem „Structure-conduct-performance" – Paradigma, wonach die Struktur des Marktes einen hohen Einfluss auf das Verhalten und den Erfolg der Anbieter in diesem Markt hat. Vgl. Effenberger, J., Erfolgsfaktoren der Strategieberatung, 1. Aufl., Stuttgart 1998

[131] Vgl. Porter, M. E., Diversifikation – Konzerne ohne Konzeptin: Harvard Manager, 4/1987

[132] Es wurden z.B. Economies of Scale, hoher Kapitalbedarf, Know-How-Mangel, mangelnder Zugang zu Vertriebskanälen, etc. als Eintrittsbarrieren identifiziert.

[133] Vgl. Welge, M. K., Al- Laham, A., Strategisches Management: Grundlagen – Prozess – Implementierung, 3. Aufl., Wiesbaden 2001, S. 489

[134] Vgl. Scholz, Ch. Strategische Stimmigkeit in: Wirtschaftswissenschaftliches Studium, a.a.O., 1988.

[135] Vgl. Scholz, Ch. Strategische Stimmigkeit in: Wirtschaftswissenschaftliches Studium, a.a.O., 1988, S.446

[136] Vgl. Waterman, R. H. Jr., The Seven Elements of Strategic Fit in Journal of Business Strategy, 1982, und Scholz, Ch., Strategisches Management: Ein integrativer Ansatz, Regensburg, 1986.

quenz kann eine hohe strategische Stimmigkeit bewirken, dass eine Strategie trotz geringerer Gewinnerwartung einer Alternativstrategie ohne Stimmigkeit vorgezogen wird.

2.6.2   Portfolio-Technik als Bewertungsmethode

Die Portfolio-Technik gehört zu der in der Praxis am häufigsten eingesetzten Instrumente zur Strategieentwicklung und Bewertung.[137] Die Portfolio-Technik ermöglicht eine zusammenfassende Betrachtung der einzelnen Bewertungsdimensionen und trägt somit zur Reduzierung der Komplexität bei der Entscheidungsfindung bei.

Die Portfolioanalyse kann im Zusammenhang der Bewertung von (Wachstums-) Strategien die Chancen und Risiken der strategischen Dimensionen durch ein System von Bestimmungsfaktoren zum Ausdruck bringen.[138] Die Bestimmungsfaktoren sind in zwei Hauptdimensionen, eine unternehmensinterne und eine externe, gruppiert.[139] Würden beide Kriterien gleicher Natur sein, wäre eine Strategieableitung nicht möglich, da zwischen den beiden Bestimmungsfaktoren keine Korrelation bestehen würde, die sich in einem sinnvollen Portfolio abbilden ließe.

Aus den Portfolios lassen sich geschäftsfeldspezifische Strategieempfehlungen ableiten, die zur Realisierung bzw. zur Ablehnung einer Strategie führen.[140] Da jedes Portfolio bzw. jede Kontingenztheorie einen anderen Ausschnitt des strategischen Entscheidungsfeldes betrachtet, ist zu berücksichtigen, dass „eine Strategie unter dem Aspekt der in dieser spezifischen Kontingenztheorie[141] erfassten Erfolgsfaktoren und Wirkungsrelationen ungünstig erscheinen kann; was aber nicht ausschließt, dass es noch andere wichtige Erfolgsfaktoren und Wirkungsrelationen gibt, die ein völlig anderes Bild der Strategie liefern."

In Abhängigkeit vom jeweiligen Gewicht der einzelnen Kontingenztheorien und der Individualität der strategischen Geschäftsfelder ist es sinnvoll mehrere parallele Portfolios anzuwenden.[142] Für eine Betrachtung weiterer Kontingenztheorien bietet sich ein Portfolio an, das die Marktattraktivität und den Strategischen Fit, also den Grad der Übereinstimmung zwischen dem angestrebten Produkt und der Unternehmensstrategie, bewertet. Eine Diagonale trennt jeweils die realisierungswürdigen Bereiche von denen, wo eine Realisierung der Produkt-Strategie nicht ratsam erscheint.

---

[137] Vgl. Welge, M. K., Al- Laham, A., Strategisches Management: Grundlagen ̄ Prozess ̄ Implementierung, 3. Aufl., Wiesbaden 2001, S. 339

[138] Vgl. Wilde, K., Bewertung von Produkt-Markt-Strategien, Theorie und Methoden, Berlin 1989, S. 206 ̄234

[139] Vgl. Welge, M. K., Al- Laham, A., Strategisches Management: Grundlagen ̄ Prozess ̄ Implementierung, 3. Aufl., Wiesbaden 2001, S.336 und Meffert, H., Marketing, 9. Aufl., Wiesbaden, 2000, S.249

[140] Vgl. Wilde, K., a.a.O., S. 206 ̄234

[141] Die kontingenztheoretische Forschung befasst sich mit der inhaltlichen Bestimmung relevanter Erfolgsfaktoren und generellen Gesetzmäßigkeiten von Erfolgsfaktorenkonstellationen. Aufgrund der Komplexität der Wechselwirkungen wird sich dabei auf konkrete Wenn- Dann- Zusammenhänge beschränkt. Vgl. Hofer, C. W., Towards a Contingency Theory of Business Strategy in Hahn, D., Taylor, B. (Hrsg), Strategische Unternehmensplanung, Würzburg, 1980

[142] Vgl. Wilde, K., Bewertung von Produkt-Markt-Strategien, Theorie und Methoden, Berlin 1989, S. 207

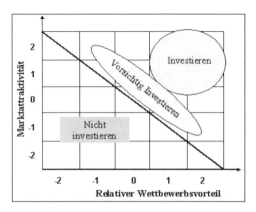

Abb. 17: Marktattraktivitäts-Wettbewerbsvorteil-Portfolio
Quelle: In Anlehnung a: Hinterhuber, H. H., Strategisches Denken, 1996, S.186

Zur Beurteilung der Marktattraktivität, des strategischen Fit und der rechtlichen Rahmenbedingungen können Bewertungsschemen, wie in den untenstehenden Tabellen beispielhaft dargestellt sind, herangezogen werden.

Kriterien zur Bewertung der Marktattraktivität

Tab. 7: Bewertung der Marktattraktivität

Marktattraktivität							
Beurteilungskriterium	Ausprägung					Risiko	Details / Maßnahme
Eröffnen sich durch das Produkt neue Zielmärkte?	-2	-1	0	1	2		
Derzeitiges Marktpotential?	-2	-1	0	1	2		
Prognose des Marktwachstums?	-2	-1	0	1	2		
Investitionen zum Markteintritt (Eintrittsbarrieren):							
Kapitalbedarf	-2	-1	0	1	2		
Produktionskosten	-2	-1	0	1	2		
Zugang zu Vertriebskanälen	-2	-1	0	1	2		
Know How Mangel	-2	-1	0	1	2		
Wettbewerbsvorteile durchs neue Produkt erzielbar?	-2	-1	0	1	2		
Synergieeffekte							
Know-How-Transfer	-2	-1	0	1	2		
Aufgabenzentralisierung	-2	-1	0	1	2		

Zur Beurteilung der einzelnen Kriterien ist hier beispielhaft eine ungerade Ratingskala einge-setzt, die im Gegensatz zu einer geraden Skala einen natürlichen Mittelpunkt besitzt. Damit wird der Beurteiler nicht gezwungen, sich entweder positiv oder negativ zu äußern, sondern es werden mit der Kategorie 0 indifferente Meinungen erfasst, statt sie in eine Richtung zu pressen. Ergänzend zu der Beurteilung über die Ratingskala kann in den beispielhaft darge-stellten Tabellen das Risiko zum Beispiel mit einer Prozentangabe eingeschätzt werden. Bei der Tabelle zur Bewertung der Marktattraktivität besteht zusätzlich die Möglichkeit, konkre-te Ausgestaltungen und/oder Maßnahmen zu benennen. Bei der Bewertung des Strategischen Fit in der u.a. Tabelle ist auf diese Möglichkeit verzichtet worden.

Tab. 8: Bewertung des Strategischen Fit[143]

Strategischer Fit							
Beurteilungskriterium	**Ausprägung**					**Risiko**	**„Fit Dimension"**
Passt das neue Produkt zur Unternehmensvision?	-2	-1	0	1	2		Intra System Fit
Passt das neue Produkt zu den unternehmerischen Fähigkeiten?	-2	-1	0	1	2		Intra Strategie Fit
Ergibt sich aus dem Produkt ein neues strategisches Geschäftsfeld?	-2	-1	0	1	2		Intra System Fit
Passt das neue Produkt zur Unternehmenskultur? [143]	-2	-1	0	1	2		Intra System Fit
Ergibt sich eine Imageveränderung für das Unternehmen (positiv oder negativ)?	-2	-1	0	1	2		Strategie System Fit

Analog zur Tabelle zur Bewertung der Marktattraktivität ist es auch bei der Bewertung der rechtlichen Rahmenbedingungen ratsam, eine Risikoeinschätzung abzufragen und die Mög-lichkeit zu geben, konkrete Ausgestaltungen und/oder Maßnahmen aufzuführen.

---

[143] Vgl. Peters, T. J. Wateman, R. H. Jr., In search of Excellence: Lessonsfrom America's Best Run Companies, New York 1982, S. 3-29

Tab. 9: Bewertung der rechtlichen Rahmenbedingungen

Rechtliche Rahmenbedingungen							
Beurteilungskriterium	Ausprägung					Risiko	Details/ Maßnahmen
Wird die Umsetzung der Produkt-Dienstleistung durch rechtliche Vorgaben behindert?	-2	-1	0	1	2		
Ergeben sich Haftungsverpflichtungen im Zusammenhang mit der Produkt-Dienstleistung?	-2	-1	0	1	2		
Wie relevant ist ein rechtlicher Schutz der Produkt-Dienstleistung?	-2	-1	0	1	2		

2.6.3   Checklisten-Verfahren als Bewertungsmethode

Der Entscheidung über die Strategie des Wachstums durch Erschließung neuer Märkte folgt die Entscheidung der konkret zu bearbeitenden Märkte und des Standortes.

Anhand geeigneter Kriterien sind diejenigen Länder fest zu legen, in denen unternehmerische Aktivitäten Erfolg versprechend erscheinen. Es geht konkret dabei um die Identifikation derjenigen Länder, in denen die begrenzten Ressourcen einer Unternehmung den größten Grenznutzen erbringen und oder diejenigen Länder auszuwählen, in denen sich die strategischen Ziele der Internationalisierung am besten realisieren lassen.

In Hinblick auf diese Zielsetzung sind die betroffenen Unternehmen bei der Bewertung ausländischer Märkte bzw. Standorte in erheblich größerem Ausmaß als bei Entscheidungen auf nationaler Ebene mit dem Problem der Unsicherheit über die Intensität, Richtung und Dynamik der wirtschaftlichen, gesellschaftlichen und rechtlichen Rahmenbedingungen konfrontiert. Als eine Möglichkeit zur Reduzierung dieses Unsicherheitsproblems bietet sich u.a. das Checklistenverfahren an.[144]

Checklistenverfahren
Beim Checklistenverfahren besteht der Ansatz darin, einen Katalog entscheidungsrelevanter Bedingungen zu formulieren, die für unternehmerische Aktivitäten in einem bestimmten Land erfüllt sein müssen.[145] Checklistenverfahren dienen primär dazu, die aufgrund von grundsätzlichen Überlegungen für ein Engagement nicht in Frage kommenden Länder aus dem weiteren Auswahlprozess zu eliminieren. Damit wird die Detailauswahl auf eine überschaubare Anzahl relevanter Länder beschränkt und so der Aufwand für Maßnahmen der Informationsbeschaffung begrenzt.[146] Eine Orientierung für mögliche relevante Kriterien zur Beurteilung der globalen Umweltbedingungen eines Landes soll u.a. Klassifikation geben.

---

[144] Vgl. Hungenberg, H., Strategisches Management in Unternehmen, 2. Aufl., Wiesbaden 2001, S. 208 ff

[145] Vgl. Welge, M. K., Al-Laham, A., Strategisches Management, Stuttgart 1992, S. 371 f

[146] Vgl. Stahr, G., Internationale strategische Unternehmensführung, Stuttgart Berlin Köln 1989, S. 143 ff

Tab. 10: Differenzierung der globalen Umweltbedingungen eines Landes
(nach Farmer/Richman 1966)

Umwelt-segmente	Umweltbedingungen	
	Landesspezifische Bedingungen	**Landesübergreifende Bedingungen**
Ausbildung	• Allgemeines Ausbildungsniveau • Spezielle berufliche und • technische Ausbildung und allgemeine Erwachsenenbildung • Höhere Schulbildung und Hochschulbildung • Einstellung gegenüber Bildung • Entsprechung zwischen • beruflichen Anforderungen und • Bildungsgrad	
Sozio-kulturelle Faktoren	• Einstellungen gegenüber • Managern und Management • Einstellung gegenüber Autorität • und Untergebenen • Kooperation zwischen Organisationen • Einstellungen gegenüber Arbeit • und Leistungsprinzip • Klassenstruktur und Mobilität • Einstellung gegenüber Wohl • stand und materiellem Erfolg • Einstellung gegenüber wissenschaftlichen • Methoden • Risikobereitschaft • Einstellung gegenüber Wandel	• Nationale Ideologie • Einstellung gegenüber Ausländern • Art und Ausmaß des Nationalismus
Politisch-rechtliche Faktoren	• Rechtliche Spielregeln • Verteidigungspolitik • Außenpolitik • Politische Stabilität • Organisationsform des politischen • Systems • Flexibilität der Rechtsnormen und • rechtliche Veränderungen	• Politische Ideologie • Rechtliche Bestimmungen für • internationale Geschäftätigkeit • Zugehörigkeit zu internationalen • Organisationen und vertragliche • Bindungen • Blockzugehörigkeit • Im- und Exportbeschränkungen • Internationale Investitionsbeschränkungen • Gewinntransferbeschränkungen • Devisenkontrollen
Ökono-mische Faktoren	• Art des Wirtschaftssystems • Zentralbanksystem und Geldpolitik • Fiskalpolitik • Ökonomische Stabilität • Organisation der Kapitalmärkte • Ausstattung mit Produktionsfaktoren • Marktvolumen • Infrastruktur	• Zahlungsbilanzposition • Außenhandelsstruktur • Mitgliedschaft in und Verpflichtungen • gegenüber internationalen • Finanzorganisationen

Im Rahmen von Checklistenverfahren zur Markt- bzw. Standortwahl müssen aus der Menge dieser Umweltkomponenten die für die Unternehmung tatsächlich relevanten Bedingungen isoliert werden, die konkrete Chancen oder Bedrohungen für ein mögliches Engagement darstellen. Die Lösung dieses Relevanzproblems gestaltet sich jedoch häufig ausgesprochen schwierig. Viele externe Bedingungen müssen nicht als externe Daten hingenommen werden, sondern sind zumindest langfristig durch die Unternehmung selbst beeinflussbar. Die Restriktivität bestimmter landesspezifischer Bedingungen hängt zudem von der Form des Engagements einer Unternehmung in diesem Land ab.

Aufgrund der Subjektivität der Auswahlkriterien besteht jedoch die Gefahr, dass lediglich vorhandene Vorurteile bestätigt und Marktchancen nicht erkannt werden, die sich durch eine detaillierte Untersuchung eröffnet hätten. Empirische Studien belegen zudem, dass Unternehmen, die bereits in einem Land tätig sind, viele Umweltbedingungen als weniger restriktiv beurteilen als Unternehmen, die erst die Möglichkeit eines Engagements in diesem Land untersuchen.[147]

2.7 Implementierung

2.7.1 Aufgaben der Strategieimplementierung: Überblick

Im Prozess des strategischen Managements stellt die Implementierung von Strategien den letzten Teilschritt dar. Mit der Implementierung soll eine angestrebte Strategie nicht nur planerisch durchdacht und verabschiedet werden, sondern es soll sichergestellt werden, dass sie auch tatsächlich realisiert wird. Konkret: die formulierte Strategie muss in reale Handlungen umgesetzt werden.[148]

Nachdem eine Strategie gefunden worden ist, geht es „nur noch darum, auch so zu handeln", wie es die Strategie verlangt. Darin besteht jedoch das eigentliche Problem in der betrieblichen Praxis: die angestrebten strategischen Veränderungen, mit meist erheblichen analytischen und planerischen Aufwand, stellen sich keinesfalls von selbst ein. Allein durch die Tatsache, dass Strategien als wünschenswert angesehen und verabschiedet werden, werden sie nicht zur Realität. Strategien werden zur Realität, in dem die Menschen im Unternehmen auch nach Maßgabe der Strategie handeln. Doch kann es nicht als selbstverständlich angesehen werden, dass Menschen ihr Verhalten verändern, bloß weil sich die angesagte Strategie des Unternehmens ändert.

Die Analyse gescheiterter strategischer Veränderungsprozesse zeigen als Ursache u.a.

---

[147] Vgl. Welge, M. K., Holtbrügge, D., Internationales Management, Landsberg/Lech 1998, S. 93 – 96

[148] Vgl. Hungenberg, H., Strategisches Management in Unternehmen, 2. Aufl., Wiesbaden 2001, S. 250

- eine unzureichende Strategie,
- nicht passende Ressourcen und Fähigkeiten des Unternehmens zu der angestrebten Ausrichtung oder
- unerwartete Veränderung der Rahmenbedingungen des Unternehmens.

Als Hauptursache für das Scheitern strategischer Veränderungsprozesse hat sich aber heraus kristallisiert, dass seitens der Unternehmen der Umsetzung einer Strategie, bzw. ihrer Implementierung, zu wenig Aufmerksamkeit geschenkt wird. Aufzuführen ist dabei u.a. das fehlende Bewusstsein für die Notwendigkeit gesonderter Implementierungsmaßnahmen und das Fehlen eines umfassenden Implementierungskonzeptes, das alle wesentlichen Ansatzpunkte zur Strategieumsetzung abdeckt, gemeint. [149]

Für eine erfolgreiche Implementierung der angestrebten Strategie sind inhaltlich drei Teilaufgaben durchzuführen: [150]

- die Absicherung der Strategie,
- die Operationalisierung der Strategie und schließlich
- die Durchsetzung der Strategie.

Diese Teilaufgaben beinhalten sowohl Aspekte der Sachrationalität als auch der Verhaltensrationalität. Bei der Lösung der Teilaufgaben ist die grundsätzliche Frage zu klären, ob die Implementierung einer Strategie durch Einsatz eigener Ressourcen erfolgen soll oder durch die Akquisition von Ressourcen. [151]

Absicherung der Strategie

Mit der Strategieimplementierung wird das Ziel verfolgt, die ausgewählte Strategiealternative umzusetzen bzw. zu realisieren. Dabei muss sichergestellt werden, dass die dazu notwendigen Handlungen im Unternehmen auch erfolgen. Daher sind Strukturen und Systeme in Abstimmung mit der gewählten Strategie zu gestalten, die angestrebten Veränderungen sind zu operationalisieren, d.h. eindeutige Messvorschriften sind fest zulegen, und die Veränderungen sind gegenüber den Mitarbeitern durchzusetzen.

Als wichtige Rahmenbedingungen des Handelns in Unternehmen sind Strukturen und Systeme anzusehen, die auf die gewählte Strategie ausgerichtet werden sollten, um diese entsprechend abzusichern. Strukturen finden ihren Niederschlag in der Aufbau- und Ablauforganisation des Unternehmens. Sie sind als grundsätzliche Regelungen zu verstehen, die die Zusammenarbeit der Mitarbeiter im Unternehmen bestimmen. Dem gegenüber können Systeme als Instrumente bezeichnet werden, die das Management zur Führung des Unterneh-

---

[149] Vgl. Hungenberg, H., a.a.O., S. 251

[150] Vgl. Bea, X., Strategisches Management, 3. Aufl., Stuttgart 2001, S. 188 ff und Hungenberg, H., Strategisches Management in Unternehmen, 2. Aufl., Wiesbaden 2001, S. 251

[151] Vgl. Bea, X., a.a.O., S. 188 f

mens benötigt, so z.B. das Management-Informationssystem und das Management-Anreizsystem.[152]

Selbstverständlich können Strukturen und Systeme alleine natürlich kein strategiegerechtes Handeln sicherstellen: sie sind jedoch Rahmenbedingung für die Arbeit der Menschen im Unternehmen, von denen erheblicher Einfluss auf das Verhalten ausgeht. Von der Organisation geht aus, welche Aufgaben die Menschen inhaltlich angehen und wie die Zusammenarbeit in verschiedenen Bereichen im Unternehmen gestaltet ist. Auch von den Managementsystemen geht Einfluss auf das Handeln im Unternehmen aus. Zum einen von den Informationssystemen, durch die Art der Bereitstellung der Informationen, zum anderen von den Management-Anreizsysteme, die Richtung und Intensität der persönlichen Motivation der Mitarbeiter beeinflussen.[153]

Operationalisierung der Strategie
Mit der Operationalisierung der Strategie wird darauf abgezielt, die angestrebten strategischen Veränderungen in konkrete Vorgaben für das operative Management zu formulieren. Dazu müssen die strategischen Ziele und Maßnahmen in operative Planungen umgesetzt werden. Die operativen Planungen beinhalten Ziele und Maßnahmen, die das tägliche Handeln in den Funktionsbereichen eines Unternehmens bestimmen.[154]

Das operative Management bezieht sich auf einzelne Organisationseinheiten bzw. Verantwortungsbereiche innerhalb eines Unternehmens, im Allgemeinen die Funktions-bereiche wie Beschaffung, Produktion oder Absatz – also Organisationseinheiten, in denen gleichartige Aktivitäten (Funktionen) gebündelt werden. Dabei ergeben sich aus einer Strategie für die einzelnen Funktionsbereiche die unterschiedlichsten Konsequenzen. Daher fokussiert sich die Operationalisierung auf die Ableitung konkreter Ziele und Maßnahmen, die in den verschieden Funktionsbereichen verwirklicht werden müssen, um die verfolgte Strategie erfolgreich umzusetzen, sowie die Festlegung eindeutiger Messvorschriften zur Feststellung des Ergebnisses.

Im Zuge der funktionalen Planung werden Ziele und Maßnahmen für die einzelnen Funktionsbereiche entwickelt. Bei der faktorbezogenen Planung werden die zwischen den Funktionsbereichen bestehenden wechselseitigen Abhängigkeiten hinsichtlich der Nutzung von Produktionsfaktoren abgestimmt. Die Handlungen in den einzelnen Funktionsbereichen führen zu monetären Konsequenzen, die ihren Niederschlag in den monetären operativen Planungen finden und sich auf drei Ebenen betrieblicher Wertgrößen vollziehen: Kosten- und Erlösplanung, bilanzielle Ergebnisplanung und Finanzplanung.[155]

---

[152] Vgl. Hungenberg, H., Strategisches Management in Unternehmen, 2. Aufl., Wiesbaden 2001, S. 322

[153] Vgl. Hungenberg, H., a.a.O., S. 251

[154] Vgl. Hungenberg, H., a.a.O., S. 323

[155] Vgl. Hungenberg, H., Strategisches Management in Unternehmen, 2. Aufl., Wiesbaden 2001, S. 323

Durchsetzung der Strategie

In letzter Konsequenz werden Strategien erst dadurch umgesetzt, wenn auch die Menschen im Unternehmen nach Maßgabe der neuen Strategie handeln. Daher besteht die dritte Teilaufgabe der Strategieimplementierung darin, die angestrebten Veränderungen auch direkt durchzusetzen, in dem das Mitarbeiterverhalten entsprechend ausgerichtet wird.

Eine Grundvoraussetzung, um Akzeptanz bei den Mitarbeitern für die veränderte Strategie zu schaffen, ist die geeignete Information der Mitarbeiter, die von den strategischen Veränderungen betroffen sind, damit diese die Veränderungen auch kennen und verstehen. Mit der veränderten strategischen Ausrichtung geht meist für die betroffenen Mitarbeiter auch eine Veränderung ihrer Aufgaben und ihres individuellen Arbeitsumfelds einher, wodurch neuartige Anforderungen an den Einzelnen entstehen. Ein Aspekt ist daher, dass die Mitarbeiter nicht nur entsprechend der veränderten strategischen Ausrichtung handeln können, sondern dass sie es auch aus innerer Überzeugung wollen. Von daher sind Maßnahmen, die auf Motivation der Mitarbeiter abzielen und ihr individuelles Verhalten ändern, zum Erfolg einer neuen Strategie unabdingbar. Dabei sollte, je nach Mitarbeiterqualifikation und - Motivation, weniger auf materielle Führungsinstrumente und Überredung abgestellt werden, sondern auf eine Informationsvermittlung unter ehrlichem Eingehen auf die Bedenken der Mitarbeiter und überzeugender Kommunikation.[156] Darüber hinaus sind durch Maßnahmen des Empowerments bei den Mitarbeitern jene individuellen Qualifikationen aufzubauen, die notwendig sind, um das strategisch gewünschte Verhalten zu zeigen.[157]

2.7.2   Ausgewählte Einflussfaktoren der Implementierung

Bedeutung der Organisation

Die Strategie gilt heute als eine der wichtigsten Einflussgrößen auf die Organisation von Unternehmen. Der Aufbau einer strategiegerechten Organisation kann als maßgebliche Erfolgsbedingung für die Umsetzung einer Strategie angesehen werden. Deshalb sollte darauf abgezielt werden, die Organisation so auszugestalten, dass die Mitarbeiter des Unternehmens ihr Verhalten bestmöglich auf die strategischen Anforderungen ausrichten können und wollen. Jede Änderung der Strategie stellt in den häufigsten Fällen neue Anforderungen an das Mitarbeiterverhalten, und damit in der Regel auch eine spezifische Anpassung der Organisation.

Structure follows strategy – Strategy follows structure

Chandler erkannte als erster die Beziehung zwischen Strategie und Organisation und fasste dies in der Aussage „structure follows strategy" plakativ zusammen. Im Rahmen einer Langzeituntersuchung U.S.-amerikanischer Unternehmen stellte er fest, dass Unternehmen mit einer zunehmenden Diversifikation – also einer veränderten Unternehmensstrategie – von einer funktionalen zu einer divisionalen Organisationsstruktur übergingen.

---

[156] Vgl. Kroeber-Riel, Konsumentenverhalten, 2. Aufl., München 1980, S. 561 und Kroeber-Riel, W., Weinberg, P., Konsumentenverhalten, 7. Aufl., München 1999, S. 492 ff

[157] Vgl. Hungenberg, H., Strategisches Management in Unternehmen, 2. Aufl., Wiesbaden 2001, S. 252

Aufbauend auf dieser These beschäftigten sich zahlreiche theoretische Arbeiten und empirische Studien mit dem Zusammenhang von Strategie und Struktur. Sie haben im Kern
zwei Arten von Aussagen entwickelt:

- Nicht nur die Strategie stellt eine Einflussgröße auf die Organisation dar, sondern die
  Organisation wird von einer Vielzahl interner und externer Faktoren beeinflusst, unter denen die Strategie nur einer, allerdings auch ein wesentlicher Einflussfaktor ist.

- Eine Beeinflussung kann auch in umgekehrter Richtung erfolgen – „Strategy follows
  structure" lautet die entsprechende Aussage. Damit ist gemeint, dass eine gegebene
  Organisationsstruktur angesichts der mit ihr verknüpften Aufgaben- sowie Machtver-
  teilung ihrerseits die Strategiewahl beeinflusst. In der Tat kann man in der Realität
  beobachten, dass die in einem Unternehmen gegebenen Strukturen nur bestimmte
  Strategien zu lassen. Ähnlich wie bei der Frage, wie Strategien entstehen, handelt es
  sich hierbei aber um ein empirisches Phänomen, das nichts daran ändert, dass eigentlich die umgekehrte Beeinflussungsrichtung angestrebt werden sollte.

Quelle: Vgl. Chandler, A., Strategy and Structure, Cambridge 1962

Die Eignung einer Strategie für eine Organisation ist allerdings unter Berücksichtigung viel-
fältiger Rahmenbedingungen und damit für jede einzelne Situation gesondert zu beantworten. Die vielfältigen Einflussgrößen, die insgesamt auf die Organisation wirken, wie z.B.:

- die Komplexität und Dynamik der Unternehmenswelt,
- die Heterogenität des Unternehmens,
- die regionale Ausdehnung des Unternehmens,
- die Art und Bedeutung von Technologien und
- die Eigentümerstruktur des Unternehmens,

erschweren die Auswahl der Organisationsstruktur, die im konkreten Einzelfall angemessen
ist.

Obwohl Strukturen notwendigerweise situativ gestaltet werden müssen, gibt es verschiedene
Aspekte, die als Orientierungshilfe für die Strukturwahl dienen können.

Dabei handelt es sich um:

- die Gestaltung der institutionellen Struktur von Aufgabenträgern (Aufbaustruktur/ Aufbauorganisation) und
- die Gestaltung der zeitlichen und räumlichen Struktur der Aufgabenerfüllung (Ablauf-
  oder Prozessstruktur/ Prozessorganisation). [158]

---

[158] Vgl. Hungenberg, H., Strategisches Management in Unternehmen, 2. Aufl., Wiesbaden 2001, S. 254 f

Einflüsse der Aufbaustrukturen
Das Grundprinzip in den meisten Unternehmen ist die arbeitsteilige Erfüllung der Unternehmensaufgaben und deren Koordination: sie zu regeln ist die zentrale Aufgabe der Aufbauorganisation. Die Gestaltungsparameter von Aufbaustrukturen sind im Einzelnen:[159]

- die Form der Aufgabenspezialisierung,
- die Gestaltung der Weisungsbefugnisse und
- die Verteilung der Entscheidungsaufgaben.

Form der Aufgabenspezialisierung
Im Zuge der Aufgabenverteilung gibt es eine Reihe von Möglichkeiten, eine Spezialisierung von Aufgabenträgern zu erreichen. Als Grundformen der Aufgabenspezialisierung können genannt werden:[160]

die **funktionale Spezialisierung**, bei der die zu erfüllenden Aufgaben so auf die Aufgabenträger verteilt werden, dass jeder von ihnen nur eine bestimmte Funktion bzw. Verrichtung erfüllt, die dieser an den unterschiedlichsten Objekten ausübt.

die **objektorientierte Spezialisierung**, die sich in der Arbeitsteilung an den Besonderheiten der Objekte orientiert, an denen die Aufgaben vollbracht werden.[161]

Gestaltung der Weisungsbefugnisse
Die Gestaltung der zwischen Organisationseinheiten bestehenden Weisungsbefugnisse ist ein wesentliches Element der Koordination von Aufgabenträgern. Mit der Gestaltung der Weisungsbefugnisse soll die Aufgabenerfüllung in den gebildeten Organisationseinheiten sichergestellt und eine möglichst reibungslose Abstimmung zwischen den einzelnen Einheiten erreicht werden. Man kann bei der Gestaltung von Weisungsbefugnissen das Einlinien- und das Mehrliniensystem unterschieden.

Bei dem **Einliniensystem** besteht das Prinzip, dass einzelne Stellen jeweils nur von einer vorgelagerten Instanz Weisungen erhalten. Damit unterstehen Mitarbeiter stets nur einem Vorgesetzten, dem sie allein für die Aufgabenerfüllung verantwortlich sind. Die wesentlichen Merkmale des Einliniensystems sind Einheitlichkeit und Klarheit in den Weisungsbeziehungen aber auch etwaige Überlastungen der Instanzen.[162]

Das Mehrliniensystem sieht dagegen vor, dass einzelne Stellen von mehreren Instanzen Weisungen erhalten, und damit der einzelne Mitarbeiter mehreren Vorgesetzten unterstellt ist. Mit diesem Konzept verspricht man sich eine gewisse Spezialisierung der Vorgesetzten, die Entscheidungsprozesse verbessern und beschleunigen kann. Allerdings kommt es zu einer

---

[159] Vgl. Jung, H., Allgemeine Betriebswirtschaftslehre, 9. Aufl., München 2004, S. 248 ff und Tietz, B., Die Grundlagen des Marketing, Band 3: Das Marketing- Management, München 1976, S. 489 ff

[160] Vgl. Hungenberg, H., a.a.O., S. 257 f und Jung, H., a.a.O., S. 249 ff

[161] Vgl. Tietz, B., a.a.O., S. 489 ff

[162] Vgl. Jung, H., Allgemeine Betriebswirtschaftslehre, 9. Aufl., München 2004 und Tietz, B., a.a.O., S. 489 ff

bewussten Überlappung von Weisungsbefugnissen, mit dem unerwünschten Risiko wider-sprüchlicher Anweisungen von zwei Vorgesetzten. [163]

Verteilung der Entscheidungsaufgaben

Der Grad der Autonomie von Organisationseinheiten - und damit ein wesentlicher Aspekt des Koordinationsphänomens – wird maßgeblich von der Entscheidungsverteilung bestimmt. Die Verteilung von Entscheidungsaufgaben auf die verschiedenen Führungsebenen eines Unternehmens wird im Allgemeinen unterschieden in: [164]

- Dezentralisation (eine Tendenz, Entscheidungsaufgaben in unterschiedlichem Umfang auf nachgeordnete Organisationseinheiten zu verteilen) und
- Zentralisation (die umgekehrte Tendenz des Zusammenfassens bis hin zur vollständigen Bündelung von Entscheidungsaufgaben auf der obersten Führungsebene).

Allerdings werden selbst bei einer ausgeprägt zentralen Unternehmensführung Routineent-scheidungen bis zu einem bestimmten Umfang bei den ausführenden Kräften verbleiben. Bei der Verteilung von Entscheidungsaufgaben wird letztlich der Dezentralisationsgrad von Unternehmen bestimmt: unterschiedliche Ausprägung von Zentralisation und Dezentralisati-on unterscheiden sich graduell durch das Ausmaß an Entscheidungsbefugnissen, das auf nach geordnete Führungsebenen verteilt wird. [165]

Idealtypen von Aufbaustrukturen

Die Idealtypen der Aufbauorganisation können durch die Kombination unterschiedlicher Ausprägungen der bereits o.a. drei Gestaltungsparameter von Aufbaustrukturen gebildet werden. Im Einzelnen lassen sich diese Idealtypen aus den folgenden Komponenten mit den aufgeführten Ausprägungsarten konstruieren: [166]

- die Form der Aufgabenspezialisierung: funktional oder objektorientiert,
- die Gestaltung der Weisungsbefugnisse: Einlinien- oder Mehrliniensystem und
- die Verteilung der Entscheidungsaufgaben: Zentralisation oder Dezentralisation.

Beobachtet man Organisationen in der Praxis, lassen sie sich im Grunde auf einen dieser Idealtypen zurückführen, denn oft sind die vielfältigen Lösungen der Praxis nichts anderes als der Versuch, einzelne Elemente der verschiedenen Idealtypen miteinander zu vereinigen, um ihre Schwächen zu kompensieren und ihre Stärken zu kombinieren. [167]

---

[163] Vgl. Jung, H., a.a.O., S. 262 f und Hungenberg, H., a.a.O., S. 259 f

[164] Vgl. Jung, H., a.a.O., S. 256 f

[165] Vgl. Hungenberg, H., Strategisches Management in Unternehmen, 2. Aufl., Wiesbaden 2001, S. 261

[166] Vgl. Weiber, R., Adler, J., Internationales Business- to- Business- Marketing, in: Kleinaltenkamp, M., Plinke, W., Strategisches Business-to-Business-Marketing, Berlin et al. 2000, S. 415 ff und Hungenberg, H., a.a.O., S. 255 ff

[167] Vgl. Tietz, B., Die Grundlagen des Marketing, Band 3: Das Marketing-Management, München 1976, S. 486 ff

Zum Verständnis und zur adäquaten Gestaltung von Realtypen der Unternehmenspraxis, ist die Beschreibung und Beurteilung der idealtypischen Organisationsformen eine wesentliche Voraussetzung. Auf drei praktisch relevante Idealtypen der Organisation soll im Folgenden näher eingegangen werden:

- die funktionale Organisation,
- die divisionale Organisation und
- die Matrixorganisation.

Beurteilung von Aufbaustrukturen

Aus der Erkenntnis heraus, dass es nicht die unter allen Bedingungen optimale, sondern nur die unter speziellen Bedingungen geeignete Struktur gibt, ist es deshalb ratsam, Organisationsstrukturen situativ zu gestalten. Als Gradmesser der Eignung einer Organisationsstruktur sollte sinnvoller weise herangezogen werden, in welchem Maße die Struktur in der speziellen Situation eines Unternehmens dazu beiträgt, damit das Unternehmen seine Ziele erreichen kann.

In der betrieblichen Praxis besteht allerdings das Problem, dass man nur äußerst unzulänglich Organisationsstrukturen unmittelbar auf ihre Zielwirkungen hin prüfen kann, etwa indem man untersucht, welche Wert- oder Gewinnveränderungen beim Übergang von einer Organisation auf eine andere entstehen, denn derartige Wirkungen lassen sich analytisch nicht von den vielen anderen Einflussgrößen isolieren.

Bleiben wir bei der Forderung, dass die Beurteilung von Organisationsstrukturen sich an den Unternehmenszielen orientieren muss, besteht nur die Möglichkeit, die Messung des Zielerreichungsgrades über Indikatoren vorzunehmen. Dies kann durch die Formulierung bestimmter Anforderungen an die Organisation erfolgen, die einerseits in einer positiven Beziehung zu den übergeordneten Unternehmenszielen stehen und andererseits so konkret formuliert sind, dass sie bei den unterschiedlichen Organisationstypen auch differenziert beurteilt werden können. Basis dieses Vorgehens ist die Annahme, dass eine gewählte Organisationsstruktur, die diese Anforderungen in der speziellen Situation eines Unternehmens am besten erfüllt, auch den bestmöglichen Beitrag zum Erreichen der jeweiligen Unternehmensziele leistet. [168]

Als Orientierungspunkte für die Formulierung der Anforderungen an die Organisation können die folgenden vier Aspekte herangezogen werden: [169]

---

[168] Vgl. Hungenberg, H., Strategisches Management in Unternehmen, 2. Aufl., Wiesbaden 2001, S. 268 ff

[169] Vgl. Meffert, H., Marketing – Grundlagen der marktorientierten Unternehmensführung, 8. Aufl., München 1998, S. 56 ff und Jung, H., Allgemeine Betriebswirtschaftslehre, 9. Aufl., München 2004, S. 4 ff

- Marktorientierung: eine Organisation soll dazu beitragen, das Unternehmen auf die Anforderungen seiner Märkte und Marktteilnehmer (Kunden, Lieferanten, Dienstleister, Wettbewerber, etc.) sowie die dort herrschenden Rahmenbedingungen und Entwicklungen auszurichten.
- Ressourceneffizienz: Maßgabe für die Gestaltung der Organisation ist die Minimierung des Bedarfs an sachlichen, personellen und finanziellen Ressourcen und der effiziente Einsatz der benötigten Ressourcen.
- Qualifikation und Motivation: eine Organisation soll dazu beitragen, die vorhandenen Leistungspotentiale der Mitarbeiter auf allen Unternehmensebenen auszuschöpfen und nicht nur arbeitsvertragliche Pflichtleistungen sondern freiwillig erbrachte Good-Will-Leistungen zu generieren.
- Flexibilität: die Organisation soll dem Unternehmen die Möglichkeit geben, flexibel und schnell auf Veränderungen in seinen Umfeldern reagieren zu können und strukturelle Anpassungen mit möglichst wenig Aufwand durchführen zu können.

Die genannten o.a. Anforderungen sind durch einzelne Beurteilungskriterien näher zu konkretisieren, um auf dieser Basis einzelne Organisationsformen einer kritischen Würdigung zu unterziehen.

Beurteilung der funktionalen Organisation
Die funktionale Organisation ist durch die Zusammenfassung gleicher Verrichtungsarten gekennzeichnet. Vorteilhafte Aspekte dieser Struktur sind im Einzelnen: [170]

- das Entstehen und Ausnutzen von Spezialisierungsvorteilen (vor allem von Erfahrungs- und Größeneffekten),
- Prozesse innerhalb einzelner Funktionen sind durch Arbeitsteilung und Spezialisierung hochgradig effizient (Prozesse über Bereichsgrenzen hinweg können dagegen recht schwerfällig sein) und
- die effiziente Nutzung der Unternehmensressourcen.

Die wesentliche Schwäche der funktionalen Organisation liegt allerdings im Bereich der Marktorientierung, die insbesondere in einem dynamischen Umfeld wesentlicher Erfolgsfaktor ist. Im Einzelnen können die Schwachpunkte wie folgt umrissen werden: [171]

---

[170] Vgl. Tietz, B., Die Grundlagen des Marketing, Band 3: Das Marketing-Management, München 1976, S. 496 ff
[171] Vgl. Hungenberg, H., Strategisches Management in Unternehmen, 2. Aufl., Wiesbaden 2001, S. 270 f

- in den Organisationseinheiten außerhalb des Absatzbereichs spielen Kundenbedürfnisse und Anforderungen des Wettbewerbs bestenfalls indirekt eine Rolle,
- keine der Funktionsbereiche besitzt eine Gesamtsicht auf die Leistungen des Unternehmens, mit der Folge geringem wechselseitigen Verständnisses und Begünstigung von Bereichsegoismus,
- die o.a. Gesamtsicht – und damit auch eine unternehmerische Verantwortung – gibt es nur bei der obersten Unternehmensführung,
- die Motivation der obersten Führung wird in einem funktional organisierten Unternehmen strapaziert, da die ausgeprägte Zentralisation schnell zu einer Überlastung mit Koordinations – und Routineaufgaben führen kann,
- nur bedingte Flexibilität: zwar können kritische Entscheidungen ohne große Abstimmungsprozesse durch die Unternehmensführung getroffen werden, eine dezentrale Reaktion auf Umweltveränderungen durch die Führungskräfte „vor Ort" ist jedoch nicht vorgesehen,
- ausgeprägte Interdependenzen aller Funktionsbereiche erschweren die Anpassung der Organisation.

Beurteilung der divisionalen Organisation

Die Beurteilung der divisionalen Organisation fällt im Grunde spiegelbildlich aus. Neben der zentralen Stärke dieser Organisationsform, nämlich der Marktorientierung, sind in dem Zusammenhang weitere Vorteile zu nennen:[172]

- mit den Divisionen werden überschaubare, eigenständige Einheiten gebildet, die sich vollständig auf die Besonderheiten eines bestimmten Produktmarktes, eines regionalen Marktes oder einer Kundengruppe konzentrieren können – je nachdem, welche Form der objektorientierten Spezialisierung der Markt erfordert,
- die größere Marktnähe begünstigt das schnellere Erkennen von Entwicklungen in den Umfeldern und in der Folge ein selbständiges und schnelles Reagieren,
- die divisionale Organisation besitzt aufgrund ihrer relativen Autonomie eine große strukturelle Flexibilität, denn die Divisionen können auch ohne Berücksichtigung anderer Einheiten restrukturiert werden,
- die Unternehmensspitze wird aufgrund der Autonomie der Divisionen von einem großen Teil Koordinationsaufgaben entlastet, was die Flexibilität des Unternehmens und die Motivation der Führungskräfte positiv beeinflusst, denn auch unterhalb der Unternehmensführung bestehen Führungspositionen mit unternehmerischer Verantwortung.

Mit der Autonomie der Divisionen begründet sich aber auch die Schwäche der divisionalen Organisation, die vor allem im Bereich der Ressourceneffizienz liegt:[173]

---

[172] Vgl. Weiber, R., Adler, J., Internationales Business-to-Business-Marketing, in: Kleinaltenkamp, M., Plinke, W., Strategisches Business-to-Business-Marketing, Berlin et al. 2000, S. 415 ff und Hungenberg, H., Strategisches Management in Unternehmen, 2. Aufl., Wiesbaden 2001, S. 270

[173] Vgl. Weiber, R., Adler, J., Internationales Business-to-Business-Marketing, in: Kleinaltenkamp, M., Plinke, W., Strategisches Business-to-Business-Marketing, Berlin et al. 2000, S. 415 ff und Hungenberg, H., Strategisches Management in Unternehmen, 2. Aufl., Wiesbaden 2001, S. 270

- die Struktur begünstigt, dass gleichartige Funktionen mehrfach im Unternehmen aufgebaut werden, wodurch mögliche Spezialisierungsvorteile verloren gehen und teilweise
  Doppelarbeiten entstehen können und
- die hohe Zahl von qualifizierten Führungspositionen verursacht relativ große Kosten.

Beurteilung der Matrixorganisation

Der Ursprung der Matrixorganisation findet sich in dem Ansatz, die Stärken der beiden ein-
dimensionalen Organisationsformen zu kombinieren und ihre jeweiligen Schwächen zu vermeiden. Dennoch kann man die Matrixorganisation nicht als ideale Aufbaustruktur bezeichnen, denn sie besitzt in der Realität einige zusätzliche Schwachstellen, die weder in der funktionalen noch der divisionalen Organisation auftreten.

Charakterisierende positive und negative Elemente für die Matrixorganisation sind die folgenden Aspekte:

- institutionalisierte Konflikte, die sich als Folge der Mehrfachunterstellungen von Mitarbeitern ergeben. Diese Konflikte sollen kreative und produktive Problemlösungen hervor
  bringen, führen in der Realität eher zu organisatorischen Machtkämpfen, die Entschei-
  dungs- und Anpassungsprozesse verlangsamen und meist wenig sachgerechte Kompromisslösungen beisteuern. Insofern haben sie negative Auswirkungen auf die Flexibilität,
  aber auch die Marktorientierung des Unternehmens.
- Förderung der Innenorientierung mit dem Effekt, dass interne Verhandlungsprozesse,
  Absicherungsbedarf und damit auch Bürokratie vielfach wichtiger genommen werden als
  eine Zusammenarbeit der Bereiche.
- im Zuge der Innenorientierung, aber auch infolge der hohen Zahl von Führungspositionen, ist die Matrixorganisation zudem relativ kostspielig.[174]

---

[174] Vgl. Frese, E., Grundlagen der Organisation, 8. Aufl., Wiesbaden 2000, S. 338 und Weiber, R., Adler, J., Internationales Business-to-Business-Marketing, in: Kleinaltenkamp, M., Plinke, W., Strategisches Business-to-
Business-Marketing, Berlin et al. 2000, S. 415 ff

Beispiel: Struktur für eine „Strategie der Kosten-/ Preisführerschaft"

Die zentrale Priorität bei einer Strategie der Kosten-/Preisführerschaft liegt beim effizienten Umgang mit den Ressourcen des Unternehmens. Die effiziente Ressourcennutzung wird insbesondere durch die funktionale Organisation gewährleistet, da:

- durch die Bündelung gleichartiger Funktionen positive Kostenstruktureffekte
- nutzbar gemacht werden können,
- Kosten**verursachung** durch verschiedene Unternehmensaktivitäten und die
- Kosten**verantwortung** sich entsprechen und
- Leistungsprozesse innerhalb der Funktionsbereiche möglichst effizient gestaltet werden.

Empfehlenswert ist die funktionale Organisation in erster Linie bei einem

- Unternehmen überschaubarer Größe,
- mit relativ homogenen Produktprogramm und
- in einem Markt, mit relativ stabilen Umweltbedingungen.

Dies sind allerdings auch beste Bedingungen für eine Strategie der Kosten-/ Preisführerschaft, die längerfristig für ein Unternehmen bei dynamischen Marktgegebenheiten nur schwer zu halten wäre. Bestehende Kostenvorteile können dann schnell aufgezehrt werden, ebenso durch notwendige bereichsübergreifende Führungsprozesse bei größeren und komplexeren Unternehmen.

Beispiel: Struktur für eine „Strategie der Differenzierung"

Bei einer **Strategie der Differenzierung** besitzt die Marktorientierung überragende Bedeutung: es wird eine strategische Ausrichtung gefordert,

- die Kunden und Wettbewerb versteht und
- die alle Handlungen des eigenen Unternehmens konsistent darauf ausrichtet, sich in der Wahrnehmung der Kunden von den Konkurrenten abzuheben.

Für eine *Strategie der Differenzierung* bietet sich eine divisionale Organisation an, die den o.a. Anforderungen am ehesten gerecht wird. Durch die objektorientierte Struktur der Divisionalisierung wird eine durchgängige Orientierung aller Funktionen auf die jeweiligen Produkte, Märkte oder Kunden erreicht, ihre Abstimmung wird verbessert und ganzheitliche Verantwortlichkeiten werden geschaffen. Die divisionale Organisation hat darüber hinaus den Vorteil, die Flexibilität des Unternehmens zu fördern. Zu erwähnen sind allerdings gewisse Ineffizienzen bei der Ressourcennutzung, die jedoch bei einer Differenzierungsstrategie nicht das zentrale Problem sind.

Die Zuordnung einer geeigneten Strategie zur Matrixorganisation ist äußerst problematisch, da es sich bei ihr um eine relativ komplizierte und schwierig zu managende Organisationsform handelt: ihr Funktionieren hängt weniger von der sichtbaren Struktur als dem Verhalten der Unternehmensmitglieder ab. Da die Matrixorganisation ohne Frage eine sehr aufwendige Form der Organisation ist, kommt sie eher zur Anwendung, wenn es für das Unternehmen erfolgskritisch ist, bei seiner Leistungserstellung stets Informationen aus den unterschiedlichsten Perspektiven zu berücksichtigen. Ein sinnvoller Einsatz der Matrixorganisation kann aber auch in Teilbereichen eines Unternehmens sein, wo diese Bedingungen, wie etwa in der Forschung und Entwicklung, gegeben sind.

Die vorgenommene idealtypische Betrachtung von Strategien und Strukturen, soll einen gedanklichen Anhaltspunkt geben, der bei der Ausgestaltung von Strategien und Strukturen situationsspezifisch zu konkretisieren ist. Bei einer strategieorientierten Gestaltung von Organisationsstrukturen sind dabei die Stärken der Organisationsstruktur mit den geforderten strategischen Schwerpunkten aufeinander abzustimmen, damit die Menschen im Unternehmen der gewählten Strategie entsprechend handeln und so zur Absicherung der Strategie beitragen.[175]

Einflüsse der Prozessstrukturen
Im Rahmen der Gestaltung von Strukturen ist nach der Festlegung der Aufbaustruktur die Prozessstruktur, auch Ablauf- oder Prozessorganisation genannt, zu klären. Bei der Aufbaustruktur liegt das Hauptaugenmerk auf der Gestaltung der institutionellen Beziehungen von Aufgabenträgern, die Prozessstruktur ist das Resultat einer Gestaltung der zeitlichen und räumlichen Aufgabenerfüllung durch diese Personen. Damit sind Aufbau- und Prozessstruktur Gestaltungsfelder der Organisation, zwischen denen zahlreiche Wechselwirkungen bestehen.

Der ursprüngliche Ansatz bei der Gestaltung von Strukturen bestand darin, zunächst die Aufbaustruktur zu bilden, um dann im nächsten Schritt innerhalb der bestehenden Aufbaustruktur die notwendigen Prozesse und Prozessschritte möglichst optimal zu regeln. Bei diesem traditionellen Ansatz ist die Prozessorganisation gedanklich eindeutig der Aufbauorganisation nachgelagert, und damit wird die Arbeitsteilung in den Prozessen durch die Aufbaustruktur bestimmt.[176]

Mittlerweile hat sich der Denkansatz bei der Gestaltung von Strukturen verändert. Nunmehr werden die Prozesse zunehmend als Ausgangpunkt der organisatorischen Gestaltung gesehen. So wird die Prozessregelung selbst zum bestimmenden Faktor für die Aufbaustruktur. Beide Elemente der Organisationsgestaltung bleiben erhalten, aber die Beeinflussungsrichtung hat sich verändert. Mit anderen Worten: die Anforderungen für die Stellen- und Abteilungsbildung leiten sich aus dem Ablauf übergreifender Geschäftsprozesse ab. Bei dieser Form der prozessorientierten Organisationsgestaltung sind im Einzelnen drei Aufgaben durchzuführen:

---

[175] Vgl. Hungenberg, H., Strategisches Management in Unternehmen, 2. Aufl., Wiesbaden 2001, S. 271 ff

[176] Vgl. Tietz, B., Die Grundlagen des Marketing, Band 3: Das Marketing-Management, München 1976, S. 652 ff

- die Identifikation von Geschäftsprozessen,
- die Strukturierung der Geschäftsprozesse und
- die Regelung von Verantwortlichkeiten für diese Prozesse.[177]

Business Process Reengineering

Eines der am meisten diskutierten Managementkonzepte der 90er Jahre, dem so genannten „Business Process Reengineering", betont genau diese zunehmende Bedeutung des Prozessdenkens. Die Grundidee des „Business Process Reengineering" ist die Abkehr von traditionellen Organisationskonzepten und Zuwendung zu einer Orientierung an Prozessen, die innerhalb des Unternehmens ablaufen.

Charakteristisch für das von M. Hammer und J. Champy entwickelte Konzept ist das fundamentales Überdenken und radikale Re-Design von Unternehmen oder wesentlichen Unternehmensprozessen, bei der die optimale Lösung der Sachaufgabe im Vordergrund steht und nicht die im Laufe der Unternehmensgeschichte entwickelten Erbhöfe von Führungskräften. Der eigentliche Kern des Ansatzes liegt in der Radikalität, mit der die Änderung vollzogen werden sollen.

Mit der Gestaltung von durchgängigen Prozessen vom Lieferanten bis zum Kunden, und nicht nur irgendwelcher Teilprozesse, verspricht „Business Process Reengineering" unter anderem umfassende Kostensenkung , Verkürzung von Durchlaufzeiten und Verbesserung von Qualität und Service.

Misserfolge bzw. die Verfehlung beabsichtigter Resultate bei Reengineering-Projekten begründen die Autoren mit Fehlern in der Implementierung, jedoch nicht im Konzept. Nachvollziehbar insofern, als viele Unternehmen aus der Kurzfristperspektive heraus Rücksichtnahme auf Aufgabenzuordnungen zu Personen unangetastet lassen und so die erforderliche radikale Prozessorientierung nicht praktizieren. Dann besteht häufig die Tendenz an bestehenden Prozessen „herumzubasteln" und diese dadurch nur zusätzlich komplizieren sowie das fehlende Engagement des Managements. Die Verfehlung beabsichtigter Resultate bei der Prozessauswahl und -gestaltung begründen sich teilweise auch in dem Sachverhalt, dass informationstechnische Lösungen dominieren und an Verhaltensänderungen der Mitarbeiter nicht gezielt gearbeitet wird. [178]

Quelle: Vgl. Hammer, M., Champy, J., Reengineering the Corporation, New York 1993

Bedeutung des Marketing Mix

Der Schlüssel zur Erreichung unternehmerischer Ziele liegt darin, die Bedürfnisse und Wünsche des Zielmarktes zu ermitteln und diese dann wirksamer und wirtschaftlicher zufrieden zu stellen als die Wettbewerber. Diese Zielsetzung kann mit einem adäquaten Einsatz der

---

[177] Vgl. Hungenberg, H., Strategisches Management in Unternehmen, 2. Aufl., Wiesbaden 2001, S. 274 f

[178] Vgl. Hammer, M., Champy, J., Reengineering the Corporation, New York 1993 und Hungenberg, H., Strategisches Management in Unternehmen, 2. Aufl., Wiesbaden 2001, S. 279

Instrumente des Marketing Mix erreicht werden. Dazu gehört letztendlich ein koordiniertes Marketing, das im Einzelnen gekennzeichnet ist durch:

- die Abstimmung der einzelnen Marketingfunktionen auf der Ebene der Submixbereiche eines Marketinginstruments und übergreifend auf der Ebene der einzelnen Marketinginstrumente und
- die Abstimmung der Aktivitäten der Marketingabteilung auf die anderen Unternehmensbereiche.

Die unten stehende Darstellung soll beispielhaft aufzeigen, wie die Ausrichtung des Marketing Mix auf eine gewählte Strategie gestaltet werden kann. Dabei soll deutlich werden,

dass es nicht ausreicht, lediglich ein Instrument mit verschiedenen Subinstrumenten auf die gewählte Strategie auszurichten. So führt die fehlerhafte Intra-Mix Abstimmung, z.B. innerhalb des Distributions-Mix passen Vertriebsweg und gewählte Transportmittel und Transportwege nicht zueinander, zu einer erheblichen Beeinträchtigung bei der Implementierung der Strategie.

Tab. 11: Beispiel für die Ausrichtung des Marketing Mix auf eine gewählte Strategie

	Kostenführerschaft (zum Beispiel)	Differenzierungs-Strategie (zum Beispiel)	Nischen-Strategie (zum Beispiel)
• Produkt-Mix, u.a.: • Verpackung • Form • Marke	• Enges Sortiment • Geringe/ einfache Verpackung • Verzicht auf Umverpackung • Handels- / Eigenmarken • Metoo- Produkt	• Verpackungsvarianten • Sortiment: breit und tief • Innovation, Produkt-Erneuerungen • Marken- Politik	• Qualität (Lebensdauer, Funktionsfähigkeit): objektive und subjektiv wahrgenommene • Herausstellung der Marke
• Distributions-Mix, u.a.: • Vertriebsweg • Transport • Logistik	• Minimierung der Transportkosten • (z.B. Fremdlogistik) • Direktvertrieb • Verzicht auf teueren Außendienst	• Multivertriebswege (Außendienst, Shops, Direktverkauf) • Kurze Lieferzeit • verschiedene Transportmittel	• Single Channel, z.B. nur Vertrieb über Apotheke oder nur Direktverkauf
• Kontrahierungs-Mix, u.a.: • Preise • Rabatte • Zahlungsziel • Finanzierung	• günstiger Preis (ohne nachträgliche Rabatte)	• verschiedene Preise in Abhängigkeit von Abnahmemenge etc. • Rabatte, Skonto, etc.	• Hoch- / Mittel. Preislagen Politik
• Kommunikations-Mix, u.a.: • PR • Events • Messe • Persönlicher Verkauf • klassische Werbung	• Keine PR • Preis-Kommunikation • „billig"	• Klassische Werbung: Fachzeitschriften, Life-Style Magazine • Kommunikation des Produktes + Zusatznutzen (Nutzen- / Vorteilsargumentation)	• Nutzung nur ausgewählter Kommunikationskanäle

Bedeutung der Unternehmenskultur

Als weiterer Faktor kann die Unternehmenskultur die Strategieimplementierung wesentlich beeinflussen. Unter der Unternehmenskultur ist die Gesamtheit von in einem Unternehmen entstandenen und akzeptierten Werte und Normen zu verstehen, die über bestimmte Wahrnehmungs-, Denk- und Verhaltensmuster, das Entscheiden und Handeln der Mitglieder des Unternehmens prägen.[179]

Die Unternehmenskultur kann im negativen Fall ein Hemmfaktor sein und damit den Wandel behindern: je stärker die Kultur ist, desto wirkungsvoller ist sie zwar, umso schwieriger ist sie jedoch auch zu verändern. Das erklärt sich dadurch, dass sich Grundannahmen, Werte und Normen soweit verfestigt haben, dass die Mitglieder des Unternehmens ganz bestimmte Überzeugungen teilen. Es gibt dann manifestierte Vorstellung beispielsweise über die Anforderungen der Kunden, die Art des Wettbewerbs, die eigenen Wettbewerbsvorteile, über zweckmäßige Problemlösungen oder Vorgehensweisen. Die psychologische Falle besteht darin, dass diese Überzeugungen nicht mehr in Frage gestellt werden und das eigene Handeln auf dieses falsche Bild ausgerichtet wird. Erfordert die externe Situation eine Änderung, wirkt diese Verfestigung der Unternehmenskultur wandlungshemmend und gegebenenfalls existenzbedrohend.[180] Dieses Phänomen ist häufig bei Unternehmen anzutreffen, die in der Vergangenheit sehr erfolgreich waren, dann aber mit weit reichenden Veränderungen ihrer Markt -und Wettbewerbsbedingungen konfrontiert worden sind, die aber nicht mit den traditionellen Überzeugungen des Unternehmens übereinstimmten.[181]

Die Unternehmenskultur kann in drei Ebenen eingeteilt werden, die das Symbolsystem, das Normen- und Wertesystem und das System der Grundannahmen umfassen. Das Symbolsystem lässt sich durch verschiedene Indikatoren beschreiben und beurteilen. Diese Indikatoren oder Artefakte beinhalten unter anderem die folgenden Elemente:[182]

- Riten und Rituale (Feiern, Jubiläen, Beförderungen, Verabschiedungen, Entlassungen),
- Mythen und Geschichten (Pioniere, Gründer, Erfolge und Krisen der Vergangenheit),
- Corporate Identity (Architektur, Fuhrpark, Druckerzeugnisse, Messestand, Kleidung, Logo),
- Wahrgenommene Atmosphäre und Leistungen (Sprache, Pünktlichkeit, Zuverlässigkeit, Besucherempfang, Prämien).

Zum Normen- und Wertesystem der zweiten Ebene der Unternehmenskultur gehören:

- die Führungsgrundsätze,
- die Verhaltensrichtlinien,
- die Pläne und Standards sowie
- formale und informale Regeln.

---

[179] Vgl. Bea, X., Haas, J., Strategisches Management, 3. Aufl., Stuttgart 2001, S. 456 f

[180] Hier ist auf das Zitat des Harvard Professors Michael Porter hinzuweisen: das schlimmste für ein Unternehmen sind 20 Jahre durchgängiger Erfolg. Die Mitarbeiter sonnen sich im Glauben der Unverwundbarkeit und reagieren nicht mehr sensibel auf die Änderungen des Unternehmensumfeldes.

[181] Vgl. Krüger, W., Implementierung als Kernaufgabe des Wandlungsmanagement, in: Strategische Unternehmensplanung – Strategische Unternehmensführung, Hrsg. V. Hahn, D., Taylor, B., 8. Aufl., Heidelberg 1999, S. 873

[182] Vgl. Bea, X., Haas, J., a.a.O., S. 458 und Schein, E. H., Unternehmenskultur – Ein Handbuch für Führungskräfte, Frankfurt/Main New York 1986

Die Basis einer Unternehmenskultur (dritte Ebene) besteht aus einem System der Grundannahmen, in denen Vorstellungen unter anderem zum menschlichen Zusammenleben, der Religion etc., zusammengefasst sind.

Diese verschiedenen Ebenen beeinflussen sich gegenseitig und haben Auswirkungen auf das Verhalten aller Mitglieder des Unternehmens. Insbesondere Aspekte wie zum Beispiel

- der Umgang mit Fehlern,
- Konsequenzen bei Nichteinhaltung von Terminen,
- Widerstand bei der Umsetzung vereinbarter Projekte und
- der Umgang mit sachlicher und persönlicher Kritik,

sind Bestandteil der Unternehmenskultur und spiegeln sich im Symbolsystem und Normen- und Wertesystem wider. Hinsichtlich dieser aufgeführten Aspekte hat fast jeder Mitarbeiter ein unternehmensspezifisches Erfahrungswissen. Entsprechend der bisher erlebten Erfahrung der am Umsetzungs- und Durchsetzungsprozess beteiligten Personen wirken diese Aspekte positiv oder negativ auf die Strategieimplementierung ein. Ohne den steuernden Eingriff der Führung kann zumindest die skizzierte negative Variante die Strategieumsetzung scheitern lassen.

Bedeutung der Führung

Die Führung basiert wie die Organisation auf der durch den Zwang zur Arbeitsteilung begründeten Zusammenarbeit und umfasst die bewusste Gestaltung des Spannungsverhältnisses zwischen denjenigen, die Führungsaufgaben wahrnehmen sollen und denjenigen, gegenüber denen die Führungsaufgaben wirksam werden. Mit der Anerkennung der unmittelbaren Führungsrechte anderer Personen wird Führung wirksam.

Führung ist stets mit Einflussnahme auf Menschen verbunden. Unter Ausblendung oder in Unkenntnis wichtiger Verhaltensphänomene geht es häufig bei der Führung primär darum, für das Unternehmen schädliche oder hinderliche Verhaltensweisen der Mitarbeiter unter Kontrolle zu bringen und förderliche Verhaltensweisen zu stärken. Dies alleine reicht nicht aus, denn Führung muss auch die Aktivitäten umfassen, die erforderlich sind, um alle Mitarbeiter in einem Unternehmen zu den geplanten Zielbeiträgen bei Achtung der nicht arbeitsbezogenen persönlichen Bedürfnissen zu veranlassen. [183]

Die Voraussetzungen für erfolgreiches Führungsverhalten, die insbesondere in der sensiblen Phase der Strategieimplementierung zu berücksichtigen sind, lassen sich in vier Punkten zusammenfassen:[184]

Information über das Führungsproblem, mit der Beachtung des Grundsatzes „zuerst die Information, dann die Aktion,"

---

[183] Vgl. Tietz, B., Die Grundlagen des Marketing, Band 3: Das Marketing-Management, München 1976, S. 742

[184] Vgl. Leavitt, H. J., Grundlagen der Führungspsychologie, München 1974, S. 152-161

- klare Vorstellung über das Führungsziel,
- eine Analyse der gegebenen Führungsalternativen und
- eine Analyse der Einflusswirkungen.

Der Erfolg der Strategieimplementierung ist demnach nicht nur vom fachlichen Know How, sondern im besonderen Maße von der Führungsqualität und der Überzeugungskraft der Manager abhängig. Im Zuge der Strategieimplementierung zeigt sich sehr häufig in der unternehmerischen Praxis, dass weniger bei der Umsetzung einer Strategie als bei deren Durchsetzung die größten Schwierigkeiten zu erwarten sind. Im Verlauf der Strategieumsetzung ist mit Konflikten zwischen den Beteiligten der gleichen Hierarchieebene (horizontale Konflikte) als auch zwischen den Beteiligten auf unterschiedlichen hierarchischen Ebenen (vertikale Konflikte) zu rechnen, wie z.B.[185]

- Zielkonflikte, bei denen die Bereichsziele oder die persönlichen Ziele der mittleren Führungskräfte und der betroffenen Mitarbeiter von den strategischen Zielen der Führungsspitze abweichen. Deren Ursache liegt häufig in der Unsicherheit über die Folgen, insbesondere über die persönlichen Konsequenzen einer Strategie, verbunden mit der Angst um den Verlust des Arbeitsplatzes.
- Verteilungskonflikte im Rahmen der Zuteilung oder Neuverteilung der Ressourcen, die sowohl sachlichen Charakter als auch emotional begründet sein und Verhaltenswiderstände provozieren können.
- Kulturelle Konflikte, die die kulturellen Werthaltungen einzelner Bereiche betreffen und bei den notwendigen horizontalen und vertikalen Koordinationsprozessen zu Problemen führen (z.B. unterschiedliche Grundeinstellungen von Betriebswirten und Ingenieuren, von Neuerern und Bewahrern).

Die genannten Konflikte beinhalten ein erhebliches Widerstandspotenzial und können bei unzureichender Konfliktbewältigung zum Aufbau von Barrieren führen. Diese Barrieren können Verzögerungen entstehen und letztlich sogar die Strategie scheitern lassen. Dies fordert ein entsprechendes Konflikt-Management, das verhaltensorientierte Aspekte einschließt und je nach Zielsetzung entweder Konflikte löst oder durch Konfliktsteuerung auch die positiven Effekte der Konflikte nutzt.[186]

Daraus lässt sich schlussfolgern, dass eben nicht nur den sachlichen Aspekten der Umsetzung einer Strategie Rechnung getragen werden muss, sondern auch den verhaltensorientierten Aspekten der Strategiedurchsetzung, im Einzelnen:

- Förderung des strategischen Denkens
- Aufweichung von Implementierungswiderständen
- Motivation der Mitarbeiter einer gewählten Strategie zu folgen
- Entwicklung strategiegerechten Führungskräftepotenzials

---

[185] Vgl. Hungenberg, H., Strategisches Management in Unternehmen, 2. Aufl., Wiesbaden 2001, S. 198 und Tietz, B., a.a.O.S. 790 ff

[186] Vgl. Tietz, B., Die Grundlagen des Marketing, Band 3: Das Marketing-Management, München 1976, S. 790 ff

- Konfliktlösungsansätze
- verständliche Kommunikation der Strategien.

Implementierungsprobleme und deren Lösung sind wesentlich von der Bedeutung einer Strategie und vom Implementierungsspielraum abhängig. So verlangt eine kontinuierliche Implementierung eines geringfügigen Strategiewandels andere Maßnahmen als eine Crash-Implementierung mit rascher Umsetzung eines existenziellen Strategiewandels. Auch die frühzeitige Einbindung der Betroffenen in den Strategieformulierungsprozess und Bereitstellung von Implementierungsanreizen schaffen die Voraussetzung für eine erfolgreiche Implementierung, da auf diese Weise ein strategisches Denken von Anfang an gefördert wird.

Ausgehend von dem oben skizzierten Führungsverständnis ist das Management-Anreizsystem ein wesentliches Hilfsmittel, um das Verhalten von Menschen in Unternehmen zielgerichtet zu beeinflussen.[187]

Deshalb ist es sinnvoll, die Anreizgestaltung mit der Strategie zu verknüpfen und so auszugestalten, dass genau dann individuelle Vorteile für Führungskräfte entstehen, wenn auch die in der Strategie definierten Ziele und Maßnahmen erfüllt werden. Aber es sollte auch darauf geachtet werden, dass nicht nur positives Verhalten verstärkt, sondern umgekehrt auch eine unzureichende Ziel- und Maßnahmenerfüllung negativ sanktioniert wird. Gelingt diese praktische Umsetzung im unternehmerischen Alltag, kann eine strategieorientierte Gestaltung des Management-Anreizsystems dazu beitragen, die verfolgte Strategie abzusichern.[188]

Widerstände bei der Durchsetzung

Eines der Hauptprobleme bei der Durchsetzung einer Strategie sind die Widerstände, die es gegen den Wandel gibt. Zur Entwicklung sinnvoller Maßnahmen zur Durchsetzung des geplanten Wandels sind solche Widerstände zu identifizieren. Die Ursachen für den Widerstand lassen sich in drei Kategorien einteilen, nämlich in individuelle, unternehmensbezogene und externe Ursachen. Auf die individuellen und unternehmensbezogenen Ursachen des Widerstands soll im Folgenden näher eingegangen werden.

Individuelle Ursachen des Widerstands

Die Gründe für Widerstände, die von einzelnen Personen gegen notwendige Veränderungen entwickelt werden, sind vielfältig. Ein Aspekt ist, dass etwas Neues stets auch etwas Unbekanntes ist und möglicherweise Unsicherheit oder sogar Angst verursachen können, wenn man sich damit konfrontiert sieht. Eine Reaktion auf derartige Gefühle besteht dann in einer Ablehnung des Neuen und darüber hinaus auch die Behinderung des Wandels. In vielen Fällen unterliegen Veränderungen einer verzerrten Wahrnehmung: die Notwendigkeit wird unterschätzt und häufig als Verschlechterung der gegenwärtigen Situation angesehen, denn als Chance zu ihrer Verbesserung. Natürlich gibt es auch Veränderungen, die tatsächlich mit negativen Konsequenzen für einzelne Mitarbeiter einhergehen, weil sie ihre Arbeitsplätze, Einkommenssituation und Machtposition beeinträchtigen. Kollidiert eine Veränderung, ent-

---

[187] Vgl. Hungenberg, H., Strategisches Management in Unternehmen, 2. Aufl., Wiesbaden 2001, S. 199 und S. 290

[188] Vgl. Hungenberg, H., Strategisches Management in Unternehmen, 2. Aufl., Wiesbaden 2001, S. 291

weder tatsächlich oder in der Wahrnehmung des Betroffenen, mit den persönlichen Zielen, ist mit Widerstand zu rechnen. [189]

Ein weiterer Gesichtspunkt ist der von Menschen eher unbewusst entwickelte Widerstand gegen Veränderungen. So haben sich Mitarbeiter beispielsweise an bestimmte Arbeitsweisen und Problemlösungswege gewöhnt, wodurch das Erkennen und Bewältigen neuer Anforderungen, die neue Lösungsansätze erfordern, behindert wird. So besteht die Tendenz auf Problemlösungen zurück zu greifen, die in der Vergangenheit erfolgreich waren, ohne zu merken, dass sich die Situation verändert hat. Bei Ausbleiben des Erfolgs werden die Anstrengungen in die gleiche Richtung verstärkt. Ein Durchbrechen des Teufelskreises aus Anstrengung, Misserfolg und Verstärkung der Anstrengung ist meist nur durch Coaching-Maßnahmen oder durch Übertragung der Problembearbeitung auf eine andere Person, mit anderen Erfahrungen, Einstellungen und Denkweisen. [190]

Unternehmensbezogene Ursachen des Widerstands

Auch auf der Ebene des Gesamtunternehmens können sich Widerstände bilden. Sie begründen sich in vergangenen Entscheidungen sowie kulturellen Prägungen, die dazu führen, dass notwendige Veränderungen in manchen Unternehmen nur langsam erkannt, akzeptiert und verwirklicht werden. Vorhandene emotionale Barrieren führen oft dazu, dass es einem Unternehmen schwer fällt, sich von Produkten oder Produktionseinrichtungen zu trennen, in die in der Vergangenheit hohe Investitionen geflossen sind, selbst dann, wenn diese Bereiche in Zukunft eindeutig nicht profitabel betrieben werden können. Gedanklich ausgeblendet wird die Möglichkeit, vergangene Investitionen als „versunkene Kosten" („sunk costs") zu behandeln, die für die Zukunft nicht mehr entscheidungsrelevant sind. So werden eigentlich notwendige Veränderungen behindert. [191]

Strukturen und Prozesse des Unternehmens bilden eine funktionierende Basis für das Handeln im Unternehmen, können aber auch zu einer solchen Trägheit führen. Beispielhaft ist das Festhalten an Strukturen und Prozessen zu nennen, ausgedrückt in der Formulierung „ es funktioniert doch alles", obwohl sich die Anforderungen des Marktes geändert haben. Viele Unternehmen haben erlebt, dass sich die externen Umfelder durch neue Technologien oder durch Liberalisierung schlagartig verändert haben.

Darüber hinaus können auch die Managementsysteme des Unternehmens den Wandel behindern, weil sie ja gerade auf eine bestimmte strategische Situation ausgerichtet sind: ändert sich diese Situation, fehlen unter Umständen Informationen, die diese Veränderung anzeigen, und es fehlen Anreize, auf die veränderte Situation zu reagieren. [192]

---

[189]   Vgl. Müller-Stewens, G., Lechner, C., Strategisches Management, 3. Aufl., Stuttgart 2005, S. 578 ff und Hungenberg, H., a.a.O., S. 315

[190]   Vgl. Müller-Stewens, G., Lechner, C., Strategisches Management, 3. Aufl., Stuttgart 2005, S. 575 ff und Hungenberg, H., Strategisches Management in Unternehmen, 2. Aufl., Wiesbaden 2001, S. 315

[191]   Vgl. u.a. Müller-Stewens, G., Lechner, C., a.a.O., S. 604 f , Hungenberg, H., a.a.O., S. 316 und Bea, X., Haas, J., Strategisches Management, 3. Aufl., Stuttgart 2001, S. 175 f

[192]   Vgl. Hungenberg, H., Strategisches Management in Unternehmen, 2. Aufl., Wiesbaden 2001, S. 316

Maßnahmenprogramme zur Durchsetzung

Zur Durchsetzung einer Strategie, die den Aspekt der Verhaltensänderung bei den Mitarbeitern mit einschließt, lassen sich drei Kategorien von Maßnahmen unterscheiden:[193]

- die Information,
- die Motivation und
- die Qualifizierung.

Information

Information bzw. Kommunikation ist eine wesentliche Aufgabe des Managements und in Zeiten größeren Wandels gewinnt sie ganz besondere Bedeutung. Informationsmaßnahmen zielen darauf ab, dass:

- Mitarbeiter in jenen Bereichen, die einen unmittelbaren Beitrag zur Strategieimplementierung leisten sollen, auch wissen, welches dieser Beitrag ist,
- alle Mitarbeiter des Unternehmens die Notwendigkeit zur Veränderung, die Art der geplanten Veränderungsmaßnahmen und ihre persönliche Betroffenheit kennen und verstehen.

Sind die Gründe für strategische Veränderungen auch sehr komplex und sind mit der Strategie selbst komplexe Sachverhalte verbunden, ist es erforderlich, zumindest über die Eckpunkte und Prioritäten einer Strategie zu informieren. Für die Mitarbeiter sind diese Informationen wichtig, um:

- ihre persönliche Unsicherheit über die Veränderung abzubauen,
- die Notwendigkeit der Veränderung zu akzeptieren und
- ihre eigene Funktion in der neuen strategischen Ausrichtung verstehen zu können.[194]

Informationen haben auch eine soziale Komponente: die selektive Weitergabe von Informationen hat den Effekt der sozialen Ausgrenzung für diejenigen, die diese Informationen nicht erhalten. Anders herum hat die Weitergabe von Informationen einen integrativen Charakter: bei den Informationsempfängern kann eine Zugehörigkeitsgefühl entstehen.

Information und Kommunikation sind wesentliche Elemente der Strategiedurchsetzung: Kommunikation über die anstehenden Veränderungen findet in einem Unternehmen in jedem Fall statt, weil die Mitarbeiter des Unternehmens untereinander darüber sprechen und verzerrte Geschichten, Mythen und Gerüchte daraus entstehen können. Daher ist es u.a. wichtig nicht nur Informationen über den geplanten Wandel bereitzustellen, sondern auch ungesteuerte und verzerrte Gegeninformationen zu relativieren.[195]

---

[193] Vgl. Müller-Stewens, G., Lechner, C., Strategisches Management, 3. Aufl., Stuttgart 2005, S. 589 ff undHungenberg, H., a.a.O., S. 318

[194] Vgl. Lengel, R., Daft, R., The Selection of Communicatiom Media as an Effective Skill, in: The Academy of Management Executive, 2. Jg., 1988, Nr. 3, S. 225 ff

[195] Vgl. Johnson, G., Managing Strategic Change: the Role of Symbolic Action, in: British Journal of Management, 1. Jg., 1990, S. 183 ff und Hungenberg, H., Strategisches Management in Unternehmen, 2. Aufl., Wiesbaden 2001, S. 318 f

Motivation

Damit eine Bereitschaft entsteht, die strategische Neuausrichtung zu unterstützen, sind Wissen und Verständnis der geplanten Veränderungen unerlässlich. Information hat auch über den o.a. integrativen Charakter eine motivationale Komponente, die aber nicht immer ausreicht: oft sind zusätzliche Motivationsmaßnahmen, verbunden mit Anreizmechanismen, notwendig, um die Mitarbeiter des Unternehmens für die Strategie zu gewinnen. [196]

Anreizsysteme sollten so gestaltet sein, dass positive Anreize für jene Mitarbeiter resultieren, die sich erfolgreich um die Umsetzung der Strategie bemühen. Dabei sollten Misserfolg oder Widerstand sanktioniert werden. Für die Motivation der Mitarbeiter im Unternehmen ist es darüber hinaus wichtig, wie stark sich das Management von der neuen Strategie überzeugt zeigt und sich zu dieser bekennt: unklare, mehrdeutige Aussagen des Managements sind hier kontraproduktiv. [197]

Qualifizierung

Auch bei bester Information und Motivation kann es passieren, dass Mitarbeiter nicht in der Lage sind, ihr Verhalten auf die neue Strategie auszurichten, weil ihr Leistungsvermögen dazu nicht ausreicht und/ oder ihnen die entsprechenden Qualifikationen fehlen. Diese Defizite müssen durch personalpolitische Maßnahmen abgebaut werden, die im Einzelnen im isolierten oder kombinierten Einsatz von:

- Training,
- Coaching,
- Empowerment und
- Stellenwechsel

erreicht werden können. Zu berücksichtigen sind dabei lerntheoretische Aspekte sowie verhaltensspezifische Gesichtspunkte bei der praktischen Vermittlung von Verhaltensänderungen.[198] Die Abbildung macht u.a. dabei deutlich, dass einmalige Impulse, die auf die Mitarbeiter ausgerichtet sind, nicht zu einem dauerhaften Lernerfolg führen.

Vielmehr sind mehrfache und regelmäßige Lernanstöße erforderlich, um Verhalten langfristig zu beeinflussen. Gut zu erkennen ist auch der negative Lerneffekt, der auf Reaktanz bzw. dem inneren Widerstand des Mitarbeiters beruht, mit der möglichen Konsequenz, dass die Mitarbeiterleistung unter das Ausgangsniveau fällt. Organisation und Managementsysteme, aber auch die täglichen Führungsprozesse, müssen immer wieder die Richtigkeit des neuen Verhaltens bestärken, damit es dem Unternehmen gelingt, dauerhaft eine neue Strategie erfolgreich umzusetzen. [199]

---

[196] Vgl. Hungenberg, H., a.a.O., S. 319

[197] Vgl. Hungenberg, H., a.a.O., S. 320

[198] Vgl. Hungenberg, H., Strategisches Management in Unternehmen, 2. Aufl., Wiesbaden 2001, S. 320

[199] Vgl. Hungenberg, H., a.a.O., S. 321 f

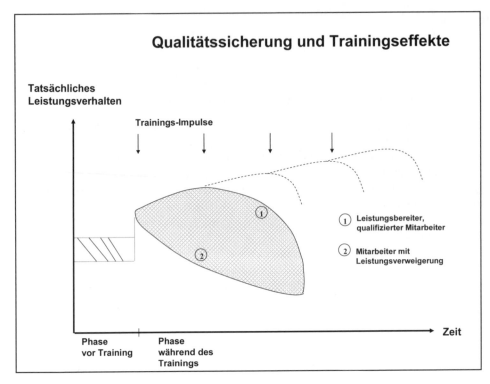

Abb. 18: Qualitätssicherung und Trainingseffekte

Abschließend lässt sich feststellen, dass sich eine Strategie nur dann erfolgreich implementieren lässt, wenn die Strategieimplementierung nicht als eine den Planungsprozess abschließende Phase begriffen wird, sondern als eine den Planungsprozess permanent begleitende Aufgabe.

Bedeutung des Controlling
Ein weiterer wesentlicher Faktor für die erfolgreiche Implementierung der abgestimmten Strategie stellt das Controlling dar. Jede Planung, so auch die Planung einer Strategie, bedarf einer Überprüfung, die aber nur dann möglich ist, wenn eine Vergleichsgröße formuliert worden ist. Dieser Prozess zur Ermittlung von Abweichungen zwischen Plan- und Vergleichsgrößen sollte systematisch erfolgen und ist, zusätzlich zur Koordination verschiedener Führungssubsysteme, Bestandteil des Controllings.[200]

Die Gewinnung, Verarbeitung und Weitergabe von Informationen ist eine der originären Aufgaben des Managements, um unter anderem Entscheidungen treffen zu können und andere Menschen innerhalb und außerhalb des Unternehmens zu beeinflussen. In dem Zusammenhang spielen Management-Informationssysteme eine große Rolle, die das wichtigste

---

[200] Vgl. Bea, X., Haas, J., Strategisches Management, 3. Aufl., Stuttgart 2001, S. 214 und S. 218

Instrument zur Informationsgewinnung, -verarbeitung und -weitergabe darstellen und alle Prozesse regelt, die zur Bereitstellung dieser Informationen erforderlich sind.[201]

Die Inhalte eines Informationssystems für das Management hängen in erster Linie, mögliche unternehmensspezifische Besonderheiten einmal ausgeklammert, von dem Führungskonzept bzw. den Aufgaben des Managements ab. Ein solches Führungskonzept unterscheidet als Aufgaben der Unternehmensführung das normative Management, das strategische Management und das operative Management. Auf diese Managementaufgaben muss sich auch das Informationssystem des Managements, das Planung und Kontrolle umfasst, ausrichten. Die Planungs- und Kontrollaufgaben für die drei Bereiche umfassen beispielsweise bei:[202]

- normativen Entscheidungen das Festlegen und Überprüfen der Vision und der Mission des Unternehmens und seiner obersten Ziele sowie die Gestaltung der Unternehmensverfassung und der Unternehmenskultur,
- strategischen Entscheidungen das Bestimmen und die Überwachung von Strategien, Strukturen und Systemen,
- operativen Entscheidungen die Festlegung und Überwachung der Ziele und Maßnahmen in den einzelnen Funktionsbereichen sowie die Beziehungen zwischen der einzelnen Funktionsbereichen.

Bei der Konkretisierung des Planungs- und Kontrollsystems sind im Einzelnen die Inhalte, der Detaillierungsgrad und der zeitliche Bezug festzulegen.[203]

Die Anforderungen an die Gestaltung eines Management-Informationssystems, das zur Absicherung einer Strategie dienen soll, sind im Folgenden skizziert:[204]

Planung und Kontrolle müssen sich auf alle potenziell strategisch relevante Faktoren beziehen. Ist dies nicht der Fall, besteht schon bei der Strategieformulierung das Problem, eine Strategie zu entwickeln, die nicht den tatsächlichen Anforderungen und Möglichkeiten des Unternehmens entsprechen. Für das Management- Informationssystem und seiner Informationsbeschaffung bedeutet dies die Konzentration auf bestimmte Faktoren, zum Beispiel auf das Umweltbewusstsein der Konsumenten, wenn ein umweltsensibles Produktsegment bedient wird, oder dass die Informationsverarbeitung angepasst ist, z.B. auf einen dynamischen oder modeabhängigen Markt.

Eine erfolgreiche Implementierung setzt voraus, dass die Führungskräfte in den verschiedenen Bereichen des Unternehmens die für sie relevanten Inhalte der Strategie kennen. Außerdem müssen auch zu jedem Zeitpunkt zuverlässige Aussagen über den Fortgang der Strategieimplementierung in den einzelnen Bereichen getroffen werden können, um damit eventu-

[201] Vgl. Hungenberg, H., Strategisches Management in Unternehmen, 2. Aufl., Wiesbaden 2001, S. 281 und Bea, X., Haas, J., a.a.O., S. 249 ff
[202] Vgl. Hungenberg, H., a.a.O., S. 281
[203] Vgl. Hungenberg, H., Strategisches Management in Unternehmen, 2. Aufl., Wiesbaden 2001, S. 284 und Bea, X., Haas, J., Strategisches Management, 3. Aufl., Stuttgart 2001, S. 218
[204] Vgl. Hungenberg, H., a.a.O., S. 287 f und Bea, X., Haas, J., a.a.O., S. 249 ff

ellen Abweichungen rechtzeitig entgegenwirken zu können. Diese Kontrollinformationen müssen durch das Management-Informationssystem erfasst, aufbereitet und an den richtigen Stellen zeitgerecht zur Verfügung gestellt werden.

Die Kontrolle der Strategieumsetzung besitzt in der Praxis große Bedeutung, da die Maßnahmen zur Strategieumsetzung sich über einen längeren Zeitraum erstrecken. Eine Kontrolle der Strategien erst nach deren vollständiger Umsetzung ist aufgrund des kaum noch vorhandenen „Umsteuerungspotenzials" wenig sinnvoll. Vielmehr muss die Kontrolle von Strategien primär zukunftsorientiert erfolgen. Dazu ist es erforderlich, dass bereits während der Planungsaktivitäten der Strategieumsetzung schon mit der Kontrolle begonnen wird. Auf diese Weise können rechtzeitig Maßnahmen zur Bewältigung etwaiger Störfaktoren ergriffen und gegebenenfalls die Planungen an die veränderten Gegebenheiten angepasst werden, um die Verwirklichung der geplanten Strategie zu beeinflussen.[205]

Im Rahmen des strategischen Controllings in Verbindung mit der Implementation von Strategien sind drei Aspekte, nämlich die Prämissenkontrolle, die Konsistenzkontrolle und die Durchführungskontrolle zu erwähnen:[206]

- Die **Prämissenkontrolle** hat die Aufgabe, die Ausgangsannahmen der Planung (z.B. Annahmen über Kundenpräferenzen, Wettbewerberverhalten oder die Entwicklung ökonomischer Größen) während der Zeiträume zu überprüfen, in denen die Planungs- und Umsetzungsaktivitäten stattfinden, in einem Maße verändern, dass eine Anpassung der Planungen erforderlich wird. Die Prämissenkontrolle hat eine hohe Bedeutung, da Strategien über relativ langfristige Zeiträume realisiert werden, die Annahmen sich parallel zu den Planungs- und Umsetzungsaktivitäten verändern können. In Abhängigkeit der Veränderung der Annahmen kann es dazu kommen, dass eine einmal als sinnvoll eingeschätzte Strategie so nicht mehr zu realisieren ist.
- Die **Konsistenzkontrolle** unterzieht Strategien in methodischer und inhaltlicher Hinsicht einer Überprüfung. Bei der methodischen Konsistenzkontrolle wird vor allem überprüft, ob bei der strategischen Planung alle relevanten Informationen erfasst und in angemessener Weise verarbeitet worden sind. Dagegen bezieht sich die inhaltliche Konsistenzkontrolle auf die Stimmigkeit der verschiedenen Elemente einer Strategie und auf ihre Abstimmung mit den anderen Gegenständen des Managements. Die Konsistenzkontrolle ist Bestandteil der Strategiebeurteilung und -auswahl. Sie beginnt damit bereits vor der eigentlichen Strategieverabschiedung und sollte zudem die Phase der Strategieumsetzung begleiten, um bei eventuell notwendigen Anpassungsmaßnahmen entstehende Inkonsistenzen herauszufiltern.
- Gegenstand der Durchführungskontrolle ist die Überprüfung der eigentlichen Umsetzung einer Strategie: schrittweise und kontinuierlich wird die Realisation der Strategie anhand von Zwischenzielen oder Meilensteinen parallel zum eigentlichen Realisierungsprozess einem „Soll-Wird"-Vergleich [207] unterzogen. Auf ihrer Grundlage lassen sich frühzeitig Abweichungen erkennen und Anpassungsmaßnahmen einleiten, so dass noch eine Kor-

---

[205] Vgl. Hungenberg, H., Strategisches Management in Unternehmen, 2. Aufl., Wiesbaden 2001, S. 287 f

[206] Vgl. Hungenberg, H., a.a.O., S. 288 f

rektur der Strategieumsetzung möglich ist. Damit wird durch die Durchführungskontrolle ein wesentlicher Beitrag für die Absicherung der verfolgten Strategie geleistet.[208]

Umsetzung in die operativen Planungen

Eine Strategie, also die Maßnahmen zur Sicherung des langfristigen Erfolgs eines Unternehmens, bedarf daher einer Konkretisierung. Bei der Wahl einer Kostenführerstrategie ist zu konkretisieren, in welchen Bereichen des Unternehmens und in welcher Form Kostensenkungspotenziale genutzt werden können. Die daraus abgeleiteten spezifischen Aktionsprogramme sind auf alle Unternehmensbereiche auszurichten.[209] Der Beitrag der einzelnen Bereiche geht nicht immer unmittelbar aus den Festlegungen zur Strategie hervor, denn diese gibt nur einen grundsätzlichen Handlungsrahmen vor. Das operative Management füllt die Spielräume, die innerhalb dieses Rahmens bestehen. Die wesentliche Aufgabe der Strategieimplementierung besteht darin, die angestrebten strategischen Veränderungen in konkretere Vorgaben für das operative Management zu transformieren, indem die strategischen Ziele und Maßnahmen in die operativen Planungen des Unternehmens umgesetzt werden. Die operativen Planungen des Unternehmens beinhalten Ziele und Maßnahmen, die das tägliche Handeln im Unternehmen bestimmen sollen und erstrecken sich meist auf einen Zeitraum von drei bis fünf Jahren. Im Ergebnis entsteht so eine integrierte Unternehmensplanung auf operativer Ebene, die in drei Arten von operativen Teilplanungen unterschieden werden:[210]

- die funktionale operative Planung mit der Planung der Funktionsbereiche,
- die faktorbezogene operative Planung, die die Planung der Produktionsfaktoren beinhaltet und
- die monetäre operative Planung mit der Planung der monetären Konsequenzen des Unternehmensgeschehens.

Die Umsetzung der strategischen Vorgaben in diese operativen Planungen bildet die Voraussetzung, dass sich die konkreten Vorgaben für das Tagesgeschäft nach den strategischen Prioritäten richten. Damit wird zugleich sichtbar, ob die angestrebten strategischen Veränderungen realisierbar sind. Durch den detaillierten operativen Entwurf wird zugleich erkennbar, ob die tatsächliche Realisierbarkeit gegeben ist. Ist eine Maßnahme nicht realisierbar, z.B. aufgrund periodischer Liquiditätsengpässe oder nicht kurzfristigen Aufbaus von Kapazitäten, so kann als Resultat der operativen Planungen eine Revision der strategischen Ziele und Maßnahmen initiiert werden. Die Konsequenz dieser Rückkoppelung kann dann ein neuer Prozess der strategischen Analyse, Strategieformulierung und Strategieauswahl sowie Strategieimplementierung sein.[211]

[207] Die Durchführungskontrolle ist technisch gesprochen eine Soll-/ Wird- Kontrolle: die „Wird"- Größe bezeichnet was voraussichtlich zukünftig sein „wird".

[208] Vgl. Hungenberg, H., Strategisches Management in Unternehmen, 2. Aufl., Wiesbaden 2001, S. 289 und Bea, X., Haas, J., Strategisches Management, 3. Aufl., Stuttgart 2001, S. 219 ff

[209] Vgl. Bea, X., Haas, J., a.a.O., S. 189

[210] Vgl. Hungenberg, H., a.a.O., S. 299 f

[211] Vgl. Hungenberg, H., a.a.O., S. 300 und Bea, X., Haas, J., Strategisches Management, 3. Aufl., Stuttgart 2001, S. 188 ff

3 Erfolgsfaktor Diversity Management

Im Zuge der Internationalisierung von Unternehmensaktivitäten ist die Auseinandersetzung mit kulturellen Unterschieden immer mehr erforderlich und die Bedeutung des Ansatzes des interkulturellen Diversity Managements steigt. Die Globalisierung bringt zunehmend Menschen mit verschiedenenartigen Hintergründen zusammen. Hieraus können völlig neue Ansätze, Ideen und Lösungen hervorgehen. Dies gelingt insbesondere dann gut, wenn die Partner in der Lage sind, die Verschiedenartigkeit des Gegenübers im eigenen Verhalten zu antizipieren, um effektiv und effizient zu handeln. Zu berücksichtigen ist, dass Menschen in Geschäftsprozessen, wie beispielsweise in der Kommunikation, Führung, Entscheidung oder Verhandlung, vor dem Hintergrund ihrer individuellen Wertvorstellungen, die sie in ihrem kulturellen und sozialen Umfeld entwickelten, agieren.[212]

---

[212] Vgl. Elderhorst, M., Diversity Management und Demographie, in: Arbeit und Arbeitsrecht, Ausgabe 03/2005, Berlin 2005, S. 160- 163

Praxisbeispiel:

Lilian Fandriana: „Aus dem pazifisch-asiatischen Raum in den Westen einzuwandern, war damals, als noch niemand von Globalisierung sprach, nicht einfach. Entweder man passte sich an oder man hatte keine Chance."[213]

Lilian Fandriana erinnert sich an Zeiten, in denen ihr von ihrem Arbeitgeber in den USA Gruppen von Problemmitarbeitern zur „Umschulung" geschickt wurden. Deren „Versagen" war auf die einfache Tatsache zurückzuführen, dass sie in einem von männlichen weißen Angestellten dominierten Unternehmen das „falsche" Geschlecht hatten. „Ich trichterte diesen hochqualifizierten Technikerinnen ein, niemals über Babies zu sprechen, niemals ihr Haar zu färben – schon gar nicht blond – und sich in der Wahl ihrer Kleidung möglichst an den konventionellen Geschäftsanzug des Mannes anzupassen," erinnert sie sich.

Als Technikerin indonesischer Abstammung lernte Lilian diese Ungerechtigkeiten bald aus erster Hand kennen. Dass ihre Erinnerungen auf den Gesichtern ihrer jüngeren Kolleginnen bei BP China heute den Ausdruck tiefen Entsetzens hervorrufen, beweist, wie sehr sich die Wahrnehmung heute gewandelt hat. Dass Lilian Fandriana 2003 in ihrer neuen Rolle als BPs Vice President of Finance für den asiatischen Pazifikraum zu arbeiten begann, ist ein Beweis dafür, dass die undurchdringlichen Bollwerke, die westliche Kulturen einst gegen als Minderheiten eingestufte Gruppen errichteten, immer mehr zerbröckeln.

Quelle: BP, vielfalt & einbeziehung bewusst gelebt, London 2003, S. 4

Für erfolgreiche, nachhaltig wirtschaftende Unternehmen verschiedener Branchen kommt es ebenso sehr auf technische Innovation und wirtschaftlicher Stärke wie auf die Fähigkeit an, tiefgehende und dauerhafte Beziehungen aufbauen zu können.[214] Nutzt man die interessanten Potenziale, die Vielfalt, Verschiedenartigkeit oder Unterschiedlichkeit der Mitarbeiter mit sich bringen, dann rücken schnell Begriffe wie Produktivität, Leistungsbereitschaft, Motivation, Identitätsbildung, Prozessoptimierung, etc. in den Mittelpunkt.[215]

Die auf Deutschland bezogene Standortdebatte konzentriert sich vor allem auf Kostenfaktoren und staatliche Regulierung. Vernachlässigt wird die Tatsache, dass Deutschland bislang Diversity nicht ausreichend als Standortfaktor nutzt und damit die schöpferischen Potentiale der Gesellschaft nicht voll erschlossen werden.

Diversity Management lässt sich bereits heute, in einer Phase der demographischen Entwicklung in Deutschland, die gesellschaftlich unumkehrbar ist und Organisationen wie Individuen

---

[213] Vgl. BP, vielfalt & einbeziehung bewusst gelebt, London 2003, S. 4

[214] Vgl. BP, a.a.O., 2003, S. 8

[215] Vgl. u.a. Elderhorst, M., Diversity Management und Demographie, in: Arbeit und Arbeitsrecht, Ausgabe 03/2005, Berlin 2005, S.160-163 und Lohrmann, A., Nachhaltige Personalpolitik angesichts der drohenden Demografiefalle, www.diversity-gesellschaft.de, 27.12.05 sowie Ostler, V., Managing Diversity, www.diversity-gesellschaft.de, 27.12.05

mit neuartigen Problemstellungen und Chancen herausfordert, sinnvoll anwenden. Dies gilt auch, wenn sich in einer Organisation ein Mangel an Fachkräften nicht mit Personalzugang von außen bewältigen lässt oder wenn bei Restrukturierungen zwischen Frühverrentung und Sozialauswahl kein Gestaltungsraum mehr gegeben ist. [216] [217]

3.1   Begriff Diversity Management

Die Auseinandersetzung von Unternehmen und Gesellschaft mit der eigenen Vielfalt, die von gemeinsamer Kreativität, Innovation und teilenden Konflikten geprägt sein kann, beschreibt Diversity Management. Dieses Spannungsverhältnis findet sich in Organisationen, ebenso wie in der Beziehung zwischen Unternehmen und ihren Märkten, sowie in den politischen und gesellschaftlichen Rahmenbedingungen von unternehmerischen Strategien.

Die Unterschiede in der persönlichen Disposition ihrer Mitarbeiter versteht Diversity Management als Bereicherung und ist bestrebt, Chancengleichheit auf alle Gruppen von Mitarbeitern auszudehnen, unabhängig von Alter, Geschlecht, Nationalität, Sprache, Behinderung, Religion und sexueller Orientierung. Diversity Management spricht gegen eine Personalpolitik, die am vermeintlichen „Normalarbeitnehmer" orientiert ist.[218]

---

[216] Vgl. www.diversity-forum.org, 23.12.2005 sowie Elderhorst, M., Diversity Management und Demographie, in: Arbeit und Arbeitsrecht, Ausgabe 03/2005, Berlin 2005, S. 160-163

[217] Im Bereich der Fach- und Führungskräfte steuert Deutschland auf eine massive Mangelsituation zu. Daher ist es für Unternehmen wichtig, frühzeitig ein Umfeld zu schaffen, in dem sie von den umworbenen Fach- und Führungskräften als ‚employer of choice' identifiziert werden können. In Projektionen für zukünftige Entwicklungen auf dem Arbeitsmarkt in Deutschland, z.B. der IAB-Prognos Projektion zur Entwicklung der Tätigkeitslandschaft bis 2010, zeigt sich, dass anspruchsvolle Tätigkeiten in diesem Zeitraum bis zu 40 % der Arbeitsplätze ausmachen werden. Zum einen liegen die Gründe in der demografischen Entwicklung mit einer zunächst alternden, dann zu einer sich stark vermindernden Bevölkerung. Eine Kompensation durch Steigerung der Frauenerwerbstätigkeit, Verkürzung der Ausbildungszeiten, späterer Renteneintritt kann nur ansatzweise geschehen. Zum anderen kann von einer Entwicklung hin zu höher qualifizierten Tätigkeiten ausgegangen werden, die nur teilweise durch eine Erhöhung der Qualifikation der Arbeitnehmer aufgefangen werden kann. Daher sollten die hoch qualifizierten Fachkräfte das Unternehmen, in dem sie tätig sind, als ‚guten', als ‚ihren' Arbeitgeber wahrnehmen, mit einer Unternehmenskultur, in der verschiedene Menschen bzw. unterschiedliche Bevölkerungsgruppen Akzeptanz finden. Um das zu gewährleisten ist das Managen der Unterschiedlichkeiten von Menschen notwendig. Diversity Management wird also zum dringenden Unternehmensvorteil in dem nicht allzu weit entfernten ‚war of talents'. Vgl. Lohrmann, A., Nachhaltige Personalpolitik angesichts der drohenden Demografiefalle, www.diversitygesellschaft.de, 27.12.05

[218] Vgl. Hamacher, E., Vielfalt bringt die Würze, Die Welt; 3. Juli 2004, S. B1

Tab. 12: Diversity Dimensionen

Diversity Management bedeutet

- die gezielte Wahrnehmung,
- das aufrichtige Wertschätzen und
- das bewusste Nutzen von Unterschieden,

insbesondere in den u.a. Primär- und Sekundärdimensionen:

Primärdimensionen	Sekundärdimensionen
Alter	Einkommen
Geschlecht	Beruflicher Werdegang
Rasse	Geographische Lage
Ethnische Herkunft	Familienstand
Körperliche Behinderung	Elternschaft
Sexuelle Orientierung	(Aus-)Bildung
Religion	

Diversity Management ist also mehr als die Anerkennung und Akzeptanz von Vielfalt, sondern auch das bewusste Schaffen einer verbindenden Identität.[219]

Bezieht man Diversity Management auf den unternehmerischen Kontext, bezeichnet es im weiteren Sinne die Berücksichtigung der Vielfalt von Menschen bei der Gestaltung der internen und externen Unternehmensentwicklung.

Die externen Gestaltungsfelder richten sich vor allem auf die Marktpositionierung und Imagebildung des Unternehmens, sowie letztendlich der Generierung von Umsatz und Gewinn.[220]

---

[219] Vgl. www.diversity-forum.org, 23.12.2005 sowie Vedder, G., Fünf zentrale Fragen und Antworten zum Diversity Management, www.uni-trier.de/uni/fb4/apo/diversity.html, 27.12.05 Unterschiedlichkeit und Vielfalt in seiner Ganzheitlichkeit bedeutet , dass Diversity weder ein reines „Frauen- Thema", noch ein „Schwulenthema" ist. Vgl. Ostler, V., Managing Diversity, www.diversitygesellschaft.de, 27.12.05

[220] Vgl. Elderhorst, M., Diversity Management und Demographie, in: Arbeit und Arbeitsrecht, Ausgabe 03/2005, Berlin 2005, S. 160- 163

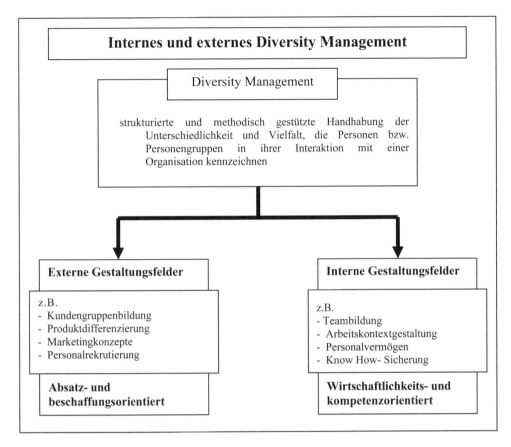

Abb. 19: Internes und externes Diversity Management
Quelle: Elderhorst, M., Diversity Management und Demographie, in: Arbeit und Arbeitsrecht, Ausgabe 03/2005, Berlin 2005, S. 160-163

Die internen Gestaltungsfelder stellen die Mitarbeiterstruktur in den Blickpunkt. Sie scheinen sich vorwiegend auf die soziale Verantwortung des Unternehmens im gesellschaftlichen Kontext zu konzentrieren. Dies folgt natürlich in erster Linie aus den vom Gesetzgeber vorgegebenen Normen und Regelungen zur Vermeidung von Ausgrenzung, die auf den sozialen Ausgleich gerichtet sind.[221]

---

[221] Hier sind u.a. die Vorschriften zur Integration von Schwerbehinderten (Anteil an der Belegschaft und entsprechende Ausgleichsabgabe bei Nichteinhaltung) oder die umzusetzenden EU-Antidiskriminierungsrichtlinien zu nennen.

3.2   Generatives Diversity Management

Die demographische Entwicklung in Deutschland, insbesondere bezogen auf die Geburten-entwicklung und der Überalterung der Bevölkerung, tritt zunehmend mit ihren Herausforde-rungen, Chancen und Bedrohungen in den Vordergrund und bringen Unternehmen in Kon-fliktsituationen. Einerseits entdecken Unternehmen zunehmend die stetig wachsende Gruppe der aktiven Älteren als interessante Kundengruppe mit ganz eigenen Anforderungen hin-sichtlich der Produkte und Marketingstrategien. Andererseits konzentrierten sich in der Ver-gangenheit verschiedene Unternehmen hinsichtlich der Personalauswahl und Stellenbeset-zung für qualifizierte Positionen auf jüngere Mitarbeiter, was immer schwieriger umzusetzen ist. In der New Economy Ende der neunziger Jahre wurden die Personalstrukturen vieler Unternehmen jugendzentriert ausgerichtet. Heute dominieren die geburtenstarken Jahrgänge zwischen 40 und 50 Jahre. Diese Alterskohorte wird ab 2010 mehrheitlich die Grenze über 50 Jahre überschritten haben, so dass Unternehmen zu klären haben, wie sie die Zukunft mit einer älteren Belegschaft bewältigen können. Dem derzeitigen und auch zukünftigen Fehlen gut befähigter Fachkräfte in diversen Tätigkeitsfeldern, nicht nur in der IT-Branche und der Flugzeugindustrie, ist personalpolitisch Rechnung zu tragen. Insofern stellt ein auf die al-ternde Belegschaft und Know-how-Sicherung gezieltes Gesundheits- und Teambildungsma-nagement, eine sich lohnende Strategie dar. [222]

Generatives Diversity Management bedeutet, Arbeitskontexte so zu gestalten, dass Aufga-ben- und Verantwortungsstrukturen entstehen, die für die Beschäftigten in ihren individuel-len Werdegangsphasen eine Perspektive bieten, die erworbenen Potenziale motiviert einzu-setzen, ihr Erfahrungswissen zu nutzen und dieses Kapital an andere weiterzugeben.[223]

Unternehmensintern wird beim Generativen Diversity Management auf die Qualitäten und Kompetenzen der Mitarbeiter in der jeweiligen Erwerbslebensphase abgestellt, um die indi-viduelle Leistungsbereitschaft und Motivation und damit die Effektivität und Wirtschaftlich-keit bis zum Ende der Berufstätigkeit zu sichern und entsprechend Krankenstand, Fehlzeiten und Unproduktivität positiv zu beeinflussen. Durch eine dynamische Entwicklung von Ver-antwortung und Kernaufgaben werden Wertschöpfungs-potenziale unter Berücksichtigung der sich verändernden individuellen Qualitäten und Kompetenzen genutzt.[224]

---

[222]   „Wenn wir wollen, dass wir auch in Zukunft leistungsfähige und vor allem leistungswillige Mitarbeiter haben, die massiv zu unserem Erfolg beitragen, dann müssen wir als Arbeitgeber sowohl ein systematisches Gesund-heitsmanagement betreiben als auch unsere Mitarbeiter ständig weiter qualifizieren. Das ist aber keine Sozial-leistung, sondern für beide von zentraler Bedeutung. Erst recht in Teams, wo Junge mit Älteren, Frauen mit Männern zusammenarbeiten und so ihre entsprechenden Erfahrungen austauschen." Vgl. Schall, K. (Personal-leiter GEBERIT Deutschland), Interview am 3.1.2005 mit der SWR-Redaktion „Wissen", sowie Astheimer, S., Den Unternehmen droht ein enormer Wissensverlust, in: FAZ, Nr.300, 24.12.05, S. 55

[223]   Vgl. Elderhorst, M., Diversity Management und Demographie, in: Arbeit und Arbeitsrecht, Ausgabe 03/2005, Berlin 2005, S. 160-163

[224]   Vgl. Elderhorst, M., a.a.O., S. 160-163

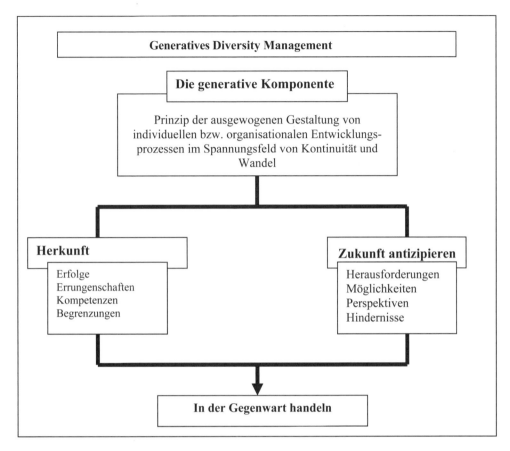

Abb. 20: Generatives Diversity Management
Quelle:Elderhorst, M., Diversity Management und Demographie, in: Arbeit und Arbeitsrecht, Ausgabe
03/2005, Berlin 2005, S. 160-163

Darüber hinaus sollten auch die in den verschiedenen Werdegangsphasen unterschiedlich wirksame persönliche Schwerpunktsetzung der einzelnen Mitarbeiter in die Überlegungen mit einbezogen werden. Der Vorteil liegt auf der Hand: die Mitarbeiter fühlen sich einbezogen, gefragt und gewürdigt. Die wahrscheinliche Folge: Ansteigen der Leistungsbereitschaft und Sinken des Krankenstandes, Verringerung von Doppelarbeit und somit die Verbesserung der Effektivität der Organisation.[225]

Das „Generative Diversity Management" liefert Methoden und Instrumentarien, um u.a.

---

[225] Vgl. u.a. Ostler, V., Managing Diversity, www.diversity-gesellschaft.de, 27.12.05 Elderhorst, M., Diversity Management und Demographie, in: Arbeit und Arbeitsrecht, Ausgabe 03/2005, Berlin 2005, S. 160- 163

- die Entfaltung des an Personen gebundene Erfahrungswissen in späteren Erwerbslebens-
  phasen der betreffenden Person zu gewährleisten und zusätzlich
- verstärkt zur Wirkung kommen zu lassen und
- die Weiter- und Übergabe so zu gestalten, dass sowohl die Organisation als auch die
  Mitarbeiter profitieren und ihre Leistungsfähigkeit stärken.

Dabei resultieren die Anlässe für das entsprechende Vorgehen beispielsweise aus dem organisationalen Bereich (Produktivitätsdefizite, ineffektive Teams, Fachkräftemangel) als auch
aus der persönlichen Unzufriedenheit eines älteren Mitarbeiters, der sich über- oder unterfor-
dert fühlt.[226]

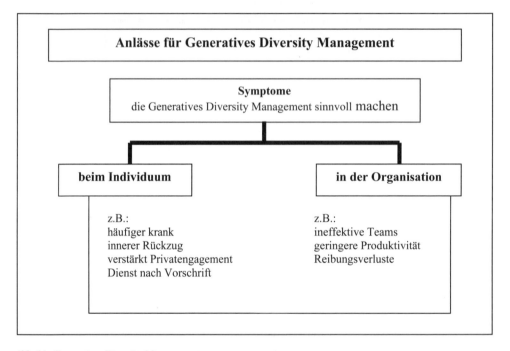

Abb. 21: Generatives Diversity Management
Quelle: Vgl. Elderhorst, M., Diversity Management und Demographie, in: Arbeit und Arbeitsrecht, Ausgabe
03/2005, Berlin 2005, S. 160-163

Eine besondere Rolle fällt dabei Generativ Diversen Teams zu. Leistungsstarke Teams, die
durch Zusammenhalt geprägt sind, beziehen ihre Stärke aus gegenseitigem Verständnis,
Respekt und gemeinsamen Zielen, Stärken, die durch die Miteinbeziehung aller Mitarbeiterinnen und Mitarbeiter gefördert werden.[227] Generative Teams berücksichtigen die unterschiedlichen Herangehensweisen, Wissenspotenziale und Belastbarkeiten, die Menschen in

---

[226] Vgl. Astheimer, S., Den Unternehmen droht ein enormer Wissensverlust, in: FAZ, Nr.300, 24.12.05, S. 55

[227] Vgl. BP, vielfalt & einbeziehung bewusst gelebt, London 2003, S. 8

verschiedenen Werdegangsphasen mitbringen. Dabei zeichnen sie sich nicht einfach durch einen großen Altersunterschied aus. Entscheidender ist vielmehr, Menschen aus den jeweils übernächsten Werdegangsphasen zusammenzuspannen und so eine Kompensation in den Herangehensweisen und Wissenspotenzialen zu ermöglichen. Die Wertschöpfungsmöglichkeiten werden besser vernetzt, unter anderem, weil die Konfliktpotenziale durch weniger stark divergierende Einstellungen zukünftig geringer sind: das Arbeiten mit- und das Lernen voneinander fallen leichter.[228]

3.3   Ziele und Potentiale

Betrachtet man Diversity Management nicht nur als ein integrativen, eher passiven Ansatz, sondern als einen Ansatz des aktiven Management dieser Vielfalt bei den Mitarbeitern- in Abstimmung mit der strategischen Ausrichtung der Organisation- dann eröffnen sich neue, kreative Potenziale, die zur kontinuierlichen Verbesserung genauso beitragen können, wie zur proaktiven Sicherung der Zukunftsfähigkeit.[229]

Zu betonen ist, dass es in den Belegschaften der Unternehmen schon immer eine Vielfalt demographischer Attribute (wie z.B. Geschlecht, Alter, Nationalität, gesellschaftlicher Status), Wertvorstellungen, Überzeugungen, Kompetenzen und Fertigkeiten gab. Diese Unterschiede zwischen den Beschäftigten sind also nicht neu, sondern vielmehr die Aktivierung und Nutzung sich gegenseitig ergänzender Potentiale. Früher hingegen wurden die Mitarbeiter meist 'gleichbehandelt' und innerbetrieblich in Richtung einer zentralen Organisationskultur sozialisiert. Anders zu sein war häufig gleichbedeutend damit, Defizite zu haben. Diversity Management bedeutet in diesem Kontext, und dies ist das Neue, dass u.a.:

- die Vielfalt als besondere Chance wahrgenommen wird,
- die Unternehmensleitung den Pluralismus im Unternehmen fördert,
- für unterschiedliche Beschäftigtengruppen differentielle personalpolitische Angebote bereit gehalten werden,
- die informelle Netzwerkbildung unterstützt wird sowie
- der Abbau von Vorurteilen und Stereotypisierungen erfolgt.[230]

Alle Aktivitäten im Rahmen des so genannten Diversity Managements, wie Netzwerke für Frauen in Führungspositionen, Schwerbehinderte, ausländische Mitarbeiter sowie Mitarbeiter mit unterschiedlichen kulturellen Hintergrund, verfolgen dasselbe Ziel: ein Klima der Offen-

---

[228] Vgl. u.a. Elderhorst, M., Diversity Management und Demographie, in: Arbeit und Arbeitsrecht, Ausgabe 03/2005, Berlin 2005, S. 160- 163, Diversity – Vielfalt als Stärke, www.ford.de/ie/ueber-ford/-/uford12/-/-/4/-, 28.12.05, S. 18

[229] Vgl. www.diversity-forum.org, 23.12.2005

[230] Vgl. Vedder, G., Fünf zentrale Fragen und Antworten zum Diversity Management, www.unitrier.de/uni/fb4/apo/diversity.html, 27.12.05

heit und Akzeptanz zu schaffen, um damit bei den Mitarbeitern deren Kreativität und Leistungsbereitschaft zu erhöhen.[231]

Weiter kann man davon ausgehen, dass eine vielfältig zusammengesetzte Arbeitnehmerschaft besser in der Lage ist, sich auf die Bedürfnisse und Wünsche der ebenfalls vielfältigen Kundschaft einzustellen. Und die Erkenntnisse der Arbeits- und Organisationspsychologie belegen: fühlt sich ein Mitarbeiter wohl, erbringt er bessere Leistungen.[232]

Die Potentiale, die Diversity Management für Unternehmen bietet, lassen sich in interne und externe Faktoren aufgliedern. Bei den internen Potentialfaktoren kann man u.a. nach persönlichen, individuellen Komponenten sowie zwischenmenschlichen und organisationalen Komponenten unterscheiden. Als Komponenten der externen Potentialfaktoren sind insbesondere Kunden und Märkte, die Shareholder, der Arbeitsmarkt sowie das weitere Umfeld zu nennen.

Mögliche Vorteile und Verbesserungen durch Diversity[233]

Extern		Intern	
Kunden & Absatzmärkte	▪ höhere Marktanteile ▪ neue Marktsegmente ▪ bessere Kundenbeziehung ▪ Kreativität bei Problemlösungen	**persönlich, individuell**	▪ verbesserte Produktivität (quantitativ und qualitativ) ▪ erhöhte Loyalität ▪ Motivation und Zufriedenheit von Minderheiten
Shareholder	▪ verbessertes Rating ▪ höhere Attraktivität	**zwischen- menschlich**	▪ verbesserte Gruppenarbeit und Zusammenarbeit ▪ besseres Zusammenspiel neuer Kollegen
Arbeitsmarkt	▪ besserer Zugang zu breiteren Marktsegmenten ▪ verbessertes Personal- Image ▪ bessere Rekrutierungs- möglichkeiten bei Angehörigen von Minderheiten	**Organisa- tional**	▪ Kreativität bei Problemlösung ▪ Höhere Offenheit gegenüber Veränderungen (M&A, OE) ▪ effektivere Reorganisation
Umfeld	▪ höheres Ansehen ▪ verbessertes Rating ▪ (Basel II)		

Abb. 22: Mögliche Vorteile und Verbesserungen durch Diversity
Quelle: In Anlehnung an Vedder, G., Fünf zentrale Fragen und Antworten zum Diversity Management, www.uni-trier.de/uni/fb4/apo/diversity.html, 27.12.05 und www.ungleich-besser.de, 18.4.2005

---

[231] Vgl. Hamacher, E., Vielfalt bringt die Würze, Die Welt; 3. Juli 2004, S. B1

[232] Vgl. dazu u.a. Weinert, A.B., Organisationspsychologie, 4. Aufl. und Schuler, Weinheim 1998, S. 134 ff

[233] Vgl. www.ungleich-besser.de, 18.04.2005

Vielfalt ist nicht in allen betrieblichen Situationen automatisch positiv zu bewerten, denn Unterschiedliche Zielvorstellungen, Kommunikationsschwierigkeiten und geringere affektive Bindungen können auch als Belastung wahrgenommen werden. Chancen und Risiken sollten im Einzelfall abgewogen werden, um dann in einer Gesamtbilanz den Nutzen des neuen Managementkonzepts zu ermitteln.[234]

3.4   Angewandtes Diversity Management: Beispiele aus der Praxis

Für das Funktionieren und dem Einsatz von Diversity Management gibt es in der Unternehmenspraxis verschiedene Beispiele. So sind insbesondere international tätige Unternehmen mit einem US-amerikanischen Hintergrund (z.B. IBM, Hewlett-Packard, Ford) mit der Forderung nach Diversity Management sehr vertraut und bieten unterschiedliche Maßnahmen in den Bereichen Training, Mentoring, Netzwerkbildung und Kommunikation an.

Im Rahmen von Unternehmenszusammenschlüssen wurden u.a. Daimler Chrysler und die Deutsche Bank mit den US-Diversity Management-Standards[235] konfrontiert und bewegen sich auf diesem Handlungsfeld.

Die Grundvoraussetzungen des Managementkonzepts sind ähnlich wie beim TQM [236] nicht genau festgelegt, so dass auch schon kleinste Ansätze unter dem Label Diversity Management vermarktet werden. Die ernsthafte Umsetzung von Diversity Management greift tief in die Unternehmenskultur ein und nimmt längere Zeit in Anspruch. [237] [238]

3.4.1   Beispiel BP

Das Unternehmen British Petrol hat eine Welle von Fusionierungsaktivitäten durchlebt und sah sich in den späten 90er Jahren als starkes, leistungsorientiertes und weltumspannendes Unternehmen mit den verschiedensten Geschäftsbereichen, das unzählige Kulturen unter einem Dach vereint. Dabei erkannte das BP-Führungsteam, dass die Stärke des Unternehmens in der Kompetenz, Fähigkeit, Vielfalt und Qualität der eigenen Mitarbeiter liegt und sucht Ansätze, den Mitarbeitern im gesamten Unternehmen die Gelegenheit zu geben, ihr

---

[234] Vgl. Vedder, G., Fünf zentrale Fragen und Antworten zum Diversity Management, www.unitrier.de/uni/fb4/apo/diversity.html, 27.12.05

[235] Vgl. u.a. www.eeoc.gov/abouteeo/overview_laws.html, 27.12.05, www.diversityinc.com, 27.12.05

[236] Total Quality Management

[237] Vgl. u.a.Vedder, G., Fünf zentrale Fragen und Antworten zum Diversity Management, www.unitrier.de/uni/fb4/apo/diversity.html, 27.12.05 Gabler Wirtschaftslexikon, 16. Aufl., Wiesbaden 2004, S. 2948

[238] Einige Unternehmen praktizieren "reduziertes" Diversity Management als Kompaktmodell, indem sie einige der Primärkategorien einfach außer Acht lassen. Vgl. Ostler, V., Managing Diversity, www.diversitygesellschaft.de, 27.12.05

Potenzial voll entfalten zu können. Aus der Erkenntnis, dass der Aufbau eines erfolgreichen, nachhaltig wirtschaftenden Unternehmens ebenso sehr von technischer Innovation und wirtschaftlicher Stärke abhängt als auch von der Fähigkeit, tiefgehende und dauerhafte Beziehungen aufbauen zu können, wurde das Ziel formuliert, das Thema Diversity" und „Inclusion" in den Mittelpunkt der strategischen Entwicklung zu stellen.[239]

Die BP Strategie "Diversity & Inclusion" (D&I)[240]
Die Strategie konzentriert sich auf die Schwerpunkte Mitarbeiterpotenzial und Einbeziehung und erfährt u.a. folgende operative Umsetzung:

- An allen Geschäftsstandorten soll versucht werden, die besten und begabtesten Kräfte ausfindig zu machen und anzuwerben.
- Ständige Überprüfung der Abläufe, die im Zusammenhang mit der Auswahl und Entwicklung der Mitarbeiter stehen, um sicherzustellen, dass diese im Sinne der eigenen, leistungsorientierten Personalpolitik fair und ausgewogen sind. Dem Konzept der Vielfalt ist dabei in jedem einzelnen Auswahlausschuss Rechnung zu tragen.
- Externe Personalvermittlungspartner müssen verschiedene Kandidaten für eine Stelle vorschlagen.
- Controlling der Maßnahmen, um sicherzustellen, dass das angestrebte Ziel auch erreicht wurde.

BP ist sehr daran interessiert, einbeziehendes Verhalten zu entwickeln und zu fördern. Um dieses Ziel zu erreichen, hat BP weltweit Initiativen ins Leben gerufen, die darauf abzielen, den Mitarbeitern auf jeder Ebene dabei zu unterstützen, integratives Verhalten zu fördern und anzuerkennen.

> Führende Mitarbeiterinnen und Mitarbeiter im Unternehmen engagierten sich wegweisend für das D&I-Konzept. Eine unserer ersten Prioritäten war, in Programmen zur Auswahl und Beurteilung von Jobkandidaten Unvoreingenommenheit und Fairness zu gewährleisten. Aktivitäten mit großem Medienecho und innovative Veranstaltungen wie die erste weltweite Frauenkonferenz, die den Anstoß zur Veranstaltung lokaler und regionaler Konferenzen gab, rückten eines der wichtigsten Grundsatzthemen von D&I ins Licht der Öffentlichkeit.[241]

Im Zuge der Expansion in neue Länder und Geschäftsbereiche bereitet BP sich vor, das eigene Verständnis der unterschiedlichen Kulturkreise, in denen das Unternehmen tätig ist, immer mehr zu vertiefen. So konnte BP etwa durch die Organisation von „China aus chinesischer Sicht", einem neuen Programm zur Entwicklung von Führungskräften, dazu beitragen, dass leitende Führungskräfte bei BP verstehen lernten, wie man in China Geschäfte abschließt und erfolgreiche Geschäftsbeziehungen aufbaut.

---

[239] Vgl. BP, vielfalt & einbeziehung bewusst gelebt, London 2003, S. 8
[240] Vgl. BP, vielfalt & einbeziehung bewusst gelebt, London 2003, S. 6
[241] Vgl. BP, a.a.O., S. 8

Aufbau von „Guanxi" in China [242]

Als Organisation mit anglo-amerikanischen Wurzeln, die nun in China ein Multimilliar-den-Dollar-Unternehmen in den Sektoren Öl, Gas und Chemicals aufbaut – zum Großteil in Form von Joint Ventures mit chinesischen Partnern – hat „Diversity & Inclusion" für BP einen hohen Stellenwert.

Beispiel:

Dies bestätigt auch Gary Dirks, Group Vice President, President und CEO der BP China:

„Wir haben ein enormes und äußerst komplexes Entwicklungsprogramm in China, wofür wir eine große Bandbreite an technischen Kenntnissen und kulturellem Wissen benöti-gen," erklärt er.

„Der kulturelle Aspekt spielt vor allem beim Verständnis eine wichtige Rolle, wie Ge-schäfte abgewickelt werden, wie Leute einbezogen werden möchten, wie man Genehmi-gungen erhält und was die Prioritäten und Erwartungen unserer Joint-Venture-Partner sind. Für all diese Dinge sind einheimische Mitarbeiter unverzichtbar."

„Von den 35 Führungskräften in unserem Team in China sind acht Asiaten und davon sind nur zwei chinesische Staatsbürger" räumt Gary ein.

„Aufgrund der Tatsache, dass in unserem Team so viele begabte junge Chinesen beschäf-tigt sind, bestehen zwar große Hoffnungen für die Zukunft, doch sind wir entschlossen, die Vielfalt durch Einstellung von mehr Einheimischen und Entwicklung ihres Potenzials als zukünftige Führungskräfte zu forcieren.

Als Unternehmen muss BP „asiatische Schläue" entwickeln, d.h. asiatische Geschäfts-praktiken von innen her verstehen lernen und ein tiefgehenderes kulturelles Verständnis innerhalb der BP-Gruppe entwickeln, um Geschäfte zwischen unterschiedlichen Kulturen erfolgreich abwickeln zu können."

Subtile Unterschiede zwischen verschiedenen Kulturen zu begreifen ist nicht immer ein-fach. Linda Shum, President der BP Zhuhai Chemical Company, belegt dies an einigen Beispielen:

„Die Chinesen haben 20 verschiedene Arten zu lächeln. Dies kann alles bedeuten, von hingerissener Begeisterung bis zu völliger Verärgerung, während Amerikaner viel Wert auf einen festen Händedruck und direkten Blickkontakt legen", erklärt sie.

Während der ersten Verhandlungen von Amoco mit Fuhua, dem chinesischen Partner im 400 Millionen Dollar Joint-Venture-Projekt Zhuhai Chemicals, erreichten die Spannun-gen ihren Höhepunkt. Die Verhandlungen endeten in aufreibenden verbalen Einzelduel-len, bei denen jede Seite sich hinter ihren vorgefertigten Ansichten verschanzte, so dass das Projekt schließlich zum großen Ärger der chinesischen Partner beendet wurde.

„Als gebürtige Indonesierin und Tochter chinesischer Eltern war mir klar, dass die einzi-ge Möglichkeit, die verfahrene Situation noch zu retten, in einem persönlichen Gespräch der BP-Führung mit Ihren chinesischen Pendants bestand."

---

[242] Vgl. BP, vielfalt & einbeziehung bewusst gelebt, London 2003, S. 4

„Wir lösten das Problem auf eine sehr chinesische Art und Weise, indem wir uns ent-
schuldigten, Gründe für unsere Absage gaben und versprachen, eine größere und bessere
Anlage zu planen.

In China gibt es ein eigenes Wort für diese Art von Beziehungen: Wir nennen diese Beziehungen „Guanxi" und wir sind entschlossen, gute „Guanxi" in BP China aufzubauen."

BP verfolgt heute eine einheitliche Linie und implementiert diese Strategie grenzüberschrei-
tend in allen Geschäftsbereichen. Diese Strategie setzt an vielen verschiedenen Stellen und
auf unterschiedlichen Ebenen an, bedient sich verschiedener Mittel und Wege und ist auf ein
sehr unterschiedliches Zielpublikum ausgerichtet.

Ein Beispiel dafür ist Trinidad, wo auch an der Führungsspitze immer mehr einheimische
Kräfte vertreten sind, was in der Folge wiederum unsere externen Geschäftsbeziehungen
stärkt. Auch im kaspischen Raum, wo BP eines der größten Energieprojekte der Welt be-
treibt, konzentrieren wir uns darauf, neue Chancen zu schaffen und die Talente, Fähigkeiten und das Know-how der lokalen Bevölkerung zu nutzen, um dort ein Unternehmen von
Weltrang aufzubauen. [243]

3.4.2   Beispiel FORD

FORD betrachtet Vielfalt als eine der Stärken des Unternehmens, in dem Mitarbeiter aus 57
Nationen zusammenarbeiten. Deshalb ist Diversity seit Jahren ein Eckpfeiler der weltweiten
Ford-Unternehmenskultur. Neben anderen Elementen geht es dabei im wesentlichen um
Wertschätzung einer jeden Mitarbeiterin und eines jeden Mitarbeiters, unabhängig davon,
welcher Nationalität, Religion, sexuellen Identität oder gesellschaftlicher Gruppe sie oder er
angehört. Für FORD ist Diversity weder ein Programm noch eine Initiative, sondern vielmehr der ganzheitliche Ansatz, die Unterschiedlichkeit der Mitarbeiterinnen und Mitarbeiter
als Chance und Potenzial für diese selbst, aber auch das Unternehmen zu verstehen.

Sichtbarer Ausdruck hierfür sind die vielen Aktivitäten im Unternehmen, an denen sich eine
große Anzahl von Mitarbeitern aktiv beteiligen und , so hofft FORD, ständig neue Ideen
entwickeln, die langfristig eine Kulturveränderung im Sinne von Diversity bewirken werden. [244]

---

[243]   Vgl. BP, vielfalt & einbeziehung bewusst gelebt, London 2003, S. 8

[244]   Vgl. Schumacher, U.,Vorstand Personal- und Sozialwesen der Ford-Werke AG Deutschland, in: Diversity –
Vielfalt als Stärke, www.ford.de/ie/ueber-ford/-/uford12/-/-/4/-, 28.12.05, S. 2

Stimmen aus dem Unternehmen: [245]

Ahmet Cýnar, Betriebskoordinator für Ausbildungsprogramme im Bereich Energieelektronik/ Betriebstechnik und Dozent an der Rheinischen Fachhochschule Köln:

„Wenn man dir mit Respekt und Toleranz begegnet, bist du bereit, Verständnis für andere Lebens- und Arbeitsformen zu entwickeln. Ich glaube, das ist einer der wesentlichen Gründe, warum wir hier bei Ford ein so erfolgreiches Team sind."

Dagmar Vorholt, Diplom-Pädagogin und Mitarbeiterin im FiT-Team:

„Im Sinne des Diversity-Gedankens engagieren wir uns für das Projekt „Frauen in technischen Berufen", mit dem Ziel, mehr junge Frauen für technische Ausbildungsberufe und ingenieurwissenschaftliche Studiengänge zu interessieren. Denn wer könnte die Ansprüche von Frauen an Autos besser in die Entwicklung einbringen als die Frauen selbst?"

Berit Blümel, Managerin im Bereich Einkauf Controlling für Materialkostenanalyse:

„Ich teile mir den Job mit einer Kollegin in England. Mit dieser Möglichkeit zur Teilzeitarbeit ist Ford sicherlich ein Vorreiter, wenn es um mehr Freiraum in der Lebensgestaltung auch am Arbeitsplatz geht. Das ist für mich gelebte Diversity."

Hanne Dinkel, Schichtleiterin Fertigung Niehl und GLOBE-Mitglied:

„Ich halte Ford GLOBE als Netzwerk innerhalb von Ford für unverzichtbar, weil dadurch der Diversity-Gedanke konkret gelebt wird. Lesben, Schwule und Bisexuelle aus allen Unternehmensbereichen finden bei GLOBE Ansprechpartner und Unterstützung und sind so motiviert, Ford als Unternehmen nach vorne zu bringen."

Der Diversity-Gedanke wurde von FORD konsequent entwickelt und ist heute fester Bestandteil der Unternehmenskultur. Arbeitsgruppen nationaler und bereichsspezifischer Diversity-Councils setzen sich für eine bessere Vereinbarkeit von Familie und Beruf, die Belange ausländischer, homosexueller oder behinderter Mitarbeiter ein oder führen Aktionen zur Erhöhung des Frauenanteils im Management sowie in technischen Berufen durch.

---

[245] Vgl. Diversity – Vielfalt als Stärke, www.ford.de/ie/ueber-ford/-/uford12/-/-/4/-, 28.12.05, S. 4-6

Selbstverständlich anders sein – Ford GLOBE [246]

„Wir sind stolz, in einer Stadt mit so viel Vielfalt, Toleranz und Partylaune zu arbeiten."
So lautet der Text einer Werbeanzeige– eine Botschaft von Ford zum Christopher Street
Day, den Schwule und Lesben in Deutschland jedes Jahr groß feiern, gerade auch in
Köln. Dazu passt auch das Motto des Christopher Street Days 2002 – „Köln feiert Viel-
falt" – und Ford feiert mit. Das Unternehmen will damit seine Akzeptanz und Wertschät-
zung für Mitarbeiter und Kunden mit homo- oder bisexueller Orientierung ausdrücken.
Denn in der Arbeitswelt offen zu seiner sexuellen Identität zu stehen, ist noch immer kein
leichtes Unterfangen. Zu groß ist die Angst vor abfälligen Bemerkungen oder gar einem
Ende der Karriere.

Anders bei Ford. Die Freiheit im Hinblick auf die sexuelle Identität der Mitarbeiter wird
hier nicht nur toleriert, sondern auch gefördert. Als erstes Großunternehmen in Deutschland unterstützt Ford eine betriebsinterne Gruppe für schwule, lesbische und bisexuelle
Mitarbeiter. Roland Kayser, Gründer von GLOBE (Gay Lesbian Or Bisexual Employees)
in Deutschland, kam nach mehreren internationalen Einsätzen 1997 aus London mit der
GLOBE-Idee im Gepäck nach Köln: „In England erfuhr ich von GLOBE, das war 1996.
Während es bei Ford in den USA bereits einen GLOBE-Zusammenschluss gab, habe ich
nach diesem Vorbild zunächst in England und dann in Deutschland eine Gruppe ins Leben gerufen. Inzwischen bemerkt man hier ein verändertes Bewusstsein, denn wenn Ford
als Sponsor der Jahresversammlung des Bundes Lesbischer und Schwuler JournalistInnen
e.V. auftritt, dann ist das nicht nur ein klares Signal an die Öffentlichkeit, es zeigt uns
Homosexuellen auch, dass wir im Unternehmen respektiert werden", erklärt Kayser.

Die Diversity-Kultur bei FORD ist Ausdruck der Überzeugung, dass

- Unternehmen wesentlich durch die dort tätigen Menschen geprägt werden,
- unternehmerisches Handeln nicht nur Auswirkungen auf die Wirtschaft, sondern auch auf
  die Gesellschaft als Ganzes hat,
- die Fähigkeiten und Kenntnisse der Mitarbeiter die Entwicklung eines Unternehmens
  ebenso bestimmen wie ihre Einstellungen und ihr gesellschaftliches Umfeld,
- die im Unternehmen gelebten Werte, wie Toleranz, Respekt und gegenseitige Achtung
  von den Mitarbeitern in die Gesellschaft eingebracht werden.[247]

FORD fühlt sich dazu aufgerufen, die Gesellschaft mit zu gestalten. Jeder Mitarbeiter der
Ford-Werke in Deutschland, der sich für die Gemeinschaft einsetzen will, kann sich für entsprechende Projekte zwei Tage im Jahr von der Arbeit freistellen lassen.

---

[246] Diversity – Vielfalt als Stärke, www.ford.de/ie/ueber-ford/-/uford12/-/-/4/-, 28.12.05, S. 8

[247] Vgl. Diversity – Vielfalt als Stärke, a.a.O., S. 24

„*Türkölsches*" Zusammenarbeiten [248]

Türkische Mitarbeiter sind seit über 40 Jahren eine feste Größe bei Ford in Köln. So begann Ford als erstes Unternehmen in Deutschland 1961 sehr bald nach Abschluss des Deutsch-Türkischen Arbeitskräfteabkommens mit der Anwerbung türkischer Arbeitnehmer. Innerhalb kurzer Zeit stellten die Türken die größte Gruppe der ausländischen Mitarbeiter.

Miteinander der Kulturen bei Ford

Sprachkurse für türkische Mitarbeiter und Bücher in türkischer Sprache, taten ein Übriges, um die Verständigung und das Miteinander der Kulturen voranzutreiben. Im Laufe der Zeit nahmen vermehrt türkische Mitarbeiter die Integration bei Ford selbst in die Hand. Schon 1975 waren die ersten türkischen Mitarbeiter im Betriebsrat vertreten und 1978 wurde mit Salih Güldiken der erste Türke in den Aufsichtsrat berufen, dem er bis zu seiner Pensionierung 1997 angehörte. Seitdem hat seine Position Mustafa Cözmez, auch ein Türke, inne. Auch die Aufgaben im Unternehmen haben sich gewandelt. Waren die ersten türkischen Arbeitnehmer fast ausschließlich in der Fertigung tätig, so finden sich türkische Mitarbeiter heute in allen Bereichen des Unternehmens.

Türkisches Mitarbeiter-Netzwerk

Ein neues türkisches Selbstbewusstsein bei Ford zeigt sich auch in der Gründung einer eigenen Mitarbeitergruppe, der „Turkish Resource Group". Sie hat sich zum Ziel gesetzt, türkische Mitarbeiter und Kunden in Deutschland und der Türkei anzusprechen, um die Marke Ford als „Brand of Choice" noch attraktiver zu machen.

Beispiel

Türkische Mitarbeiter bei Ford entwickelten eine Fahrzeugvariante („Döner-Transit") samt der entsprechenden Marketing- und Vertriebsmethoden und einschließlich der Marketing- und Vertriebsunterlagen. Hier wurden Produkt- und Marketingkonzept sowie deren Umsetzung im Verkaufsprozess durch türkische Menschen übernommen, so dass sie sich mit ihrer kulturellen Diversity besonders für die Zielgruppe eigneten.[249]

Anspruch und Ambition

Ford als „Employer of Choice" bei türkischen und deutschen Mitarbeitern weiterhin zu positionieren, ist deshalb ein ebenso erklärter wie ambitionierter Anspruch. Und damit sich alle Mitarbeiter von der Attraktivität des Unternehmens überzeugen können, ganz gleich welcher Nationalität oder Herkunft sie sein mögen, sind nicht-türkische Mitarbeiter in der Gruppe jederzeit erwünscht.

---

[248] Vgl. Diversity – Vielfalt als Stärke, www.ford.de/ie/ueber-ford/-/uford12/-/-/4/-, 28.12.05, S. 14 f

[249] Vgl. www.Ford.de, 23.12.05

3.5   Erfolgsmessung

Grundsätzliches Problem ist jedoch die Erfolgsmessung aller Diversity-Aktivitäten: die Erfolge sind schwer messbar und nicht immer eindeutig zuzuordnen. Dennoch konstatieren Unternehmensbefragungen als Erfolge mit Diversity Management:

- Verbesserung des Images des Unternehmens,
- Gewinnung und Bindung von hoch qualifizierten Personal,
- Steigerung der Motivation und Leistungsfähigkeit der Mitarbeiter,
- mehr Innovationen und
- Erhöhung der Kundenzufriedenheit. [250]

Als weitere Größen werden auch eine erhöhte Produktivität und Reduktion der Opportunitätskosten genannt, die durch Diversity Management zu erreichen sind.[251]

Diversity Management kann durchaus einen direkten finanziellen Nutzen bekommen: je intensiver und konsequenter Diversity betrieben wird, desto besser wird das Rating nach "Basel II"[252] und umso billiger werden die Unternehmenskredite. Bei dem Rating nach "Basel II" wird auch die Stärke und Fähigkeit des Managements, auf veränderte Bedingungen effektiv zu reagieren und Ressourcen einzusetzen, bewertet, so dass Lippenbekenntnisse hinsichtlich des Managing von Diversity kontraproduktiv wären. Insbesondere gehen die u.a. personalpolitischen Aspekte in die Bewertung nach "Basel II" ein:

- Personalplanung, Personalstand und Personalqualifikation in angemessenem Umfang (hierzu gehört insbesondere die Aus- und Weiterbildung der Führungskräfte und Führungsnachwuchskräfte),
- Führungsstil mit Entscheidungsspielraum für Mitarbeiter,
- Motivation der Mitarbeiter (u.a. ein diskriminierungsfreies Umfeld nach den Diversity-Grunddimensionen, Einbindung in Entscheidungsprozesse),
- Krankenstand,
- Fluktuation der Mitarbeiter, insbesondere der Leistungsträger,
- Produktivität der Mitarbeiter. [253]

---

[250] Vgl. Hamacher, E., Vielfalt bringt die Würze, Die Welt; 3. Juli 2004, S. B1

[251] Vgl. u.a Ostler, V., Managing Diversity, www.diversity-gesellschaft.de, 27.12.05 Ford.de, 23.12.05, BP – Vielfalt & Einbeziehung bewusst gelebt, 2003

[252] Der "Basler Ausschuss für Bankenaufsicht" hat die "Neue Basler Eigenkapitalvereinbarung für Banken" erlassen. Danach müssen Banken für jeden Kredit an Unternehmen und Staaten eine genormte Risikobeurteilung vornehmen. Dabei geht es nicht nur um finanztechnische Fragen, sondern auch um "weiche Faktoren", wie z.B. die Managementqualifikation der Geschäftsführung, die ca. zu 40% in die Gesamtwertung einfließen. Vgl. Schierenbeck, H., Basel II, in: Gabler Wirtschaftslexikon, 16. Aufl., Wiesbaden 2004, S. 316 ff.

[253] Vgl. Ostler, V., Diversity Management & "Basel II", www.diversity-gesellschaft.de, 27.12.05

Die aufgeführten Erfolgskomponenten lassen sich in die Basiskategorien

- Marktstellungsziele (z.B. Marktanteil, Umsatz)
- Rentabilitätsziele (z.B. erhöhte Produktivität)
- Finanzielle Ziele (z.B. Kreditwürdigkeit)
- Soziale Ziele (z.B. soziale Integration)
- Markt- und Prestigeziele (z.B. Image, Kundenzufriedenheit)

unterscheiden und direkt oder indirekt messen. Direkt messbar wären dabei z.B. Umsatz oder Marktanteil. Kundenzufriedenheit ließe sich zum einen indirekt über Indikatoren messen (z.B. Reklamationsquote und/oder Anzahl und Höhe der Wiederkäufe) und zum anderen direkt über qualitative Messverfahren unter Einsatz von Ratingskalen, über die die subjektiv empfundene Zufriedenheit der Kunden ermittelt werden kann. Bei der Erfolgsermittlung ist die Festlegung eindeutiger Messvorschriften anhand von Inhalt, Ausmaß (absolut/ relativ) und zeitlicher Bezug (z.B. Monat, Jahr) unbedingt erforderlich.[254]

3.6 Exkurs kulturspezifische Aspekte im Management internationaler Kooperationsprozesse

Die Gestaltung des Kooperationsprozesses zwischen zentralen und dezentralen Organisationseinheiten global operierender Unternehmen wird im starken Masse durch eine Vielzahl von in der Organisationskultur integrierter Komponenten beeinflusst. Dabei handelt es sich im Einzelnen um:

- die Kultur und Unternehmenskultur, die durch interne und externe Faktoren beeinflusst wird, u.a. der Unternehmensphilosophie, der Unternehmensidentität und Unternehmensimage, sowie die Personalentwicklung,
- die Entwicklungsstufe des jeweiligen Unternehmens hinsichtlich der Auslandsexpansion und
- die Widerstände und Konfliktherde im Bereich Personal.

Die Grundüberlegung bei der Gestaltung des Kooperationsprozesses ist, wie Subkulturen, in diesem Kontext Unternehmen oder Unternehmenseinheiten mit unterschiedlichen Abteilungen, aus unterschiedlichen Kulturräumen erfolgreich zusammenarbeiten und den permanenten Wandel gestalten können.

Die ausschließliche Orientierung an harten Faktoren wie Strategie, Organisation, Finanzen, Produktion, F&E etc. und die Vernachlässigung von weichen Faktoren wie der kulturellen Dimensionen ist problematisch für den Entscheidungsprozess. Die primären Ziele der Globalisierung wie z.B. Marktpenetration und Nutzung von Synergien, können so nicht vollständig

---

[254] Vgl. Meffert, H., Marketing, 8. Aufl., Wiesbaden 1998, S. 71 sowie 5. Aufl., Wiesbaden 1980, S. 72

umgesetzt werden. Der "Clash of Cultures" zwischen den Kulturen der Unternehmenseinheiten muss jedoch vermieden werden. Viele unternehmerische Beispiele zeigen, dass beim Management derartiger Probleme ein Nachholbedarf besteht.

In der unternehmerischen Praxis besteht in erster Linie ein großes Interesse an der strategischen Ausrichtung einer Unternehmung verbunden mit der richtigen Organisation. Die Verteilung von Ressourcen, Funktionen, Kompetenzen und Verantwortung zwischen der Zentrale, den Teilbereichen sowie den Auslandsstandorten ist das Instrument der strategischen und organisatorischen Planung. Besonders wichtig werden diese Instrumente in Krisenzeiten, wenn die Unternehmung in kürzester Zeit die Konfiguration des Koordinationsportfolios verbessern muss.[255] Dazu ist sie verstärkt durch den Druck der Anteilseigner und den Wettbewerbsdruck als solchen gezwungen. Diese Art von Veränderungen führen in vielen Fällen nur zu kurzzeitigen Ergebnisverbesserungen.[256] Unternehmen wie die Chrysler Car Group von Daimler-Chrysler oder Mitsubishi verdeutlichen das in sehr starkem Maße. Neben der Nutzung des Koordinationsportfolios muss es andere, ebenso wichtige Gründe für ein Scheitern der Veränderungsanstrengungen geben. Ein Hauptgrund ist der Widerstand gegen die Veränderung an sich. Dieser Widerstand ist nur auf der Ebene der Artefakte zu spüren, die Gründe dafür liegen tiefer in der Kultur des Unternehmens, den Basic Assumptions. Die eingeleiteten strategischen und organisatorischen Veränderungen versuchen jedoch die Artefakte zu beeinflussen, ohne die Basic Assumptions in ausreichendem Maße zu berücksichtigen.

Nach dem Drei-Ebenen-Modell der Organisationskultur bilden die Artefakte (u.a. Verhalten, Sprache, Rituale, Zeremonien etc.) nur die Spitze des Eisbergs. Dahinter liegen die Exposed Values (u.a. Unternehmensphilosophie, Strategien, Visionen) und die Basic Assumptions (tatsächliche Werte des Einzelnen, Gedanken, Emotionen, Einstellungen). Was sich in den Basic Assumptions manifestiert hat, ist wirklich Teil der Unternehmenskultur geworden. Häufig konzentriert man sich bei der Betrachtung einer Unternehmenskultur überwiegend auf die Artefakte, statt die dahinter liegenden Werte und Normen einer tiefer gehenden Untersuchung zu unterziehen.[257]

---

[255] Beispiel: Die Volkswagen AG wird die Gesamtinvestitionen der nächsten 5 Jahre um 10 % auf 30 Milliarden Euro reduzieren. Volkswagen reagiert damit auf die schwache Marktlage. Einsparungen sollen durch die Modulstrategie sowie durch die Verringerung oder das Aufschieben von Investitionen jenseits der eigentlichen Fahrzeugentwicklung erzielt werden. Innerhalb von 5 Jahren soll die Investitionsquote von 10,5 % des Umsatzes im Jahr 2002 (9,1 Milliarden Euro) auf 7 % zurückgehen. o.V.; Volkswagen kürzt Investitionen, FAZ vom 12. November 2003, Nr. 263, Frankfurt/Main, S. 16

[256] Beispiel: Mitsubishi und Chrysler haben trotz kurz aufflackernder Sanierungserfolge und beachtlicher Restrukturierungsaufwendungen noch immer keine dauerhaften Ergebnisverbesserungen erzielt. „Das Konglomerat sei unüberschaubar geworden, und damit unbeherrschbar, meinen viele und wundern sich daher nicht, wenn völlig überraschend mal von hier, mal von da eine schlechte Nachricht kommt." Preuß, S., Jürgen Schrempps Strategie fehlt der Notausstieg, FAZ, 13. November 2003, Nr. 264, Frankfurt/ Main, S. 24

[257] Vgl. Schein, E. H., Soll und kann man die Unternehmenskultur verändern?, in: gdi-impuls, 2, 1984, S. 4 und Heinen, E., Unternehmenskultur – Perspektiven für Wissenschaft und Praxis, München 1987, S. 26,

Der Changemanagement-Prozess wurde lange Zeit als ein Prozess der Veränderung von Strategien, Strukturen und Prozessen angesehen. Der traditionelle Veränderungsprozess von hierarchisch geprägten Unternehmen besteht aus den folgenden drei Ablaufschritten: [258]

- Veränderung der formalen Struktur und Verantwortungsbereiche,
- Veränderung der intrapersonellen Beziehungen und Prozesse,
- Veränderung der individuellen Einstellungen und Mentalitäten.

Unternehmenskulturen sind veränderbar, allerdings sollten verschiedene Gesichtspunkte berücksichtigt werden, u.a. dass:[259]

- ohne die tragende Basis des Unternehmens zu zerstören, die Unternehmenskultur als Ganzes nie verändert werden kann,[260]
- die Veränderung in Teilschritten über einen langen Zeitraum hinaus erfolgt,
- existierende Kulturen beachtet werden, an denen viele Mitarbeiter festhalten wollen, da sie Kontinuität und Sicherheit bieten und bei Änderungsansätzen Widerstände hervorrufen können.
- der Schwierigkeitsgrad der Veränderung erhöht sich bei steigender Zahl der betroffenen Kulturelemente erhöht.[261]

Konfliktreaktionsmöglichkeiten
Unternehmenspolitische Konflikte können Indikatoren für die mangelnde Zusammenarbeit innerhalb des Unternehmens sein. Unterschiedliche Gesellschaftskulturen mit ihren jeweiligen kulturellen Identitäten oder Dimensionen sind die Konfliktherde von global agierenden Unternehmen. Die kulturellen Dimensionen oder Unterschiede können in drei Konfliktreaktionsmöglichkeiten eingeteilt werden, die mit dem Triadenbegriff (Amerika, Europa, Japan) verbunden sind.[262]

Konfliktreaktionsmöglichkeit 1 „ EXIT" ist wie folgt skizziert:

- Beenden einer konfliktbehafteten und Eintritt in eine neue Austauschbeziehung,
- dominierend in der nordamerikanischen Kultur,

---

[258] Vgl. Bartlett, C. A. and Ghoshal, S., Management across Borders. The Transnational Solution, Harvard   Business School Press, Boston 1989, S. 256 ff

[259] Vgl. Kasper, H., Zum Management von Unternehmenskulturen, in: Management Forum, 6, 1986, S. 271 sowie Kasper, H., Organisationskultur- Über den Stand der Forschung, Service, Wien 1987, S. 118 ff und Herzhoff, S., Innovations-Management. Gestaltung von Prozessen und Systemen zur Entwicklung und Verbesserung der Innovationsfähigkeit von Unternehmungen, Bergisch Gladbach 1991, S. 135 ff

[260] Darum sollte nicht die gesamte Kultur geändert werden, sondern nur ein Element. Vgl. Watzka, K., Betriebliche Reintegration von Arbeitslosen: Probleme und Maßnahmen zur Problemreduzierung, Münster 1989, S. 274

[261] Vgl. Watzka, K., Betriebliche Reintegration von Arbeitslosen: Probleme und Maßnahmen zur Problemreduzierung, Münster 1989, S. 276

[262] Vgl. Hirschmann, A. O., Exit, Voice and Loyalty, Cambridge/ MA 1970

- vorrangig in einem funktionierenden Wettbewerb etabliert, mit einfachen und standardisierten Produktionsprozessen, die schnelle Lösungen zum Finden einer wirtschaftlicheren Alternative bieten und damit als transaktionskosten-ökonomisch zu bezeichnen ist,
- niedrige Trainingskosten bei Neueinstellungen verbunden mit schnellen Kündigungsmöglichkeiten.

Die 2. Konfliktreaktionsmöglichkeit mit „VOICE" beschrieben, ist u.a. gekennzeichnet durch:

- schützen der eigenen Interessen in einer konfliktbehafteten Austauschbeziehung, bei gleichzeitigem Versuch, die Austauschbeziehung zu bewahren,
- Betrachtung aller Alternativen der Sicherung der Eigeninteressen durch die Prognostizierung des gegnerischen Verhaltens [263] und
- dominierend in der europäischen bzw. deutschen Kultur.

VOICE wird gewählt, wenn die Transaktionskosten dafür niedriger sind, als die für EXIT oder keine anderen Lösungswege vorhanden sind.

Als weitere Konfliktreaktionsmöglichkeit kann „LOYALTY" mit den Merkmalen genannt werden:

- Adaption eigener Interessen auf die Interessen des anderen Partners innerhalb eines bestimmten, durch Toleranz dominierten Bereiches
- Loyalität erhöht die Toleranz sowie den Sinn bzw. das Verständnis für Gruppenzugehörigkeiten und reduziert die Wahrscheinlichkeit der Nutzung von EXIT oder VOICE.

Ansatz der Kulturintegration
Die kulturelle Integration ("Acculturation") ist die primäre Aufgabe des Managements im Globalisierungsprozess. Das Management muss dabei die folgenden Optionen berücksichtigen: [264]

- Die Acculturation durch eine **ethnozentrisch geprägte kulturelle Dominanz** besteht aus einem Transfer von Zielen, Werten und Normen von der Zentrale hin zu den Tochtergesellschaften und/ oder Auslandsstandorten. Die Muttergesellschaft nimmt eine dominierende Stellung in allen Bereichen ein. Konflikte treten innerhalb der Tochtergesellschaften durch unterschiedliche kulturelle Dimensionen auf.
- Die Acculturation durch eine **polyzentrische Kulturerhaltung** besitzt als Basis die Akzeptanz der Andersartigkeit von Kulturen. Sie ist charakterisiert durch unterschiedliche Interessen (Input) und unterschiedliche Interessensrealisierungen (Output) sowie durch

---

[263] Vgl. Dlugos, G., Dorow, W., Farrell, D., Organizational Politics: From conflict-suppression to rational conflict-management, Wiesbaden 1993

[264] Vgl. Perlmutter, H. V., The Tortuous Evolution of the Multinational Corporation, in: Columbia Journal of World Business, 4, 1969 und Haspeslagh, P. C., Jemison, D. B., Managing Acquisitions: Creating Value through Corporate Renewal, New York et al. 1991

kulturgrenzenübergreifende Konfliktlösungsmethoden. Dazu ist eine Fragmentierung von Themen, Werten, Normen usw. notwendig.

Alle Führungskräfte müssen in der Lage sein, adaptiv auf die jeweilige kulturelle Dimension zu reagieren. Viele Führungskräfte neigen jedoch dazu, fremde kulturelle Dimensionen nicht akzeptieren zu wollen oder zu können und versuchen die Eigene rücksichtslos durchzusetzen. Zudem sind eine hohe strategische Autonomie der Tochtergesellschaft sowie geringe Input/ Output-Beziehungen zwischen der Mutter- und Tochtergesellschaft notwendig für eine globale Effizienz.

Als Ergebnis kann festgehalten werden: je höher der Grad der transkulturellen Integration ist, desto höher ist die globale Effizienz der Unternehmensstruktur. Überträgt man sie Erkenntnisse auf deutsche Unternehmen wie VW, Skoda oder Beiersdorf, kann die Ent-wicklung in 2 Stufen aufgeteilt werden:[265]

- Stufe 1 beinhaltet die Implementierung der Qualitätsstandards und der damit verbundenen Trainings bei der Tochter- durch die Muttergesellschaft. Das führt zur Einführung von deutschen Ausbildungsstandards und -verfahren in den anderen Ländern. Mitarbeitertrainings zum Aufbau von gleichen Qualitätsstandards sind Elemente einer kulturell geprägten dominanten Strategie der Muttergesellschaft (Metaebene).
- Nach erfolgreicher Umsetzung von Stufe 1 dezentralisieren die Unternehmungen in Stufe 2 Führungsaufgaben beziehungsweise Verantwortung an regionale Management-Teams. Der Vorteil für die Muttergesellschaft liegt dabei in der geringeren Zahl von notwendigen Expatriates.[266] Einige Unternehmen nutzen darüber hinaus Tandemmodelle (Deputy-System), um benötigtes Know How schneller zu regionalisieren. Dies soll zu symbiotischen transkulturellen Wertesystemen führen.

---

[265] Dorow; W., von Kibed, G. V., Corporate cultural identity and the challenge of globalisation, in: Mohn, L.: A Cultural Forum, The Impact of Globalization on Cultural Identity in Business, Bertelsmann Stiftung, Gütersloh 2002, S. 26

[266] i.S.v. ins Ausland entsendete Mitarbeiter der Zentrale.

4   Erfolgsfaktor Personalmanagement

4.1   Entscheidungen im Bereich personeller Präsenz vor Ort

Ein zentraler Aspekt des Personalmanagement bei unternehmerischen Auslandsaktivitäten mit personeller Präsens vor Ort ist die personalpolitische Grundsatzentscheidung der Besetzung. Die Möglichkeit der Besetzung besteht in der Entscheidung

- Delegierte des Stammhauses (ethnozentrische Besetzungspolitik) für den Einsatz im Gastland vorzusehen,
- Gastlandmitarbeiter (polyzentrische Besetzungspolitik) für die Aufgabenbewältigung vor Ort einzusetzen oder
- nach länderübergreifenden Kriterien (geozentrische Besetzungspolitik) die Positionen vor Ort zu besetzen.

Tab. 13: Vor- und Nachteile einer ethno-, poly- und geozentrischen Besetzungspolitik
Quelle: Welge, M. K., Holtbrügge, D., Internationales Management, 3. Aufl., Stuttgart 2003, S. 207

Ethnozentrische Besetzungspolitik (Stammhausdelegierte)	Polyzentrische Besetzungspolitik (Gastlandmitarbeiter)	Geozentrische Besetzungspolitik
Vorteile: • leichtere Durchsetzung einer • einheitlichen Unternehmenspolitik • problemlose Kommunikation und Koordination zwischen Mutter- und Tochtergesellschaft • leichterer Transfer von technischem und Management-Know-How • Erweiterung der Erfahrungen der Stammhausmitarbeiter • bessere Kenntnis der Muttergesellschaft • höhere Loyalität der Entsandten gegenüber der Muttergesellschaft	**Vorteile:** • zumeist geringere Personalkosten • leichtere Integration der Tochtergesellschaft in das Gastland • Motivationssteigerung bei den lokalen Mitarbeitern da sie auch Spitzenpositionen erreichen können • höhere Kontinuität in der Tochtergesellschaft • positive Auswirkungen auf die Stellung der Tochtergesellschaft in der Öffentlichkeit des Gastlandes	**Vorteile:** • größeres Potential an qualifizierten Kandidaten • höhere Flexibilität in der Personalbeschaffung, da auf nationale Interessen keine Rücksicht mehr genommen werden muss • befruchtender Austausch von Informationen durch den hohen Entsendungsanteil
Nachteile: • Demotivierung der inländischen Mitarbeiter durch Bevorzugung der Stammhausdelegierten • erschwerte Anpassung des Führungsstils an Gastlandbedingungen • Gefährdung der Kontinuität und des Betriebsklimas bei häufig wechselnden Stammhausdelegierten	**Nachteile:** • erschwerte Abstimmung zwischen Mutter- und Tochtergesellschaft • höhere Kommunikationskosten • Gefahr, dass bei Konflikten aufgrund mangelnder Loyalitäten Gastlandinteressen zum Schaden der Gesamtunternehmung Vorrang eingeräumt wird	**Nachteile:** • sehr hohe Entsendungkosten • zumeist geringe Vertrautheit mit den Gastlandbedingungen • hoher Koordinationsaufwand • hohe Anforderungen an internationale Manager • erschwerter Aufbau einer corporate identity

Insbesondere in Entwicklungs- und Transformationsländern ist die Beschäftigung inländischer Mitarbeiter zumeist wesentlich kostengünstiger als die Entsendung von Stammhausdelegierten. Daher werden in den meisten Tochtergesellschaften meist nur die besonders wichtigen Fach- und Führungspositionen mit ausländischen Mitarbeitern besetzt, während die übrigen Stellen weitgehend von Gastlandangehörigen eingenommen werden.

Indien ist für Arbeitgeber noch günstiger als China[267]

Arbeitnehmer verdienen in Indien deutlich weniger als in China, so eine Mercer Studie, bei der 600 Unternehmen in den beiden Ländern untersucht wurden, rund 250 davon in Indien. Diese Differenz verringert sich jedoch, da die Gehälter in Indien wesentlich schneller steigen als in China. In den vergangenen fünf Jahren stieg der Durchschnittslohn in Indien um 11,5 Prozent, in China dagegen um 7,5 Prozent. Verglichen wurden Gehälter von 42 verschiedenen Positionen auf allen Hierarchieebenen. Auf fast jeder Position liegt der Durchschnittslohn in China höher als in Indien.

„China und Indien sind wegen ihrer gut ausgebildeten Arbeitskräfte und des niedrigen Lohnniveaus beliebte Länder, um bestimmte Geschäftsbereiche dorthin auszugliedern. Wegen seiner niedrigeren Lohnkosten ist Indien leicht im Vorteil", sagt Bernd Thomaszik, Abteilungsleiter bei Mercer in Deutschland. Die für China ermittelten Zahlen gelten jedoch nur für die Zentren Schanghai und Peking. Die Gehälter liegen dort nach Angaben der Berater um rund 20 Prozent höher als in anderen großen Städten. Gegenüber ländlichen Gegenden sei der Unterschied noch größer.

Die Berater machten bei den Arbeitnehmern in beiden Ländern unterschiedliche Prioritäten aus: Für Chinesen sei es wichtiger, durch ihre individuelle Leistung zu überzeugen und dafür gerechte Bezahlung zu erhalten. In Indien bedeute es den Arbeitnehmern mehr, Vertrauen in das Management zu haben und in einem Unternehmen mit einem guten Ruf zu arbeiten.

Außer den niedrigen Lohnkosten hat Indien noch einen Vorteil: die Bevölkerung spricht Englisch. Dagegen könnte ein Führungskräftemangel nach Ansicht von Berater Thomaszik die Löhne weiter steigen lassen, denn derzeit ist die Nachfrage nach qualifizierten Arbeitskräften vor allem auf der Führungsebene wesentlich größer als das Angebot.

---

[267] Mercer Human Resource Consulting/F.A.Z.-Grafik Kaiser, o. V., Indien ist für Arbeitgeber noch günstiger als China, F.A.Z., 26.11.2005 Nr. 276 , S. 55

Abb. 23: Vergleich Lohnkosten in China und Indien
Quelle: Mercer Human Resource Consulting/F.A.Z.-Grafik Kaiser, o. V., Indien ist für Arbeitgeber noch günstiger
als China, F.A.Z., 26.11.2005 Nr. 276 , S. 55

Die Besetzung von Führungspositionen mit Stammhausdelegierten bei ausländischen Tochtergesellschaften werden insbesondere folgende Ziele verfolgt: [268]

- Kompensation des in Gastländern vorherrschenden Mangels an qualifizierten Fach- und Führungskräften herrscht,
- Übertragung von Management-, Produkt- und Verfahrens-Know-how, insbesondere bei der Verlagerung anspruchsvoller und sensibler Produktions- und Kommunikationstechnologien,
- Gewährleistung effizienter Informations- und Kommunikationsstrukturen,
- Steuerung und Kontrolle der Tochtergesellschaft, insbesondere in der Aufbauphase ausländischer Tochtergesellschaften,
- Personal- und Organisationsentwicklung sowie
- Entwicklung einer länderübergreifenden Unternehmenskultur.

---

[268] Vgl. von Roessel, R., Führungskräfte-Transfer in internationalen Unternehmungen, Köln 1988, S. 65 ff, Kenter, M. E., Entsendung von Stammhausdelegierten, in: HWInt, hrsg. v. Macharzina, K. u. Welge, M. K., Stuttgart 1989, Sp. 1926 ff, Domsch, M., Lichtenberger, B., Der internationale Personaleinsatz, in: Führung von Mitarbeitern. Handbuch für erfolgreiches Personalmanagement hrsg. v. von Rosenstiel, L. u. Regnet, E. u. Domsch, M., Stuttgart 1991, S. 377 ff, Welge, M. K., Holtbrügge, D., Internationales Management, 3. Aufl., Stuttgart 2003, S. 206 f

4.2   Entsendungsprozess eines Delegierten des Stammhauses

Der Entsendungsprozess mit stammhausdelegierten Führungskräften in ausländische Toch-tergesellschaften sollte seitens des Unternehmens schon aus Imageaspekten und Kostengrün-den gut vorbereitet sein. Werden bei Investitionen in Anlagen und Gebäuden umfangreiche Analysen und Wirtschaftlichkeitsbetrachtungen angestellt, so erlebt man in der unternehme-rischen Praxis bei der Personalauswahl häufig intuitive Momententscheidungen ohne mittel-fristige Erfolgs- und Opportunitätskostenbewertung.

Die Betrachtung des Entsendungsprozess eines Delegierten des Stammhauses kann idealty-pisch in vier Phasen unterteilt werden: [269]

- Auswahlphase
- Vorbereitungsphase
- Einsatzphase
- Reintegrationsphase.

4.2.1   Auswahlphase

Basis für die Auswahl von Stammhausdelegierten bildet der Abgleich des spezifischen An-forderungsprofils der in einer ausländischen (Tochter-) Gesellschaft zu besetzenden Position und dem Eignungsprofil des Kandidaten. Im Einzelnen lassen sich folgende Auswahlkrite-rien unterscheiden:[270]

---

[269] Vgl. Marr, R., Schmölz, A., internationale Stellenbesetzung, in: HWInt, hrsg. v. Macharzina, K. u. Welge, M. K., Stuttgart 1989, Sp. 1977 f

[270] Vgl. von Roessel, R., Führungskräfte-Transfer in internationalen Unternehmungen, Köln 1988, S. 182 ff, Gloe-de, D., Strategische Personalplanung in multinationalen Unternehmungen Wiesbaden 1991, S. 191 f, Wirth, E., Mitarbeiter im Auslandseinsatz. Planung und Gestaltung, Wiesbaden 1992, S. 154 ff

- tätigkeitsbezogen-fachliche Kriterien,
- z.B. einschlägige Berufserfahrung, großes Entwicklungspotential, grundlegende Kenntnisse des Unternehmens,
- verhaltensbezogene Kriterien,
- z.B. Führungsqualifikation, Toleranz, Flexibilität, Kommunikationsfähigkeit, Selbständigkeit, emotionale Stabilität,
- interkulturell-umweltbezogene Kriterien,
- z.B. Auslandserfahrung, Anpassungs- und Einfühlungsvermögen in die spezifischen Gastlandbedingungen, interkulturelle Kompetenz, Kenntnis der jeweiligen Gastlandsprache bzw. die Bereitschaft, diese zu erlernen, [271]
- persönliche Kriterien,
- z.B. Alter, physische und psychische Belastbarkeit, familiäre und sonstige Bindungen, Einstellung des (Ehe-)Partners zum Auslandsaufenthalt.

Für den Abgleich des Anforderungsprofils mit dem Kandidatenprofil sollten allerdings aus Sicht des Unternehmens auch Aspekte mit herangezogen werden, die Überlegungen der Mitarbeiter zur Übernahme einer Leitungsposition in ausländischen Tochtergesellschaften betreffen, insbesondere: [272]

- die Motive,
- z.B. Wunsch nach Übernahme größerer Verantwortung, größerer Selbständigkeit und eines umfassenderen Aufgabenspektrums, Reiz einer neuen und fremden Umgebung, Verbesserung der beruflichen Qualifikation und der späteren Karrierechancen, bessere Bezahlung,
- die Vorbehalte,
- z.B. persönliche oder familiäre Gründe, wobei insbesondere dem Einfluss des (Ehe-) Partners eine große Bedeutung zukommt, Furcht vor zu großem Erfolgsdruck und vor einem möglichen Karriereknick nach der Rückkehr, psychische Distanz zu den politischen, wirtschaftlichen, klimatischen oder kulturellen Bedingungen im Gastland.

Bei der Auswahlpraxis besteht zwischen dem praktisch sinnvollem Vorgehen und der tatsächlichen Umsetzung häufig geringe Übereinstimmung: in vielen Unternehmen erfolgt die Orientierung an der bisher erbrachten fachlichen Leistung als primärem Auswahlkriterium.[273]

Beim Rückgriff auf vorliegende Leistungsbeurteilungen, die auf Tätigkeiten im Stammhaus beruhen, muss jedoch berücksichtigt werden, dass diese unter Bedingungen erfolgt sind, die

[271] Vgl. Holtbrügge, D., Personalmanagement multinationaler Unternehmungen in Osteuropa, Wiesbaden 1995, S. 141 ff

[272] Vgl. Kenter, M. E., Entsendung von Stammhausdelegierten, in: HWInt, hrsg. v. Macharzina, K. u. Welge, M. K., Stuttgart 1989, Sp. 1932 f, Marr, R., Schmölz, A., internationale Stellenbesetzung, in: HWInt, hrsg. v. Macharzina, K. u. Welge, M. K., Stuttgart 1989, Sp. 1974 ff, Macharzina, K., Auslandseinsatz von Mitarbeitern, in: HWP, 2. Aufl., hrsg. v. Gaugler, E. u. Weber, W., Stuttgart 1992, Sp. 536, Wirth, E., Mitarbeiter im Auslandseinsatz. Planung und Gestaltung, Wiesbaden 1992, S. 131 ff

[273] Vgl. Macharzina, K., Auslandseinsatz von Mitarbeitern, in: HWP, 2. Aufl., hrsg. v.Gaugler, E. u. Weber, W., Stuttgart 1992, Sp. 538

sich von denen in der ausländischen Tochtergesellschaft zu besetzenden Position möglicher-weise stark unterscheiden. Dieses Verfahren ist insofern kritisch zu sehen, da der Erfolg der Auslandtätigkeit weniger von aufgaben-bezogen-fachlichen Qualifikationen als vielmehr von verhaltensbezogenen und interkulturell-umweltbezogenen Kompetenzen abhängt. [274]

4.2.2 Vorbereitungsphase

Die Vorbereitung der zu entsendenden Mitarbeiter ist eng verknüpft mit der Auswahl. Dabei sollen in dieser Phase die während der Auswahlphase diagnostizierten Defizite ausgeglichen und den zukünftigen Delegierten die zur Ausübung ihrer zusätzlichen Aufgaben notwendi-gen Qualifikationen vermittelt werden. In dieser Phase der umfassenden Vorbereitung ist es empfehlenswert, die Familie, zumindest jedoch den Partner, des Delegierten mit einzubezie-hen, da familiäre Probleme zu den häufigsten Ursachen für das Scheitern von Auslandsent-sendungen zählen. [275]

Die Vorbereitung lässt sich in eine landesspezifische und eine landesübergreifende Vorberei-tung sowie in eine intellektuelle und eine erfahrungsbezogene Vorbereitung differenzieren. Im Rahmen der **landesspezifischen Vorbereitung** werden den zukünftigen Delegierten konkrete Hinweise für das Verhalten in einem bestimmten Land vermittelt.

Weiter gefasst ist die **landesübergreifende Vorbereitung**, die allgemeine „cultural aware-ness" und „self-awareness" bei den Kandidaten steigern soll. Während die **intellektuelle Vorbereitung** die Vermittlung von Kenntnissen im Vordergrund (kognitive Ebene), steht bei der **erfahrungsbezogenen Vorbereitung** eine Veränderung der Einstellungen. Werthaltun-gen und Verhaltensweisen (affektive Ebene) im Vordergrund. [276]

Die Vorbereitungsmaßnahmen für Stammhausdelegierte lassen sich nach Zielen und Inhalten klassifizieren und in der Praxis auch kombiniert einsetzen: [277]

---

[274] Vgl. Black, J. S., Gregersen, H. B., Mendenhall, J. C., Global Assignments, Succesfully Expatriating and Re-patriating International Managers, San Francisco 1992, S. 60 ff, Wirth, E., Mitarbeiter im Auslandseinsatz. Pla-nung und Gestaltung, Wiesbaden 1992, S. 157 Frauen kommt im Rahmen der Entsendung von Stammhausde-legierten nur eine sehr geringe Bedeutung zu, obwohl zahlreiche Untersuchungen auf deren höhere Mobilität, Motivation und vor allem interkulturelle Kompetenz hinweisen. Vgl. Domsch, M., Lichtenberger, B., Internati-onaler Einsatz weiblicher Führungskräfte, in: Internationales Personalmarketing. Konzepte- Erfahrungen- Per-spektiven, hrsg. v. Strutz, H. u. Wiedemann, K., Wiesbaden 1992, S. 98

[275] Vgl. von Keller, E., Management in fremden Kulturen, Bern und Stuttgart 1982, S. 538

[276] Vgl. Scherm, E., Internationales Personalmanagement, München und Wien 1995, S. 242 sowie Vgl. Eubel Kasper, K., Interkulturelle Kompetenz als strategischer Erfolgsfaktor, in: Kopper, E. Kiechl, R (Hrsg.), Globali-sierung – von der Vision zur Praxis, Zürich 1997, S. 139 ff und Keogh, A., Stategien für globales Lernen und globale Integration, in: Kopper, E. Kiechl, R (Hrsg.), Globalisierung von der Vision zur Praxis, Zürich 1997, S. 159 ff

[277] Vgl. Kirchhofer, R.G., Assessment vor dem Koffer-Packen, in: Kopper, E. Kiechl, R (Hrsg.), Globalisierung von der Vision zur Praxis, Zürich 1997, S. 45 ff und Gollnick, D., Kulturspezifische Auslandsvorbereitung, in: Kopper, E. Kiechl, R (Hrsg.), Globalisierung – von der Vision zur Praxis, Zürich 1997, S. 65 ff

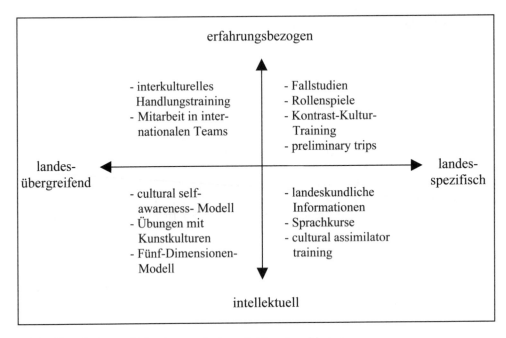

erfahrungsbezogen

- interkulturelles   - Fallstudien
  Handlungstraining   - Rollenspiele
- Mitarbeit in inter-   - Kontrast-Kultur-
  nationalen Teams   Training
                           - preliminary trips

landes-   landes-
übergreifend   spezifisch

- cultural self-   - landeskundliche
  awareness- Modell   Informationen
- Übungen mit   - Sprachkurse
  Kunstkulturen   - cultural assimilator
- Fünf-Dimensionen-   training
  Modell

intellektuell

Abb. 24: Klassifikation von Vorbereitungsmaßnahmen für Stammhausdelegierte
Quelle: Welge, M. K., Holtbrügge, D., Internationales Management, 3. Aufl., Stuttgart 2003, S. 214

Die intellektuell-landesspezifische Vorbereitung:

Die Vermittlung kurzer und allgemeiner Informationen über das Gastland sowie Einführungs- bzw. Auffrischungskurse der Gastlandsprache stehen hier im Vordergrund. Bei dieser Art der Vorbereitung kann beispielsweise auch das „cultural assimilator training" Bestandteil sein: die Teilnehmer werden mit landestypischen interkulturellen Problemsituationen konfrontiert und sollen sich für eine von mehreren vorgegebenen Handlungsmöglichkeiten oder Erklärungen des geschilderten Verhaltens ihrer potentiellen inländischen Interaktionspartner entscheiden. [278]Letztlich kann diese Methode jedoch nur eine erste Orientierung für kürzere Auslandseinsätze in verwandten Kulturen geben, da sie auf einen rein intellektuellen Zugang zu fremden Kulturen beschränkt ist.[279]

Die erfahrungsbezogen-landesspezifische Vorbereitung:

Vorzugsweise unter Einsatz unternehmensspezifischer Fallstudien und Rollenspiele (z.B. unter Teilnahme von Auslandsrückkehrern oder Interaktionspartner des jeweiligen Landes), sollen die zukünftigen Delegierten auf

---

[278] Vgl. Fiedler, F. E., Mitchell, T., Triandis, H. C., The Cultural Assimilator: An Approach to Cross-Cultural Training, in: Journal of Applied Psychology, Vol. 55, 2, 1971, S. 95-102

[279] Vgl. Scherm, E., Internationales Personalmanagement, München und Wien 1995, S. 244

- die politischen, wirtschaftlichen und insbesondere soziokulturellen Bedingungen des Gastlandes,
- das Verständnis der landesspezifischen Besonderheiten und der kulturbedingten Verhaltensweisen von Geschäftspartnern und Mitarbeitern und
- die adäquate Anpassung des eigenen Verhaltens

vorbereitet werden (contrast culture training).

Eine stärkere erfahrungsbezogene Vorbereitung sind kurze Informationsreisen (preliminary trips) zur zukünftigen Arbeitsstätte, mit der Möglichkeit, bereits erste unmittelbare Eindrücke des zukünftigen Arbeitsumfelds zu gewinnen und persönliche Kontakte zu knüpfen.[280]

Die intellektuell-landesübergreifende Vorbereitung:

Bei diesen Trainings kommt dem cultural self-awareness-Modell eine große Bedeutung zu. Dies basiert auf der Annahme, dass zum Verständnis fremder Kulturen zunächst die Kenntnis der eigenen kulturbedingten Werthaltungen, Stereotypen und Verhaltensweisen notwendig ist. Es erfolgt die Bewusstmachung der eigenen Kultur und die kulturelle Sensibilisierung für andere Kulturen.

Die erfahrungsbezogen-landesübergreifende Vorbereitung:

Das Ziel der Erweiterung der interkulturellen Kompetenz mit kulturangepassten Erkenntnis- und Verhaltensleistungen der Mitarbeiter soll durch

- die Mitarbeit des Kandidaten in internationalen Teams sowie
- das interkulturelle Handlungstraining, das die Teilnehmer durch den kombinierten Einsatz unterschiedlicher Methoden erfahren,

erreicht werden.[281] Diese Vorbereitungsmaßnahmen erfordern einen hohen Zeitaufwand, da sie auf der Ebene der nur schwer veränderbaren Grundeinstellungen und Werthaltungen ansetzen, und eine hohe Bereitschaft der Teilnehmer erfordern, sich mit ihrer eigenen Persönlichkeit auseinanderzusetzen.

4.2.3　Einsatzphase

Im Rahmen des Entsendungsprozess mit stammhausdelegierten Führungskräften ist vor der eigentlichen Einsatzphase der Arbeitsvertrag den veränderten Bedingungen im Ausland anzupassen bzw. ein neuer Arbeitsvertrag zu schließen. Dabei sind sowohl arbeits-, sozialversicherungs- und steuerrechtlichen Aspekte[282] als auch Regelungen zur Entgeltgestaltung zu berücksichtigen. Dem Gesichtspunkt einer möglichst hohen Entgeltgerechtigkeit sollte bei

---

[280] Vgl. Black, J. S., Gregersen, H. B., Auslandseinsätze: Was sie erfolgreich macht, HARVARD BUSINESS MANAGER, Nr. 6, 1999, S. 103 ff

[281] Vgl. Thomas, A., Hagemann, K., Training interkultureller Kompetenz, in: Interkulturelles Management, hrsg. v. Bergemann, N., Sourisseaux, A. L. J., 2 Aufl., Heidelberg 1996, S. 173-199

[282] Vgl. Wacker, W. H., Steuerliche Probleme bei der Entsendung von Führungskräften ins Ausland, in: Handbuch Internationales Führungskräfte-Management, hrsg. v. Macharzina, K., Wolf, J., Stuttgart et al 1996, S. 421-439

der Entgeltgestaltung Rechnung getragen und weitest gehend die gleichen Kriterien wie in der Muttergesellschaft angewandt werden.[283]

Bei der Gestaltung des Entgelts wird sich in aller Regel an den folgenden Komponenten orientiert:

- das Basisgehalt,
- eine variable, an den strategischen Zielen der Unternehmung orientierte Leistungs- bzw. Erfolgszulage, sowie eine Reihe von Zulagen, je nach Gastland und Entsendungsdauer, die der Kompensation entsendungsbedingter zusätzlicher Belastungen und finanzieller Nachteile dienen und die zwischen 10 und 50 Prozent des Basisgehalts betragen können.[284]

Die Art der Entgeltfindung bei Auslandseinsätzen kann jedoch zu Problemen führen.[285] Zwischen unterschiedlichen Gastländern existieren teilweise sehr große Einkommensdifferenzierungen in den Augen potentieller Entsendungskandidaten, die zu einer subjektiven Differenzierung in finanziell attraktive und unattraktive Länder führen können. Diese subjektiven Differenzierungen lassen individuelle Entsendungspräferenzen entstehen, die der unternehmungspolitischen Bedeutung der jeweiligen Länder möglicherweise entgegenstehen. Das Bestreben vieler Delegierter besteht darin, ihren Auslandseinsatz zu verlängern, und wenn dies nicht durchsetzbar ist, das entsendende Unternehmen zu verlassen, um eine Position in einem anderen Unternehmen in dem betreffenden Land anzunehmen.[286]

Bei der Festlegung der Entsendungsdauer wird überwiegend ein Zeitraum von drei bis fünf Jahren als optimal angesehen, da in dieser Zeit einerseits eine effektive Tätigkeit in der Tochtergesellschaft möglich ist und sich andererseits die Organisationsstrukturen in der Muttergesellschaft noch nicht so stark ändern, dass gravierende Probleme bei der Repatriierung zu erwarten sind. Dabei wird es als vorteilhaft angesehen, zunächst eine bestimmte Dauer im Entsendungsvertrag zu fixieren, statt einer unbefristeten Vertragsvariante, mit Unsicherheit des Mitarbeiters über die eigenen Dispositionsmöglichkeiten, den Vorrang zu geben.[287]

---

[283] Vgl. Toyne, B., Kühne, R. J., The Management of the International Executive Compensation and Benefit Process, in: JIBS, Vol. 4, 4,1983, S. 37-50

[284] Vgl. Wirth, E., Mitarbeiter im Auslandseinsatz. Planung und Gestaltung, Wiesbaden 1992, S. 229

[285] Vgl. Mayrhofer, W., Entgeltfindung bei Auslandseinsätzen- Konzepte und Problemlösungen, in: Handbuch Internationales Führungskräfte-Management, hrsg. v. Macharzina, K., Wolf, J., Stuttgart et al 1996, S. 367 f

[286] Vgl. Borg, M., Harzing, A.- W., Karrierepfade und Effektivität internationaler Führungskräfte, in: Handbuch Internationales Führungskräfte-Management, hrsg. v. Macharzina, K., Wolf, J., Stuttgart et al 1996, S. 290

[287] Vgl. Welge, M. K., Holtbrügge, D., Internationales Management, Stuttgart 2003, S. 203 ff

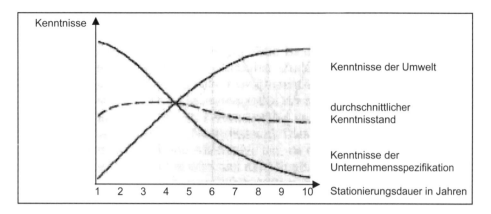

*Abb. 25: Idealtypischer Zusammenhang zwischen Entsendungsdauer und **Entwicklung der Unternehmungs- und Umweltkenntnisse***
Quelle: Welge, M. K., Holtbrügge, D., Internationales Management, 3. Aufl., Stuttgart 2003, S. 222

Nicht zuletzt müssen im Entsendungsvertrag die Aufgaben und Kompetenzen des Delegierten detailliert festgelegt werden. Stammhausdelegierte können den Konflikt zwischen der Notwendigkeit der Anpassung an die Bedingungen des jeweiligen Gastlandes und der Durchsetzung der strategischen Ziele der Muttergesellschaft nur dann lösen, wenn ihnen eine relativ hohe Autonomie eingeräumt wird, sie sich aber gleichzeitig ausreichend durch die Muttergesellschaft unterstützt fühlen. Sowohl eine als zu gering empfundene Unterstützung als auch eine zu große Einflussnahme wirken sich negativ auf den Erfolg der Entsendung aus.[288]

Die Betreuung durch die Muttergesellschaft sollte neben einer umfassenden fachlichen Unterstützung insbesondere die ständige Kommunikation mit einem Senior-Manager, Mentoren oder Paten, regelmäßige Information über wichtige Entwicklungen in der Muttergesellschaft, Informationsaufenthalte in der Muttergesellschaft sowie Fortbildungsmaßnahmen umfassen.[289] Enge Kontakte zur Muttergesellschaft gewinnen vor allem dann an Bedeutung, wenn der Reiz der Touristenperspektive nachlässt, die psychische Distanz zum

Gastland ihren Höhepunkt erreicht und gleichzeitig die Verbundenheit zur Muttergesellschaft und zum Heimatland erheblich abnimmt.[290]

---

[288] Vgl. Holtbrügge, D., Personalmanagement multinationaler Unternehmungen in Osteuropa, Wiesbaden 1995, S. 255 ff

[289] Vgl. von Roessel, R., Führungskräfte-Transfer in internationalen Unternehmungen, Köln 1988, S. 200 ff und Domsch, M., Lichtenberger, B., Der internationale Personaleinsatz, in: Führung von Mitarbeitern. Handbuch für erfolgreiches Personalmanagement hrsg. v. von Rosenstiel, L., Regnet, E. und Domsch, M., Stuttgart 1991, S. 383

[290] Vgl. Welge, M. K., Holtbrügge, D., Internationales Management, Stuttgart 2003, S. 203ff und Vgl. Kopper,E., Was ist Kulturschock und wie gehe ich damit um?, in: Kopper, E. Kiechl, R (Hrsg.), Globalisierung – von der Vision zur Praxis, Zürich 1997, S. 31ff

4.2.4   Reintegrationsphase

Eine rechtzeitige und umfassende Reintegrationsplanung ist unerlässlich, da die Rückkehr und Wiedereingliederung oftmals ein zentrales Problem der Entsendung von Stammhausdelegierten darstellt. So klagen beispielsweise viele Entsandte über einen ausgeprägten Kontra-Kulturschock, ausgelöst vor allem durch den Verlust von Verantwortung, einen häufig zu beobachtenden Karriereknick sowie persönliche Anpassungsprobleme. [291] Die Zielsetzung der Reintegrationsplanung ist die Steigerung der Arbeitszufriedenheit von Stammhausdelegierten und mit diesem Beispiel qualifizierte Mitarbeiter zu einem Auslandseinsatz zu motivieren.[292]

Die Reintegrationsplanung sollte folgende Komponenten umfassen:[293]

- die systematische Unterrichtung der Delegierten über alle wichtigen unternehmensinternen Veränderungen,
- die Unterstützung bei der Bewältigung der insbesondere nach längeren Auslandsaufenthalten auftretenden beruflichen und privaten Probleme sowie
- die zeitgerechte Bereitstellung einer den Erwartungen und Qualifikationen des Delegierten entsprechenden Stelle.

Insbesondere die zeitgerechte Bereitstellung einer den Erwartungen und Qualifikationen des Delegierten entsprechenden Stelle stellt die betroffenen Unternehmen vor ein Entscheidungsproblem mit unterschiedlichen Alternativen und Frustrationspotentialen bei den betroffenen Rückkehrern.

---

[291] Vgl. Kumar, B. N., Personalpolitische Herausforderung für im Ausland tätige Unternehmen, in: Exportnation Deutschland, hrsg. v. Dichtl, E., Issing, O., 2 Aufl., München 1992, S. 331 ff

[292] Vgl. Black, I. S., Gregersen, H. B., Auslandseinsätze: was sie erfolgreich macht, HARVARD BUSINESS MANAGER, Nr. 6 1999, S. 110 ff

[293] Vgl. Weber, W., Festing, M., Wiedereingliederung entsandter Führungskräfte-Idealtypische Modellvorstellungen und realtypische Handhabungsformen, in: Handbuch Internationales Führungskräfte Management, hrsg. v. Macharzina, K., Wolf, J., Stuttgart et al 1996, S. 455-479

Das Interesse hält nur fünf Minuten an

Auslandsmitarbeiter haben bei der Rückkehr mit der Heimat zu kämpfen – beruflich und privat

„Ich bin nicht verrückt- oder etwa doch?" fragt die Nutzerin eines Internetforums verzweifelt. Nach vielen Arbeitsjahren in Japan, London und Hongkong war die Heimat bei der Rückkehr fremd, die Begrüßung kühl bis abweisend. Die Arbeitssuche gestaltete sich trotz dreier fließend gesprochener Sprachen schwierig, und der große Erfahrungsschatz aus den verschiedenen Ländern schien plötzlich wertlos. Auch Jahre nach ihrer Rückkehr fühlt sich die Frau noch fremd.

„Die Rückkehr ist das Schwierigste am Auslandseinsatz", sagt Ian Mann, Geschäftsführer von ECA International, einem Beratungsunternehmen, das international tätige Unternehmen beim Management der so genannten „Expatriates" berät. Wer als Mitarbeiter eines Unternehmens für mehrere Jahre ins Ausland geht, bereitet sich meist gründlich vor: Sprache, Sitten, Wohnmöglichkeiten werden genau erkundet, der neue Posten im anderen Land ist oft ein Fortschritt in der Laufbahn. Steht die Rückkehr an, waltet weniger Sorgfalt. Und so erleiden viele Heimkehrer das, was die Amerikaner „reverse culture shock" getauft haben, den umgekehrten Kulturschock. Sie selbst sind nicht mehr dieselben, die Heimat hat sich verändert, und im Beruf läuft auch vieles anders als erwartet.

„Kulturschock ist das richtige Wort", sagt ein IT-Spezialist aus Süddeutschland, der mit Frau und Sohn für dreieinhalb Jahre im Staat New York war und nicht genannt werden möchte. Von der lieblosen Verkäuferin im Supermarkt über die halb so große Parklücke bis hin zu den kleinen Ortschaften mit ihren engen Straßen reicht die neue Fremdheit. Der Heimkehrer schreckt auf, wenn der Vordermann die Tür achtlos zufallen lässt. „Die Leute kommen einem kühl vor", sagt er.

China, Marokko, Finnland und Schweden hat Brigitte Hild in 13 Jahren Leben im Ausland kennen gelernt. Zuerst als Berufstätige, später als Ehefrau und Mutter. Als sie nach Deutschland zurückkehrte, brauchte sie länger als ein Jahr, um sich wieder richtig heimisch zu fühlen. „Als Faustregel kann man sagen: Es braucht etwa ein Jahr, bis man wieder richtig angekommen ist. Dann hat man alle wichtigen Termine wie Geburtstage einmal erlebt." Das sagt sie heute als Expertin, denn schon während ihrer Zeit im Ausland beschäftigte sie sich mit den Problemen des Entsandtendaseins. Nach ihrer Rückkehr gründete sie die Agentur „Going Global" in Kronberg im Taunus, in der sie Auslandsmitarbeiter online berät und betreut.

Zwar schenken sowohl Unternehmen als auch die Entsandten selbst der Frage wie es in der Heimat weitergeht, inzwischen mehr Aufmerksamkeit. Dennoch sagt Brigitte Hild: „Das Thema Rückkehr wird immer noch vernachlässigt." Dabei kann die Vorbereitung auf die Rückkehr gar nicht früh genug beginnen. Und Hild sieht dabei zunächst einmal eine „Bringschuld" des Mitarbeiters: „Man muss PR in eigener Sache machen." Das bedeutet: Bei jeder Heimreise, auch beim privaten Weihnachtsurlaub, im Unternehmen vorbeizuschauen. Es bedeutet, sich auch vom Ausland aus ins Gespräch zu bringen und auf die eigenen Leistungen aufmerksam zu machen.

„Stay in touch" heißt das Motto für den Beruf genauso wie für das Privatleben. Das gelingt allerdings nicht immer. Dann kommen die Familien aus der Fremde zurück, wollen von ihren tollen Erfahrungen und Erlebnissen erzählen- und stoßen auf taube Ohren. „Das Interesse der Daheimgebliebenen dauert fünf Minuten" sagt Christine Postl trocken. Sie leitet die Abteilung „Cross Cultural Training" bei Berlitz. Die Auslandserfahrungen der Heimgekehrten wirken auf diejenigen, die nicht weg waren, fremd und nicht nachvollziehbar; der Erzähler wirkt wichtigtuerisch. Umgekehrt erscheinen Menschen ohne Auslandserfahrung dem ehemaligen Entsandten provinziell und langweilig.

Auf Erfahrungen wie das Desinteresse werden Entsandte bei Berlitz in „Relocation"-Seminaren vorbereitet. Acht bis zehn Prozent der Seminare aus dem interkulturellen Bereich machten in Deutschland die Rückkehrer-Seminare aus, schätzt Postl. In den zweitägigen Seminaren sollen der Entsandte und seine Familie zunächst berichten, welche Erwartungen sie an die Heimat haben. Diese werden dann mit dem tatsächlich zu Erwartenden abgeglichen. „Je offener der Coach die Rückkehrer darauf vorbereitet, dass sie häufig auf Gleichgültigkeit und gelegentlich sogar auf Ablehnung stoßen können, desto geringer ist später die Enttäuschung."

Nicht immer gelingt das: Wer von der fremd gewordenen Heimat oder der ungewohnten Enge im Beruf enttäuscht ist, sucht sich schnell den nächsten Posten im Ausland. Und so springen einige „Expats", wie sie sich familiär nennen, von einem Auslandsengagement zum nächsten. Denn oft tun sich gerade die, die in fremden Ländern gut zurechtkommen, mit der Heimat schwer. Die Offenheit und die Fähigkeit, auf andere einzugehen, bringen sie nicht mit nach Deutschland zurück. „In dem Moment, wo es nach Hause geht, schnappen die alten Erwartungen zu: Heimat ist Heimat", sagt Christine Postl.

Abb. 26: Die Probleme der Auslandsmitarbeiter bei der Rückkehr mit der Heimat
Quelle: Baumann, N., Das Interesse hält nur fünf Minuten an, FAZ, Nr. 36, 11. 02. 2006, S. 61

Folgende Varianten des Stellenangebots werden bei der Reintegration von Delegierten in der betrieblichen Praxis umgesetzt: [294]

- Angebot entweder der gleichen oder einer vergleichbaren Position, die der Delegierte vor der Auslandsentsendung eingenommen hat.
  Hier besteht allerdings meist das Problem, dass
  - diese Position inzwischen zumeist bereits mit einem anderen Mitarbeiter besetzt wurde und
  - der nicht erfolgte hierarchische Aufstieg aus Sicht des Rückkehrers wahrscheinlich als Karriereknick empfunden wird.
- Angebot einer Position, die diejenigen Mitarbeiter in der Zwischenzeit erreicht haben, die vor der Entsendung die gleiche hierarchische Position wie der Entsandte innehatten und in der Muttergesellschaft verblieben sind. Diese Variante ist wegen unterschiedlicher Karriereverläufe meist nur schwer durchführbar und belohnt die Bereitschaft zur Auslandsentsendung nicht angemessen.
- Angebot einer Position, die derjenigen in der ausländischen Tochtergesellschaft hinsichtlich Aufgabe, Verantwortung und Bezahlung vergleichbar ist. Diese Variante wird dadurch eingeschränkt, dass i.d.R. nur sehr wenige derartige Positionen verfügbar sind, stellt aus der Sicht des Rückkehrers zumeist die beste Alternative dar, da dessen Bereitschaft zur Auslandsentsendung belohnt wird.
- Schaffung einer neuen Stelle, die derjenigen in der ausländischen Tochtergesellschaft zwar hinsichtlich Vergütung, nicht jedoch hinsichtlich Aufgabe und Verantwortung vergleichbar ist. Diese Alternative ist sowohl aus Sicht des Unternehmens als auch des Mitarbeiters unbefriedigend, da sie mit dem weitgehenden Verzicht auf die Nutzung der im Ausland erworbenen Erfahrungen verbunden ist.
- Verschiebung des Repatriierungsproblems durch die erneute Entsendung des Mitarbeiters in eine andere Tochtergesellschaft. Bei diesem Verfahren ist das Problem bei der Entsendung von Mitarbeitern, die kurz vor ihrer Pensionierung stehen und nach Beendigung des Auslandseinsatzes in den Ruhestand treten werden gelöst, im anderen Falle jedoch nur aufgeschoben.

Eine empirische Längsschnittstudie von Führungskräften belegt, dass die Problematik der Reintegration vor allem vom Grad der kulturellen Anpassung des Stammhausdelegierten an das Herkunfts- bzw. Gastland abhängig ist. Im Rahmen dieser Studie wurde eine Typologie von Stammhausdelegierten entwickelt, die einen weiteren Ansatzpunkt bei der Gestaltung der Reintegration darstellen kann, und vier Typen beschreibt:[295]

- Eingebürgerte (naturalized) Führungskräfte, gekennzeichnet durch
  - einmalige Entsendung und
  - schnelle Assimilierung an die Bedingungen im Gastland, mit Tendenz nach ihrer Entsendung dort zu verbleiben bzw. ihre Entsendungsdauer zu verlängern.

---

[294] Vgl. Welge, M. K., Holtbrügge, D., Internationales Management, Stuttgart 2003, S. 203ff

[295] Vgl. Borg, M., International Transfer of Managers in Multinational Corporations, Stockholm 1988

Bei diesem Stammhausdelegierten-Typus tritt das Problem der Reintegration nicht auf, allerdings findet nur ein sehr begrenzter Transfer der im Ausland erworbenen Erfahrungen in andere Unternehmenseinheiten statt.

- Lokale (locals) Führungskräfte sind diejenigen, die nach einer einmaligen Auslandsentsendung wieder in die Muttergesellschaft zurückkehren und dort verbleiben. Dieser Typus besitzt die größte Bedeutung und zeichnet sich u.a. durch zumeist intensive Beziehungen zur Muttergesellschaft während des Auslandseinsatzes aus. Die Reintegration bereitet nur geringe Probleme, allerdings assimilieren sich diese Führungskräfte schnell an die Bedingungen in der Muttergesellschaft mit dem Effekt, dass deren Auslandserfahrungen nur in einem sehr geringen Maße zur Personal- und Organisationsentwicklung beitragen.

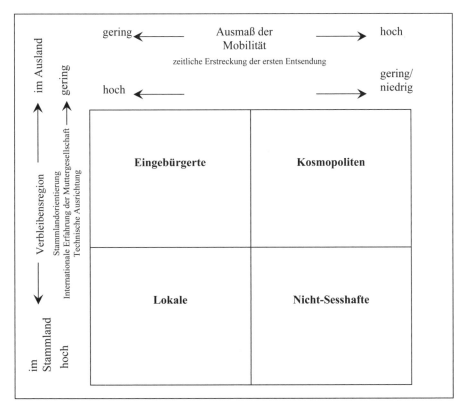

Abb. 27: Typologie von Stammhausdelegierten
Quelle: Borg, M., Harzing, A.-W., Karrierepfade und Effektivität internationaler Führungskräfte, in: Handbuch Internationales Führungskräfte-Management, hrsg. v. Macharzina, K., Wolf, J., Stuttgart et al 1996, S. 289

Nicht-Sesshafte (unsettled) Führungskräfte zeichnen sich dadurch aus, dass sie erst nach zwei oder drei häufig aufeinander folgenden Auslandsentsendungen wieder in ihr Herkunftsland zurückkehren. Dieser Stammhausdelegierten-Typus, der relativ selten vorkommt, zeigt meist schon während der frühen Karrierephase eine hohe internationale Mobilität. Aufgrund der hohen Entsendebereitschaft werden Nicht-Sesshafte Führungskräfte jedoch häufiger und länger in ausländische Tochtergesellschaften entsandt als es aus Gründen der Personal- und Organisationsentwicklung notwendig wäre. Es verwundert nicht, dass Nicht-Sesshafte deshalb häufig die größten Reintegrationsprobleme verursachen.

Führungskräfte, die mehrere Auslandseinsätze absolvieren und anschließend im Ausland verbleiben oder das Unternehmen verlassen, werden als Kosmopoliten (cosmopolitians) bezeichnet. Sie sind häufig durch eine weniger starke Loyalität zur Muttergesellschaft geprägt, aufgrund ihres ausgeprägten Beziehungsnetzwerkes zu Mitarbeitern innerhalb und außerhalb des Unternehmens tragen sie jedoch in einem hohen Maße zur Organisationsentwicklung bei. Wenig Relevanz hat für diesen Führungskräfte-Typus das Problem der Repatriierung.

4.3   Erfolgskomponenten eines Auslandseinsatzes

Zusammenfassend lassen sich mehrere endogene und exogene Faktoren identifizieren, die abhängig vom jeweiligen Entsendungsziel für den Erfolg des Auslandseinsatzes von Stammhausdelegierten verantwortlich sind.

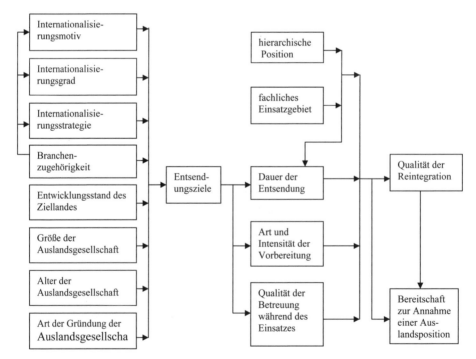

Abb. 28: Erfolgsfaktoren des Auslandseinsatzes von Stammhausdelegierten.
Quelle: Wirth 1992, S. 162 und Welge, M. K., Holtbrügge, D., Internationales Management, 3. Aufl., Stuttgart 2003, S. 229

In der Unternehmenspraxis werden diese Erfolgsfaktoren nur selten in einem ausreichenden Maße berücksichtigt. So dominieren bei der Auswahl von Stammhausdelegierten in vielen Unternehmen die tätigkeitsbezogen-fachlichen und vor allem persönlichen Kriterien und weniger die verhaltensbezogenen oder interkulturell-umweltbezogenen Kriterien.[296] Auch wird die Auswahl geeigneter Stammhausdelegierter vielfach durch erhebliche Vorbehalte der Mitarbeiter erschwert, die eine Tätigkeit im Ausland weniger als persönliche Herausforderung und unverzichtbare Aufstiegsvoraussetzung, sondern als "Strafversetzung" oder "Härtetest" und damit als "Sackgasse" für die eigene Karriere empfinden. Häufig werden deshalb Mitarbeiter ins Ausland entsandt, denen gleichwertige Positionen in der Muttergesellschaft nicht angeboten würden. Aufgrund der vielfach wenig systematischen Entsendungsplanung sind darüber hinaus die Vorbereitung und Betreuung während des Auslandseinsatzes häufig unzureichend. Schließlich findet eine systematische und rechtzeitige Reintegrationsplanung meist nur in Ausnahmefällen statt.

Das Ergebnis ist eine entsprechend hohe Zahl von Stammhausdelegierten, die vor Abschluss der ursprünglich vorgesehenen Zeit wieder in die Muttergesellschaft zurückkehren. Als Rechtfertigung für einen vorzeitigen Abbruch von Auslandsentsendungen werden insbesondere persönliche, gesundheitliche und familiäre Gründe genannt. [297]

---

[296] Vgl. Black, I. S., Gregersen, H. B., Auslandseinsätze: was sie erfolgreich macht, HARVARD BUSINESS MANAGER, Nr. 6 1999, S. 104

[297] Vgl. Kiechl, R., Interkulturelle Kompetenz, in: Kopper, E. Kiechl, R (Hrsg.), Globalisierung – von der Vision zur Praxis, Zürich 1997, S. 11 ff und Welge, M. K., Hltbrügge, D., Internationales Management, 3. Aufl., Stuttgart 2003, S. 224 ff

5   Ausgewählte Strategien zur Sicherung von Absatz- und Beschaffungsmärkten in der Praxis: Beispiel China

5.1   Ausgewählte Aspekte des chinesischen Marktes

5.1.1   Relevante Marktdaten

Das BIP Chinas ist in den Jahren 2001 und 2002 um 7,3 und 7,0 % gewachsen. Für 2003 werden sogar 7,6 % Wachstum erwartet. Zum Vergleich: Das Wachstum des deutschen BIP lag in 2002 nur bei rund 0,2 %, in 2001 bei 0,6 %.[298] Für 2003 sind laut dem Deutschen Institut für Wirtschaftsforschung nur 0,6 % möglich:[299]

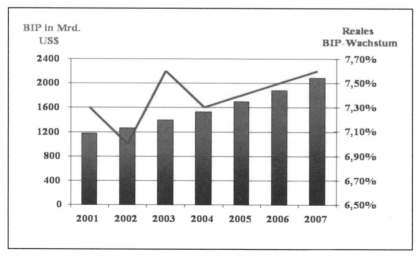

Abb. 29: Entwicklung des realen BIP

---

[298] http://www.bmwi.de/Homepage/download/wirtschaftspolitik/Wikurzinfo.pdf, 20.02.2003.

[299] http://www.spiegel.de/wirtschaft/0,1518,229812,00.html, 20.02.2003.

Das hohe Wachstum des BIP in China wirkt sich stark auf die Kaufkraft aus. Abbildung 30 zeigt die Auswirkungen des starken BIP Wachstums am Beispiel des Automobilmarktes in China.

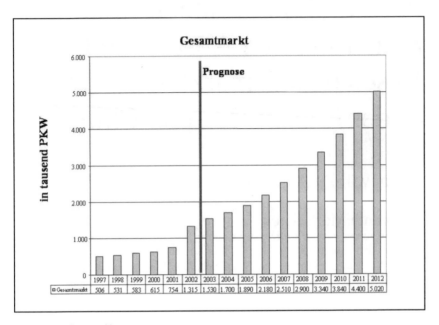

Abb. 30: Marktentwicklung

Im Vergleich zu 754 Tausend PKW im Jahr 2001 verdoppelte sich das Gesamtmarktvolumen auf rund 1,3 Millionen Fahrzeuge im Jahr 2002. Der Anteil von Privatfahrzeugen am chinesischen Gesamtmarkt erhöhte sich gleichzeitig von 15 % im Jahr 2001 auf 40 % im Jahr 2002. Die Quelle der explosionsartigen Entwicklung des chinesischen Automobilmarktes ist damit die schlagartige Erhöhung des Privatkundenanteils. Die Mehrheit der verkauften Fahrzeuge entfällt aber immer noch auf die aus der Privatwirtschaft oder der öffentlichen Verwaltung stammenden institutionellen Kunden. Zum Vergleich: weltweit beträgt der Anteil der Privatkunden im Durchschnitt 80 %. Aber auch andere Umstände unterstützen die rasante Marktentwicklung. Der Beitritt Chinas zur WTO im Jahr 2002 sorgt für mehr Wettbewerb und fallende lokale Automobilpreise. Dabei schafft der schrittweise Abbau von Zöllen auf importierte Fahrzeugkomponenten Spielräume bei der Preisgestaltung lokal hergestellter Fahrzeuge.

Neben den beschriebenen Stärken verbergen sich im chinesischen Markt aber auch Schwächen, die schwer zu kalkulieren sind. Das Wirtschaftswachstum lässt sich nicht, wie auf dem 16. Parteitag der kommunistischen Partei Chinas geschehen, beschließen.[300] Viel hängt für

---

[300] Durchschnittliche Wachstumsrate bis 2020 mit der Zielsetzung des 16. Parteitags vom 08.-15.11. 2002 in Beijing: 7,2 % pro Jahr.

die exportorientierte Wirtschaftsmacht China von der Entwicklung der Volkswirtschaften Europas und Amerikas ab. Gehen die Exporte zurück, hat das Auswirkungen auf die Inlandsnachfrage und damit auch auf die Nachfrage nach Automobilen.

Das Bankwesen ist durch so genannte faule Kredite[301] schwer belastet. „Selbst der Gouverneur der Zentralbank gibt zu, dass sich die [Staats-]Verschuldung [für das Jahr 2001] auf rund 60 % des BIP beliefe, rechnete man die faulen Kredite der Staatsbanken, die Verschuldung der Lokalregierungen und die Kosten zur Sanierung des Sozialversicherungssystems hinzu. Fachleute schätzen die Verschuldung sogar auf gegen 100 % des BIP.“[302] Staatliche Banken sind verpflichtet, ineffizienten staatlichen Unternehmen Kredite zur Absicherung der Lohnzahlungen und der Fixkosten einzuräumen, bis eine durch die Provinzregierung, das Wirtschaftsministerium oder durch andere öffentliche Stellen gefällte Entscheidung die Unternehmen zur Aufgabe zwingt.

In den ländlichen Regionen Chinas kommt es vermehrt zu Unruhen in der Bevölkerung, ausgelöst durch den an der Landbevölkerung vorbeiziehenden Wohlstand der Küstenregionen.[303] Die Arbeitslosenquote der städtischen Bevölkerung liegt für 2002 offiziell bei 4 %. Nach Schätzungen der asiatischen Entwicklungsbank liegt die städtische Erwerbslosenquote bei 8,5 %, die ländliche Arbeitslosigkeit und Unterbeschäftigung beläuft sich sogar auf 30 %.[304]

Die Infrastruktur ist bei weitem nicht so ausgebaut, wie es in den Küstenstädten den Anschein hat. Gemäß dem 10. Fünfjahresplan (2001-2005) wird die gesamte Länge der Straßen in China 1,6 Millionen km betragen, einschließlich 25000 km Autobahn. Die Dichte der Straßen wird sich dann auf 16,7 km pro km² belaufen. 99,5 % der Kommunen und 93 % der Dörfer werden an das Straßennetz angeschlossen sein. Im Jahr 2002 hat sich der Markt nicht nach Plan verhalten und wuchs überproportional auf rund 1,3 Millionen Fahrzeuge an.

Fehlende Rohstoffquellen, wie z.B. kaum eigene Ölvorkommen und eine bis an die Grenzen gehende Ausbeutung der Umwelt, sind ebenfalls Risiken für den chinesischen Automobilmarkt.

5.1.2   Bildungsmarkt China

Im Bereich der personalpolitischen Entscheidung von der Entwicklung von Programmen zur Personalauswahl bis hin zur Personalbindung sowie über das Anbieten von Trainingskursen und MBA Programmen ist es empfehlenswert sich mit dem chinesischen Bildungssystem zu befassen: es unterscheidet sich in seiner Art grundlegend vom deutschen Bildungssystem.

---

[301] I.S.v. Krediten, die von Unternehmen geliehen wurden und die diese nicht mehr tilgen können.

[302] China Wirtschaftsbericht 2001, http://www.miprox.de/Sonstiges/China.html, 20.02.2003.

[303] Chinas Wirtschaft auf gefährlichem Kurs, in: Handelsblatt, 06.03.2003, S. 35.

[304] http://www.deutschebotschaft-china.org/de/wirtschaft/info_zahlen/ statistischedaten2001.htm# Bevoelkerung, 08.03.2003.

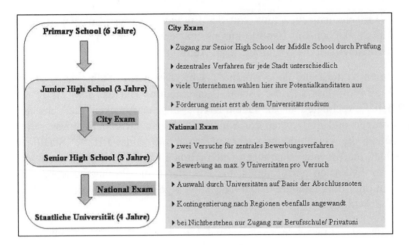

Abb. 31: Der Aufbau des chinesischen Bildungssystems

Das Schulbildungssystem baut von Anfang an einen hohen Leistungsdruck bei den Schülern auf, der bis zum Universitätsabschluss anhält. Wer studieren will, muss zuerst das City Exam bestehen, um die Senior High School besuchen zu können. Das Universitätsstudium ist damit aber nicht garantiert. Die staatlichen Universitäten wählen ihre Studenten nach den besten Abschlussnoten aus. Durch die große Konkurrenz unter den Schulabgängern ist es vielen unmöglich, an einer guten Universität zugelassen zu werden bzw. überhaupt einen staatlichen Studienplatz zu finden. Für sie bleibt nur das Studium an einer privaten Universität, sofern sie das Studium selbst finanzieren können. Aus diesem Grund haben private Universitäten, und MBA-Anbieter in China einen schlechten Ruf. Ein erkaufter Abschluss ist weit weniger wert, als ein Abschluss an einer staatlichen und möglichst renommierten Universität.

Gerade weil der chinesische Bildungsmarkt sehr vielfältig und im MBA-Bereich unüberschaubar ist, kann er grob in fünf relevante Kernbereiche mit ihren Schwerpunkten eingeteilt werden.

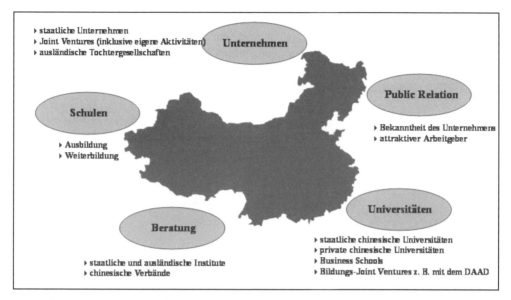

Abb. 32: Der relevante Bildungsmarkt in China

Die für die Industrie interessanten High Potentials nehmen den Weg von der Schule über die Universität in die Berufspraxis oder arbeiten an Instituten der Hochschulen in diversen Forschungsprojekten. In den Instituten treten sie als Berater der Industrie auf, weil beispielsweise viele chinesische Unternehmen nicht über eine Produktentwicklung verfügen und diese Arbeit von den Instituten durchgeführt wird. Qualifizierte Forscher zu niedrigen Kosten sind hier relativ einfach zu finden, weil den Instituten häufig das Geld für eigene Forschungsprojekte fehlt.

Der Bereich Public Relation ist enorm wichtig, um hoch qualifizierte Mitarbeiter gewinnen und halten zu können. Das Image des Unternehmens führt die High Potentials zu eben diesem und bindet sie in Kombination mit qualitativen und finanziellen Entwicklungsmöglichkeiten. Bei der Berufsauswahl von Hochschulabsolventen unter 35 Jahren stehen die Entwicklungsmöglichkeiten im Unternehmen im Vordergrund. Ab einem Alter von 35 Jahren sind es das Einkommen und der Status. Der Bereich Public Relations hat also direkten Einfluss auf die Nachwuchsgewinnung und indirekten Einfluss auf die Personalbindung. Im Gegensatz zu Deutschland kennen chinesische Mitarbeiter keine soziale Sicherheit und ihre Umwelt entwickelt sich viel schneller als die unsere. Das zwingt sie zu einer Flexibilität, die zu Personalfluktuationsraten von bis zu 50 % führen kann.

5.1.3 Kulturspezifische Rahmenbedingungen bei Geschäftskontakten

Aus der Erkenntnis heraus, dass soziokulturelle Aspekte das Verhalten von Käufern und Geschäftspartner beeinflussen, ist die Beachtung der unterschiedlichen Kulturen mit ihren verschiedenen ethischen Ansichten im internationalen Geschäft essentiell für den ausländischen Erfolg von Unternehmen. Die kulturellen Überzeugungen zeigen vor allem bei der Kommunikation Wirkung, weil Botschaften vom Sender kodiert und vom Empfänger dekodiert werden, indem die inneren Überzeugungen und Erfahrungen genutzt werden. Um Informationsbarrieren und folglich Missverständnisse abzubauen, ist es deshalb wichtig, die Einstellungen seines Geschäftspartners zu kennen.[305]

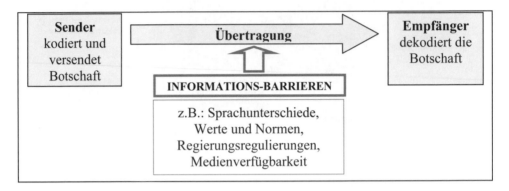

Abb. 33: Kommunikationsmodell
Quelle: In Anlehnung an Scharf/Schubert: Marketing, 2001, S. 218 und Albaum:
Internationales Marketing, 2001, S. 508

Werte und Normen nehmen auch bei Geschäften auf das Handeln von Individuen Einfluss. Da in China eine relative Rechtsunsicherheit besteht, haben diese sittlichen Direktiven aber eine größere Bedeutung für Geschäfte als bei uns.[306]

Auch wenn sich unser BGB beispielsweise im § 157 auf „Treu und Glauben" für die Auslegung von Verträgen bezieht und damit auf die moralischen Grundsätze der Branchen verweist, so werden in unseren Gesetzen verbindliche Regeln aufgestellt. Jeder einzelne hat die Möglichkeit sein Recht vor der objektiven Judikative zu erklagen. Der zivilrechtliche Prozess ist heute auch in China möglich, war jedoch früher schwierig und wird von der Gesellschaft heute kulturell bedingt verpönt.[307] Der Grund dieser Entwicklung liegt im Konfuzianismus[308], weil nach ihm tugendhafte Vorbilder und nicht Gesetze die Verhaltensnormen regeln sollen. Außerdem ordnen auch im Geschäftleben die allgemeinen konfuzianischen

---

[305] Vgl. Albaum, G., Stradskov, J., Duerr, E., Internationales Marketing und Exportmarketing, München 2001, S. 89

[306] Vgl. Graham, J. L., Lam, N. M., Geschäfte mit Chinesen, HARVARD BUSINESS manager, Nr.1, 2004, S. 49

[307] Vgl. Lin-Huber, M. A., Chinesen verstehen lernen, Bern et al 2001, S. 160

[308] Die Beziehungen der Menschen untereinander werden durch den Konfuzianismus fest geregelt. Im Konfuzianismus geschieht dies nach dem Wu-Lun-Prinzip, das die möglichen gesellschaftlichen Beziehungen zweier Personen in fünf Kategorien unterteilt. Die Einteilung in dieses System bestimmt die vorherrschenden Verhaltensweisen zwischen zwei Personen, zum Beispiel die Beziehung Herrscher Untertanen, die durch Fürsorge, Schutz und Anleitung auf der einen, Loyalität und Anstand auf der anderen Seite geprägt sein soll.

Tugenden wie die Hierarchie, Loyalität und Anstand, Harmonie und Vertrauen sowie staatliche Nichteinmischung in private Belange die Beziehungen.

Folglich haben Verträge in China einen anderen Stellenwert als bei uns. Sie werden nicht als uneingeschränkt verbindlich angesehen, sondern werden nach Bedarf modifiziert.[309] Deshalb ist es wichtig, sich anderweitig abzusichern. Dafür gilt es, die für Chinesen bedeutenden Schlüsselfaktoren für Geschäftsbeziehungen zu kennen und diese zu realisieren, um Vertrauen aufzubauen. Die unten stehende Übersicht soll verdeutlichen, welche grundsätzlichen Wertvorstellungen besonders das unterschiedliche Verhalten von Chinesen und Deutschen beeinflussen.

Wertvorstellungen		
Deutschland		**China**
Individualist	◄►	Kollektivist
egalitär	◄►	hierarchisch
direkt	◄►	indirekt
konfrontativ	◄►	integrativ
sach- und informations-orientiert	◄►	vertrauens- und beziehungs-orientiert
strebt das beste Ergebnis an	◄►	sucht nach dem besten Weg
starres und klares Regelwerk	◄►	elastisches und verzwicktes Regelwerk
Kultur der Argumentation	◄►	Kultur des Feilschens
Vertrags-Absicherung	◄►	Beziehungs-Absicherung

Abb. 34: Prägende Wertvorstellungen in Deutschland und China
Quelle: In Anlehnung an: Graham, J. L., Lam, N. M., Geschäfte mit Chinesen,HARVARD BUSINESS manager,
Nr.1, 2004, S. 46 und o.V., Kleine Kniffe für große Geschäfte, Wirtschaftswoche Sonderheft China, 2004, S. 3

Bedeutende Verhaltensweisen bei Verhandlungen

Chinesen treten bei Verhandlungen immer in der Regel in Delegationen aus mehreren Personen auf. Dieses Phänomen ist auf ihren Gemeinschaftssinn zurückzuführen. Zudem versuchen sie damit taktische Vorteile auszunutzen, da jeder in der Gruppe eine bestimmte Rolle innehat.

---

[309] Vgl. o.V., Kleine Kniffe für große Geschäfte, Wirtschaftswoche Sonderheft China, 2004, S. 1 und Frank, S., Verhandeln in China: Lächelnde Drachen, Manager Magazin Online, 2005, S. 1 http://www.manager-magazin.de/koepfe/karrierecheck/0,2828,348569,00.html, 3.3.2006

Geprägt durch den Konfuzianismus und die jahrhundertlange Rechtsunsicherheit in China ist auch bei Geschäftsbeziehungen das entscheidende Kriterium das Guanxi, weil dieses Vertrauen bietet.[310] Das Beziehungsnetzwerk unterstreicht die Bedeutung der Personenorientierung und der angestrebten Langfristigkeit der Geschäftsbeziehungen. In Asien sind persönliche Kontakte deshalb wichtig und werden unpersönlicher Kommunikation wie schriftlicher Kommunikation oder Telefongesprächen vorgezogen.

Ein Besucher einer anderen Kultur ist zu Beginn seines Aufenthalts noch nicht Mitglied eines Guanxi-Netzwerkes. Dies kann sich jedoch ändern. Beispielsweise profitiert ein Gast nach seiner Ankunft in der Regel mehrfach von Gefälligkeiten seiner Gastgeber, und wird Schuldner einiger Gegenleistungen. Vor allem das erste Treffen dient dem Aufbau der Beziehung und ist deshalb besonders bedeutungsvoll. Zu verfolgende chinesische Verhaltensnormen sind Höflichkeit, Pünktlichkeit, Vermeidung von Blickkontakt, weil dieser als unehrfürchtig gilt, Beachtung der Hierarchie, Respekt, Bescheidenheit und Zurückhaltung sowie aufmerksames Zuhören. Die Vertrauensbasis, die hier geschaffen wird, beeinflusst den Fortgang der Geschäftsbeziehung wesentlich und sollte daher mit entsprechender Wichtigkeit behandelt werden. Nur durch adäquates Verhalten wird der Besucher Teil eines Netzwerks, was ihm später helfen wird, den Erfolg sichern und eine langfristige Beziehung aufzubauen.[311]

Wichtig ist zu akzeptieren, dass die Missachtung der Guanxi-Regeln in China als unmoralisch gilt. [312] Deshalb sollten diese ethischen Normen auf jeden Fall angenommen werden. Nach dem Aufbau einer Beziehung ist die dauerhafte Pflege derselben nicht zu unterschätzen.

Eine bedeutende Rolle beim Aufbau von Geschäftsbeziehungen kann ein Vermittler spielen. Durch die Vermittlung überträgt sich seine Guanxi-Beziehung mit Ihrem Vertrauen auf den neuen Verhandlungspartner. Erste Kontakte können dabei über andere Geschäftspartner, Anwälte oder die eigene Botschaft in China geknüpft werden.

Für ausländische Unternehmen ist es zudem ratsam, einen einflussreichen Übersetzer zu engagieren, wobei nicht die sprachliche Übersetzung sondern vor allem die kulturelle Vermittlung im Vordergrund steht.[313] Bei Verhandlungen spielt überdies das Mianzi, die Gesichtswahrung, eine große Rolle. Deshalb ist die respektvolle Behandlung aller Gesprächspartner normativ. Die Verhandlungspartner sollten nicht gedemütigt werden, was bei den Chinesen schon gleichbedeutend mit großen Zugeständnissen sein kann. Stattdessen sollten Kompromisse angestrebt werden. Auch ist es bedeutend, die Vermeidung des Nein-Sagens

---

[310] Vgl. o.V., Kleine Kniffe für große Geschäfte, Wirtschaftswoche Sonderheft China, 2004, S. 3

[311] Vgl. Frank, S., Verhandeln in China: Lächelnde Drachen, Manager Magazin Online, 2005, S. 3 http://www.manager-magazin.de/koepfe/karrierecheck/0,2828,348569,00.html, 3.3.2006 und Lin-Huber, M.A., Chinesen verstehen lernen, Bern et al 2001, S. 155

[312] Vgl. Graham, J. L., Lam, N. M., Geschäfte mit Chinesen, HARVARD BUSINESS manager, Nr.1, 2004, S. 46

[313] Vgl. Frank, S., Verhandeln in China: Lächelnde Drachen, Manager Magazin Online, 2005, S. 2, http://www.manager-magazin.de/koepfe/karrierecheck/0,2828,348569,00.html, 3.3.2006 und o.V., Kleine Kniffe für große Geschäfte, Wirtschaftswoche Sonderheft China, 2004, S. 5

der Chinesen zu akzeptieren. Eine negative Antwort sollte nicht durch mehrmaliges Nachfragen erzwungen werden. Zwang zum Nein würde für beide Gesprächsteilnehmer einen
Gesichtsverlust bedeuten. Gleiches gilt beim beharrenden Nachfragen auf ungenügende
Antworten. Chinesen würden beispielsweise nie zugeben, dass sie die Antwort nicht kennen,
sondern geben in diesem Fall ausweichende Informationen.[314] Das Zeigen von Emotionen
bedeutet auch einen Gesichtsverlust. Deshalb sind Frustration, Wut und Aggressivität zu
vermeiden, vor allem weil auch hierbei für beide Parteien negative Folgen entstehen.[315] Zur
Wahrung des Mianzis kann ein erfahrener Übersetzter durch gekonnte Wortwahl beitragen,
indem er so die aus Unkenntnis zu hart formulierten Aspekte verallgemeinert. Auch die Be-
deutungen chinesischen Lachens sollen hier verdeutlicht werden, denn diese Kultur drückt
mit einem Lächeln nicht immer auch Sympathie oder Freude aus. In China wird das Lachen
zur Überbrückung von unangenehmen Situationen genutzt, um so die wirklichen Emotionen
zu verschleiern. Zum Einsatz kommt das Lachen bei Verlegenheit, Unsicherheit, Hilflosig-
keit oder drohendem Gesichtsverlust. Die chinesische Bedeutung des Respekts und der Hierarchie wurde schon aufgezeigt. Es ist deshalb wichtig, sich dieses Aspektes bei der Wahl
der Mitarbeiter für die Gesprächsführung in China bewusst zu sein und den sozialen Status
derselben zu beachten. Durch Entsendung hochrangiger Manager wird den Chinesen die
angebrachte Ehrerbietung erwiesen.[316] Begrüßungen werden von den Chinesen sehr formal
behandelt. Immer grüßt die ältere Person als erstes. Insgesamt zeigt sich somit auch hier die
hierarchische Ausrichtung. Deshalb ist die Ansprache mit dem richtigen Titel auch besonders
wichtig. Für Begrüßungen mit Ausländern ist das Handschütteln die verbreitete Zeremonie.
Zu beachten ist schließlich, dass Chinesen nicht während einer Verhandlung zu einer Entscheidung gezwungen werden sollten. Sie entscheiden immer unter sich. Teilweise sind die
teilnehmenden Verhandlungsführer allein auch gar nicht berechtigt. Folglich ist Geduld gefragt.[317]

Zeitliche Dimension bei Verhandlungen und ganzheitliches Denken
Für Verhandlungen in China sind Ausdauer und Geduld von großer Bedeutung, weil die
Verhandlungsrunden viel länger dauern als bei uns. Der Zeiteinsatz kann ungefähr sechsmal
so hoch sein wie bei Geschäften im Westen.[318]

Der hohe Zeitbedarf begründet sich im Aufbau des Guanxis und des Vertrauens sowie der
Vermittlung des ehrlichen Interesses an einer langfristigen Geschäftsbeziehung. Deshalb ist
es für Chinesen besonders wichtig, ihren Geschäftspartner genau kennen zu lernen und zu-

---

[314] Vgl. Lin-Huber, M. A., Chinesen verstehen lernen, Bern et al 2001, S. 162 ff

[315] Vgl. Graham, J. L., Lam, N. M., Geschäfte mit Chinesen, HARVARD BUSINESS manager, Nr.1, 2004, S. 53f

[316] Vgl. Lin- Huber, M. A., a.a.O., S. 204 ff

[317] Vgl. http://www.china9.de/kultur/china-knigge-gluecksbringer.php sowie http://www.dw-
world.de/dw/article/0,2144,1814218,00.html und http://www.top-jobs.de/lifestyle/lexikon/land_asien.html,
3.3.2006

[318] Vgl. Frank, S., Verhandeln in China: Lächelnde Drachen, Manager Magazin Online, 2005, S. 3

sätzlich alle Einzelheiten des aktuellen Geschäfts zu beleuchten.[319] Aus diesem Grund investieren sie auch viel mehr Zeit in die Vorbereitung von Geschäftskontakten, indem sie gründlich recherchieren. Außerdem wird der Verhandlungsverlauf vom ganzheitlichen Denken der Chinesen geprägt: während Westeuropäer sequentiell Punkt für Punkt Themen besprechen, beleuchten die Chinesen scheinbar unkoordiniert alle Aspekte gleichzeitig und kommen immer wieder auf Fragen zurück. Haben Westeuropäer schließlich das Gefühl, dass in allen Punkten Einigkeit erzielt worden ist, ist für die Chinesen die Verhandlung noch lange nicht abgeschlossen. Sie können nun den Vertragsgegenstand im Ganzen analysieren. Nicht-Chinesen müssen sich bei diesen Verhandlungen in Geduld üben. Für die Chinesen ist diese detaillierte Abstimmung besonders wichtig und nicht als Zögern zu interpretieren. Wichtig ist es deshalb, zunächst abzuwarten und nicht im Glauben des Zugzwanges verfrüht weitere Zugeständnisse zu machen.[320]

Schutz geistigen Eigentums

Die Chinesen haben zum einen wegen des kollektivistischen Verständnisses eine andere Einstellung zum geistigen Eigentum. Ihnen ist durch die kommunistische Beeinflussung die Idee des rechtlichen Besitzes an einer Sache fremd.[321] Zum anderen besagt der Konfuzianismus, dass einem Produkt, das kopiert wird, Ehre erwiesen würde. Deshalb gilt das Reproduzieren anderer Produkte als Kavaliersdelikt[322] und als Anerkennungsbeweis für das Original[323]. Das Problem wird schließlich durch die Rechtsunsicherheit begünstigt. Deshalb gestaltet sich der Schutz von geistigem Eigentum in China traditionell bedingt schwierig. Heute werden nicht nur Produkte jeglicher Branchen – von Konsumgütern über ganze Produktionsanlagen bis zu Dienstleistungen- sondern auch Ersatzteile, Design und Werbematerial kopiert.[324]

Die chinesische Regierung hat den Handlungszwang erkannt und gleichzeitig im Zuge der Realisierung von Bestimmungen des WTO-Beitritts 2003 das internationale Recht zum Schutz geistigen Eigentums anerkannt und eigene Gesetze eingeführt. Deren konsequente Anwendung muss aber noch verbessert werden. Folglich sollten ausländische Unternehmen sich durch geeignete Strategien selbst schützen. Dabei existiert leider keine allgemeingültige Empfehlung, sondern jedes Unternehmen muss für sich individuell einen optimalen Weg suchen. Beispielsweise können schnelle Innovationstätigkeit, die Nutzung eines eigenen Vertriebsnetzes, die Reduzierung von Mitarbeiterfluktuation, die Einführung von Geheimhaltungsklauseln oder geographische Trennung von Produktionsteilen die Produktpiraterie erschweren.[325]

---

[319] Vgl. Kaufmann, L., Pahans, D., Poovan, B., Sobotka, B., China Champions, Wiesbaden 2005, S. 170 ff

[320] Vgl. Graham, J. L., Lam, N. M., Geschäfte mit Chinesen, HARVARD BUSINESS manager, Nr.1, 2004, S. 50 und 54 f sowie Vgl. Frank, S.,a.a.O., 2005, S. 2.

[321] Vgl. http://www.plagiarius.com/d_index_china.html, 3.3.2006

[322] Vgl. o.V., Kleine Kniffe für große Geschäfte, Wirtschaftswoche Sonderheft China, 2004, S. 5

[323] Vgl. Frank, S., a.a.O., S. 2

[324] Vgl. Kaufmann, L., Pahans, D., Poovan, B., Sobotka, B., China Champions, Wiesbaden 2005, S. 183

[325] Vgl. Kaufmann, L., Pahans, D., Poovan, B., Sobotka, B., a.a.O., S. 184 ff

Korruption

Der Umgang mit Korruption stellt für ausländische Unternehmen, die sich auf dem chinesischen Markt engagieren, ein Problem dar. In den Guanxi-Beziehungen bilden gegenseitige Aufmerksamkeiten mit der Akzeptanz der abstrakten Schuldverpflichtung zu einer Gegenleistung und der langfristigen Ausrichtung einen wichtigen Teil der Netzwerke.[326] Deshalb findet zwischen gegenseitigen Verpflichtungen, Höflichkeit und Korruption ein Balanceakt statt. Die Linie zwischen Geschenken und Bestechung ist in China infolgedessen fließend,[327] weil innerhalb eines Guanxi-Netzwerkes übliche oder gar notwendige Transaktionen aus dem Blickwinkel eines unabhängigen Rechtssystems als Bestechung gelten. Die Definition von Korruption ist im chinesischen Kulturkreis folglich weniger eng vorzunehmen als bei uns. Die moralische Bewertung einer Gefälligkeit ist dabei immer im Zusammenhang mit der Beziehung zwischen den beiden Parteien zu beurteilen, weil mit der Intensität der Bindung auch die übliche Höhe der Gefälligkeiten abnimmt.[328]

Korrupte Transaktionen, die auf die Erzielung privater Vorteile gerichtet sind und den Deckmantel der Beziehungsnetzwerke nutzen, gelten auch in China bzw. wegen des Kollektivverständnisses als unmoralisch.[329] Dabei geht es aber nicht allein um Verschleierung der Bestechung sondern auch um Absicherung der Beziehung zwischen den Transaktionspartnern, weil in diesem Rahmen die gegenseitigen Verpflichtungen bindend sind und die Guanxi-Netzwerke Vertragseinhaltung garantieren.

Für deutsche Unternehmen stellt sich diese Situation insgesamt als schwierig dar, weil sie sich unseren ethischen Normen verpflichtet fühlen. Auch die chinesische Regierung hat erkannt, dass die Korruption die wirtschaftliche Entwicklung insgesamt einschränkt, und erste Maßnahmen zur Bekämpfung derselben eingeleitet.[330] Trotz der veranlassten Maßnahmen haben Unternehmen noch beträchtliche Summen für so genannte Lobby-Arbeit in Asien reserviert.[331] In China engagierte Unternehmen stehen vor der Herausforderung für sich selbst einen adäquaten Weg zwischen Beziehungspflege und Einhaltung der eigenen ethischen Werte finden.

---

[326] Vgl. Schramm, M, Taube, M, Institutionenökonomische Anmerkungen zur Einbettung von Korruption in das Ordnungssystem chinesischer Guanxi- Netzwerke", Duisburger Arbeitspapiere zur Ostasienwirtschaft, Gerhard Mercator Universität Duisburg, Duisburg 2001, S. 8

[327] Vgl. Kaufmann, L., Pahans, D., Poovan, B., Sobotka, B., a.a.O., S. 153 ff und Lin- Huber, M. A., Chinesen verstehen lernen, Bern et al 2001, S. 160

[328] Vgl. Herrmann- Pillath, C., Eine Krise der Wirtschaft als Krise der Kultur: Der „asiatische Kapitalismus und seine Beobachtung", Duisburger Arbeitspapiere zur Ostasienwirtschaft, Gerhard Mercator Universität Duisburg, Duisburg 1999, S. 25 ff sowie Schramm, M, Taube, M, Institutionen ökonomische Anmerkungen zur Einbettung von Korruption in das Ordnungssystem chinesischer Guanxi- Netzwerke" Duisburger Arbeitspapiere zur Ostasienwirtschaft, Gerhard Mercator Universität Duisburg, Duisburg 2001, S. 11 und 22

[329] Vgl. Metzger, T., Escape from Predicament. Neo-Confucianism and China's Evolving Political Culture, New York 1977, S. 167 ff

[330] Vgl. Schramm, M, Taube, M, Institutionenökonomische Anmerkungen zur Einbettung von Korruption in das Ordnungssystem chinesischer Guanxi-Netzwerke", Duisburger Arbeitspapiere zur Ostasienwirtschaft, Gerhard Mercator Universität Duisburg, Duisburg 2001, S. 1 und S. 12 ff

[331] Vgl. o.V., Kleine Kniffe für große Geschäfte, Wirtschaftswoche Sonderheft China, 2004, S. 4

5.1.4   China im Interessenfeld der Automobilindustrie

Für die meisten, wenn nicht sogar für alle deutsch-chinesischen Joint Ventures im Automobilbereich ist nach einigen Jahren der mehr oder weniger erfolgreichen internen Zusammenarbeit eine Situation eingetreten, die von einem sich schnell wandelnden Markt mit einer sprunghaft ansteigenden Zahl von Wettbewerben gekennzeichnet ist. Im Folgenden soll exemplarisch eine Situation beschrieben werden, in der sich einige Unternehmen der Automobilindustrie in China befinden.

Ein wesentlicher Faktor für den Erhalt der Wettbewerbsfähigkeit und Profitabilität ist eine effiziente Zusammenarbeit zwischen den beiden Joint Venture Partnern. Davon sind viele Joint Ventures aber weit entfernt. Die internen Verhältnisse gestalten sich meist wie folgt.

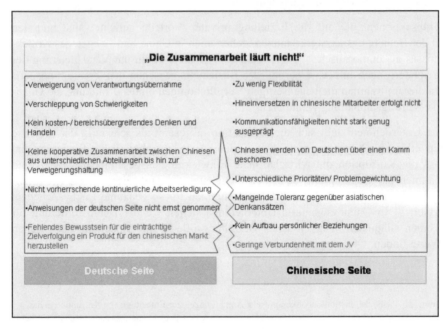

Abb. 35: Problemstellung des chinesisch-deutschen Joint Ventures

Im Großen und Ganzen sehen beide Seiten die Zusammenarbeit als schlecht an. Nur sind die jeweiligen Positionen nicht wirklich unterschiedlich. Sie drücken sich nur anders aus. Während die deutsche Seite beispielsweise meint, das ihre Anweisungen nicht befolgt werden, wird den Deutschen unterstellt, dass ihre Kommunikationsfähigkeiten nicht stark genug ausgeprägt sind. Möglicherweise werden Anweisungen durch das deutsche Personal ganz anders verstanden, als sie aus der deutschen Sichtweise gemeint waren. Interkulturelle Kompetenz als Schlüsselfähigkeit und Oberbegriff ist häufig eine Mangelerscheinung, die bei der Reorganisation hinderlich sein kann.

Die Sicht des deutschen Joint Venture Partners

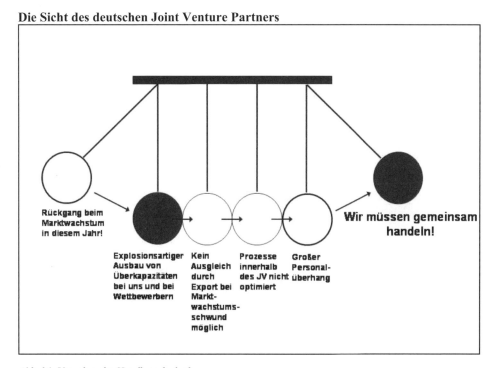

Abb. 36: Ursachen des Handlungsbedarfs

Da 40 Prozent der Kapazitäten des Joint Ventures in China nicht ausgelastet sind, besteht für einen Großteil der Beschäftigten faktisch Kurzarbeit bei vollem Lohnausgleich.

All diese Rahmenbedingungen zwingen zum Handeln. Die deutsche Seite spricht die Herausforderungen offensiv an und ist verwundert über die zurückhaltende und sehr ruhige Reaktion des chinesischen Partners. Worin ist diese Reaktion begründet und wie kann das Unternehmen wieder auf den richtigen Weg gebracht werden? Um diese Frage zu beantworten, soll die Situation des Joint Ventures aus verschiedenen Perspektiven betrachtet werden, um die Kernherausforderungen einzugrenzen und greifbar zu machen.

Die ökonomische Perspektive hilft uns bei der Untersuchung der verschiedenen Interessensgegensätze. Folgende Hauptinteressen der beiden Seiten haben wir ausgemacht.

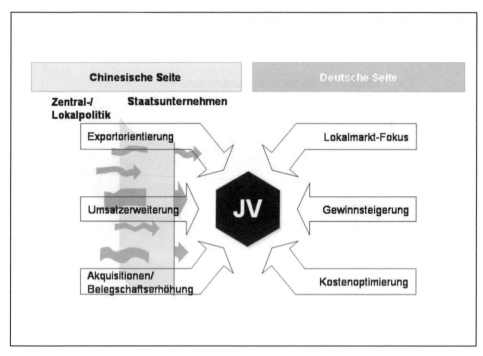

Abb. 37: Interessensgegensätze der Joint Venture Partner
Quelle: In Anlehnung an Harvard Business Manager, „Ärger im Reich der Mitte", November 2003, S.64 ff

Das Interessensportfolio der deutschen Seite kann auf drei Kernbereiche zusammengefasst werden. Wir wissen, dass unsere Produkte technisch gesehen nicht exportfähig sind und das wir das kurzfristig nicht ändern können. Darüber hinaus sehen wir für unsere Produkte Wachstumspotentiale im weniger entwickelten Westen Chinas. Damit wollen wir wieder unseren Gewinn steigern, bei einer gleichzeitigen Optimierung der Kosten, die uns für die nächsten drei Jahre stabilisieren soll. Das chinesische Interessensgefüge ist etwas vielschichtiger. Hier möchte man in erster Linie exportieren, um dringend benötigte Devisen ins Land zu holen. Treiber dieser Position ist die Lokal- und Zentralpolitik, die einen nicht unwesentlichen Einfluss nimmt. Jede Entscheidung von größerer Tragweite wird mit den politischen Verantwortlichen abgestimmt und an die deutsche Seite zurückgespiegelt. Zeitverzögerungen und Unklarheiten über die Kompetenz der Verantwortlichen sind damit vorprogrammiert. Die chinesische Seite ist auch primär an einer Umsatzerweiterung, statt einer Gewinnsteigerung interessiert. Mittels externer Akquisitionen soll das Umsatzvolumen und damit auch die Zahl der Beschäftigten noch einmal gesteigert werden. Das soll aus der Sicht der politisch Verantwortlichen den sozialen Frieden in der lokalen Provinz sichern helfen. Partnerschaftliche Verhandlungen sind auf dieser Ebene unabdingbar, da ein Interessenkonflikt andernfalls vorprogrammiert ist. Nicht jedes Ziel der jeweiligen Seite kann zu 100 Prozent erfüllt werden, da es jeweils völlig konträr zu einem anderen ist.

Um jetzt in den uns bevorstehenden Verhandlungen zu bestehen, müssen wir uns grundsätzlich mit den die Vorgehensweise bei Verhandlungen bestimmenden Faktoren befassen. Dabei sollen hier zwei Perspektiven helfen, die die interkulturellen Unterschiede verdeutlichen. Die philosophische Perspektive greift das Thema Logik auf. Unsere beiden Logikmodelle sollen hier einmal scharf abgegrenzt gezeigt werden.

Abb. 38: Philosophische Perspektiven der Joint Venture Partner
Quelle: Fromm, E., Die Kunst des Liebens, Frankfurt/Main 1979, S. 101 ff

Wir sehen hier, dass beispielsweise unter den vorher beschriebenen Bedingungen die Umsatz- und Gewinnsteigerungen für uns nicht so ohne weiteres in einen Einklang zu bringen sind. In der chinesischen Denkweise des Ausgleichs müssen sich A (Umsatzsteigerung) und B (Gewinnsteigerung) aber nicht gegenseitig ausschließen. Ein Faktor X kann ins Spiel gebracht werden. Beispielsweise ist das ein neues Werk im Westen des Landes, wo direkt vor Ort zu sehr günstigen Lohn- und Transportkosten produziert werden kann. Damit wird lokal produziert, um den Absatz zu steigern und das Beschäftigungsniveau zu erhöhen.

Neben dem Verstehen der Verhandlungspositionen ist es wichtig, Erkenntnisse und mögliche Strategien für den jeweils Anderen verständlich zu präsentieren. Dazu hilft uns ein Blick auf die unterschiedlichen Lerntechniken.

In Deutschland	In China
•Technik des selbständigen Arbeitens •Gruppenarbeit •Verknüpfung von Theorie und Praxis (dual) •Diskurs, Kontroverse •Diskussion (polarisieren) •Analyse von Gegenständen, Texten •Vergleiche anstellen •Experimente durchführen •Problemerkennung •Arbeitsteilung •Kritik üben •Transformation •Lernen ist Denken •Lernen durch Tun •Erarbeiten	•Techniken des Memorierens •Vorträge, Referate •Umfangreiches Theoriewissen •Rezeptives Lernen: Lehrer erklärt, Schüler wiederholen und fassen zusammen •Integration verschiedener Meinungen •Richtiger Umgang und Gebrauch von Wissen •Nachvollziehen, Interpretation •Einüben •Adaptionstechniken •Zusammenarbeit •Nachahmen •Wiedergabe •Erst lernen-dann denken •Wissen erwerben •Vermitteln
Aktiv: Kompetenz	**Rezeptiv: Bildung**

Abb. 39: Kulturspezifische Lerntechniken
Quelle: Tang, Z., Reisch, B.: Erfolg im China-Geschäft, Frankfurt/ Main 1995, S. 61

Wenn beispielsweise die Verhandlungen zäh vorangehen und die chinesische Seite eher verhalten auf diverse Alarmmeldungen reagiert, muss das nicht etwa heißen, sie verstehe den Ernst der Lage nicht. Chinesische Unternehmensverantwortliche bereiten ihre Entscheidungen gründlich vor, nehmen sich die Zeit zur Integration verschiedener Meinungen und tauschen sich zum Beispiel mit der politischen Fraktion aus. Unsere duale Praxis beispielsweise, die vor allem Schnelligkeit suggeriert, kann dabei nur auf Ablehnung stoßen.

Mit Blick auf die vorangegangene ökonomische Perspektive wollen wir noch einmal die Interessensgegensätze aufgreifen. Und zwar am Beispiel des Einkaufs. Unser chinesischer Partner hatte ja ein Interesse daran, den Umsatz bei gleichzeitigem Ausbau der Beschäftigtenzahl zu steigern. Die folgende Abbildung versucht diesen Sachverhalt zu beschreiben. Sie macht sich die Kybernetik zu Nutze, wobei es hier um den Ausgleich zwischen zwei Teilsystemen innerhalb des Metasystems "Joint Venture" gehen soll.

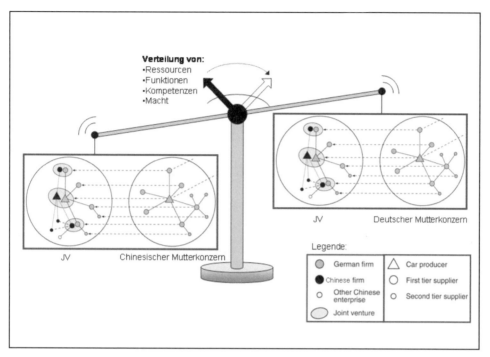

Abb. 40: Systemtheoretisch-Kybernetische Perspektive
Quelle: In Anlehnung an Depner, H., Doktorandenkolloquium Fachbereich Geographie, Philipps-Universität
Marburg, Dezember 2003

Jeweils der deutsche und der chinesische Mutterkonzern verfügen über ein präferiertes Lieferentennetzwerk. Im Gegensatz zum deutschen Mutterkonzern befinden sich die chinesischen Lieferenten aber im Besitz des chinesischen Partners. Je größer das über die chinesischen Lieferenten abgewickelte Beschaffungsvolumen ist, desto größer ist auch der Umsatz (verdeckte Gewinnausschüttung an der Bilanz des Joint Ventures vorbei) und die Zahl der Beschäftigten des chinesischen Partners. Es entsteht also ein Verteilungskampf um Ressourcen, Funktionen, Kompetenzen und Macht, der ausgleichend wirken kann, aber nicht muss.

In diesem Zusammenhang soll uns die spieltheoretische Perspektive bei der Suche nach einem Interessensausgleich helfen. Der Kern der Spieltheorie ist im Folgenden dargestellt.

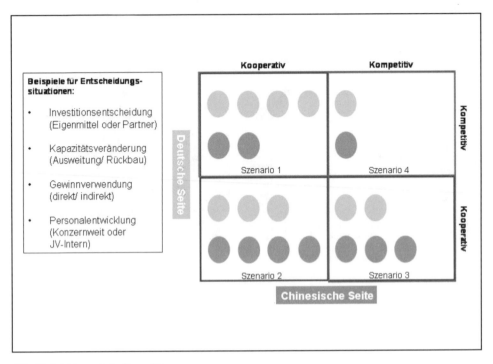

Abb. 41: Spieltheoretische Perspektive

"Spielpartner" sind bei unserem Spiel die beiden Joint Venture Partner. Jeder der Partner kann vereinfacht dargestellt, eine kooperative oder eine kompetitive (Wettbewerbs-) Strategie wählen. Die vier Szenarien sollen den Grad des Erfolgs für die jeweilige Strategie der jeweiligen Seite aufzeigen. vier schwarze Punkte bedeuten den Maximalnutzen für die eine oder die andere Seite. In Szenario 4 können beispielsweise die chinesische Seite auf den drastischen Ausbau und die deutsche Seite auf einen ebenso drastischen Abbau der Personalkapazitäten bestehen. Beide werden in diesem Fall verlieren, da weder Umsatz noch Gewinn, noch Kostensteigerungen etc. auf dem angestrebten Niveau realisierbar sind. Das wahrscheinlichste der möglichen Vorgehensweise wird Szenario 2 sein. Hierbei könnte sich die chinesische Seite beim Ausbau der Kapazitäten im Westen des Landes durchsetzen, ein Export ist möglich und der Umsatz wird zusammen mit dem Personalstamm gesteigert. Die deutsche Seite kann bei einem ausgewogenen Verhältnis (siehe systemtheoretische Perspektive) den Gewinn steigern. Lokalmarktfokus und Kostenoptimierungen können aber nicht auf dem gewünschten Niveau umgesetzt werden, sind aber im Denken und Handel der chinesischen Seite fest verankert.

Zum Abschluss soll noch eine Perspektive betrachtet werden, die unter anderem dazu führt, dass bisher von "der chinesischen" und "der deutschen" Seite gesprochen worden ist. Dafür sind in erster Linie kulturelle Denkweisen verantwortlich, die nur vordergründig etwas mit der jeweiligen kulturellen Prägung der Mitarbeiter unseres Joint Ventures zu tun haben. Diese Denkweisen werden durch die Unternehmenskultur bestimmt.

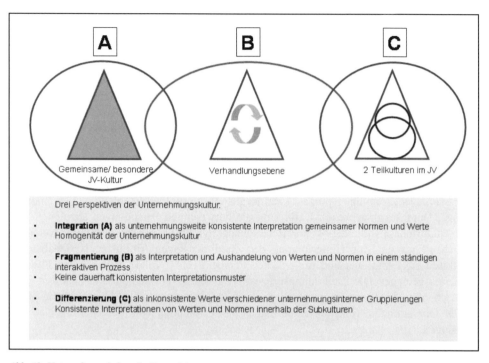

Abb. 42: Unternehmenskulturelle Perspektive
Quelle: Martin, J., Organizational Culture, Mapping the Terrain, Thousand Oaks 2002, S. 94

Es gibt nie "die Unternehmenskultur", sondern mehrere Kulturfraktionen. Nach außen hin ist eine besondere Joint Venture Kultur für den Außenstehenden gut zu erkennen. Da gibt es gemeinsame Markenzeichen, einheitliches Briefpapier, zweisprachige Unterlagen und vieles mehr. Dahinter stecken unternehmensweite gemeinsame Normen und Werte. Es wird dabei auch gerne von einer homogenen Unternehmenskultur gesprochen. Diese ist aber nur ein Artefakt, der auf den ersten Blick leicht sichtbar ist. Dahinter befinden sich mehrere Interessensfraktionen, die sich nicht nur nach den beiden Kulturkreisen unterteilen lassen. Bei generellen gemeinsam zu treffenden Entscheidungen mit der entsprechenden Tragweite bilden sich aber zwei Subkulturen, die chinesische und die deutsche. Sie sind nach innen jeweils homogen und nach außen der anderen Gruppe gegenüber heterogen. Damit sich die beiden Subkulturen nicht permanent gegenseitig bekämpfen und überhaupt zusammengearbeitet wird, ist eine Verhandlungsebene notwendig. Sie handelt Werte und Normen "für den Augenblick" ständig unter den beiden Fraktionen neu aus. Damit können Blockadehaltungen aufgeweicht werden. Beispielhaft dafür sind Kompromisslösungen innerhalb unserer ökonomischen Perspektive. Anzumerken ist auch noch, dass die Kulturperspektive viel Sprengstoff bei einer Zielverhandlung bietet, weil sie die einzelnen Partner persönlich stark differenzieren kann. Sie darf nicht die persönlichen Beziehungen zwischen den beiden Parteien belasten.

Die hier genutzten Perspektiven erheben keinen Anspruch auf Vollständigkeit. Sie sollen nur zum Ausdruck bringen, dass interkulturell bedingte und interessensgeleitete Widerstände durch eine dreidimensionale Betrachtungsweise besser und tief greifender verstanden werden können. Das ist dann auch der Schlüssel zur Auswahl der richtigen Treiber der jeweiligen Thematik.

Im Folgenden soll noch einmal eine mögliche Vorgehensweise bei der Analyse von komplexen Sachverhalten innerhalb von interkulturellen Unternehmen aufgezeigt werden. Der Schwerpunkt liegt hier auf dem Zielbildungsprozess, da von Anfang an die unterschiedlichen Zielstellungen der Joint Venture Partner so weit wie möglich angeglichen werden müssen.

Ohne Ziele keine Perspektive für die Zukunft, schon gar nicht bei unterschiedlichen Elementarinteressen. Der Zielbildungsprozess kann idealisiert in drei Phasen ablaufen (Verständnis-, Bildungs-, Durchsetzungsphase). Dafür sind die notwendigen Perspektiven abzuleiten. Die Zielverständnisphase sollte die ökonomische Perspektive für das Grundverständnis von Wirtschaftlichkeit nutzen. Zur Hinterfragung der Zieldimensionen (Politisch, Nationalistisch, Ökonomisch etc.) sind aber andere "weichen Perspektiven" (Kultur, Psychologie, Philosophie) besser geeignet. Der Zielbildungsprozess schafft dann ein gemeinsames Zielverständnis zwischen beiden Partnern (eigentliche Verhandlungsphase). Die Durchsetzungsphase dient der Operationalisierung der Ziele und der Überwachung von Veränderungen in den Dimensionen.

5.2 Beziehungsmanagement durch interne und externe Personalentwicklung in China: Aufbau eines Human Resource Training Center

5.2.1 Hintergrund

Die folgenden Abschnitte möchten die Rahmenbedingungen wiedergeben, die für den Aufbau eines Personalentwicklungszentrums in China entscheidend sein können. Hintergrund sind reale Situationen in ausländischen Unternehmen der Automobilbranche, die in China versuchen, Fuß zu fassen. Der Fokus liegt gerade auf den Unternehmen, die den Markteintritt mit verschiedenen chinesischen Partnern gleichzeitig planen, um schnell in ausreichenden Stückzahlen präsent sein zu können. Als Beispiele hierfür können Automobilunternehmen wie Toyota, Volkswagen oder DaimlerChrysler im Bereich der Hersteller wie Siemens, Bosch oder Delphi im Bereich der Zulieferer genannt werden.

Das folgende Beispiel zeigt einen Automobilhersteller mit deutschen kulturellen Wurzeln, der im chinesischen Markt mit mehreren chinesischen Partnern operiert. Bisher sind die Abläufe zwischen den einzelnen Joint Ventures (JV) und der chinesischen Zentrale des deutschen Herstellers schlecht vernetzt. Synergien lassen mehr schlecht als recht nutzen. Ein eigenes Personalentwicklungszentrum als Tochtergesellschaft des deutschen Herstellers und nicht als JV, soll die Personalauswahl- und Entwicklungsprozesse der JV vernetzen und

gleichzeitig einen Unternehmensberatungsbereich aufbauen, der zielgerichtet diese Vernet-
zung auf die anderen Bereiche wie beispielsweise Entwicklung, Produktion und Beschaffung
übertragen hilft.

5.2.2   Ziele

Motive für ein Human Resource Training Center in China
Der chinesische Markt ist trotz seiner enormen Wachstumschancen nicht ohne Probleme.
Das **erste Problem** ist die relative Unbekanntheit der jeweiligen eigenen Marke in China.
Der Grund liegt im jeweils eigenen Vertriebssystem der Joint Ventures und der eigenen
Importaktivitäten des deutschen Herstellers. Die Joint Ventures besitzen eigene Vertriebska-
näle und sind beim Käufer auch mit den entsprechenden speziellen Markenbezeichnungen
bekannt. Die Importgesellschaft des deutschen Herstellers besitzt kein eigenes Vertriebsnetz.
In Folge dessen haben wir unterschiedliche Markenbilder, in denen sich der Markenkern nur
schemenhaft wieder findet.

Das **zweite Problem** ist die Behinderung der Nutzung von direkten und indirekten Synergien
durch das Konkurrenzverhalten der einzelnen JV Partner. Bei den direkten Synergien betrifft
das die Bereiche des Marketings, des Einkaufs, der technischen Entwicklung und der Personalentwicklung. Ebenso behindert wird die Nutzung der indirekten Synergien in der Logistik,
der Produktion und dem Finanzwesen. Direkte Synergien sind Kosteneinsparungen durch
gemeinsame Vorgehensweisen, etwa bei der Beschaffung von baugleichen Teilen in unterschiedlichen Modellen oder der gemeinsamen technischen Änderung der Bauteile durch die
technische Entwicklung. Indirekte Synergien lassen sich beispielsweise zwischen den JVs
durch Prozess-Benchmarks in den Materialflussprozessen der Logistik oder durch Experten-
kontakte in Form von Expert Rooms[332] nutzen.

Den **dritten Problemfaktor** und Mitverursacher der vorher genannten Probleme stellen die
unterschiedlichen Denkweisen der chinesischen und der ausländischen Manager dar. Gründe
hierfür liegen auf der persönlichen Ebene im gegenseitigen Unverständnis über die eigene
Position im Unternehmen, die eigenen Vorstellungen und die eigene Kultur.[333]

Die deutsche Zielstrebigkeit stößt beispielsweise mit der Höflichkeit eines Chinesen zusammen, wenn der Deutsche eine Position unbedingt durchsetzen will, der Chinese sie aber ab-
lehnt und diese Ablehnung hinter seiner Höflichkeit versteckt. Nickt ein chinesischer Manager z.B. während eines Gesprächs, signalisiert er nicht Zustimmung, sondern nur das Verstehen des Sachverhalts.[334] Probleme bereitet auch die fachliche Ebene. Unterschiedliche Fach-
und Methodenkompetenzen zwischen den chinesischen und ausländischen Mitarbeitern führen ebenfalls zu divergierenden Ansichten im strategischen und prozessorientierten Bereich.

---

[332]   I.S.v. internetgestützten Kommunikationsräumen zur Problemlösung in denen jeder Experte mit seinen Fähigkeiten definiert ist und durch Problemschilderung. Ansprechpartner gefunden bzw. bei Bedarf virtuelle Projekt-
räume eingerichtet werden.

[333]   Vgl. hierzu ausführlich die vorangegangen Kapitel V. 1. 3. Kulturspezifische Rahmenbedingungen bei Geschäftskontakten sowie V. 1. 4. China im Interessenfeld der Automobilindustrie und insbesondere auch Abb. 36

[334]   Vgl. www.oav.de/laenderinfo/index.php?1gid=316968&r=66, 10.03.2003.

Ziele und Instrumente

Das Aufstellen von Zielen und die Definition von Instrumenten zur Zielerreichung sind die ersten beiden Schritte die zu gehen sind.

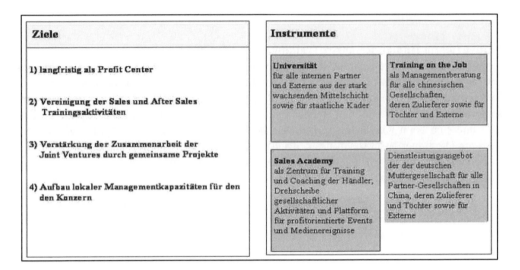

Abb. 43: Ziele und Instrumente

Der chinesische Markt ist ein Emerging Market.[335] Standardplanungstools sind nicht erfolgreich unter Bedingungen, unter denen das strategische Verhalten der Partner anders ist, als in der westlichen Welt. Es gibt Sprachbarrieren, weil Chinesisch eine grundsätzlich andere Sprache ist. Die englische Sprache alleine erlaubt keinen tiefer gehenden Zugriff auf die Persönlichkeit eines Chinesen bei privaten Gesprächen. Hinzu kommt, dass Trainings nur einen niedrigen Stellenwert besitzen. Genau quantifizierbare Ziele sind für neu in den Markt zu implementierende Geschäftsfelder nicht vertrauenswürdig. Vielmehr müssen qualitative Ziele definiert werden, welche durch die im Markt gewonnenen Erfahrungen quantifiziert werden.

---

[335] „Der Begriff "Emerging Markets" (inhaltlich übersetzt "Aufstrebende Wachstumsmärkte" oder "Aktienmärkte in Schwellenländern"), der 1981 von einem Angestellten der Weltbanktochter International Finance Corporation (IFC) geprägt wurde, ist in der Literatur nicht durch eine eindeutige Definition umrissen. Gemeint sind die Kapitalmärkte jener Länder, die nicht von der Weltbank als Industrienationen eingestuft sind, wobei eine Klassifizierung ausschließlich nach Ländern stattfindet.",http://www.infos.com/de/theorie/klass12.epl, 5.02.2002. Beispielhaft für die Autoindustrie in China ist, dass viele Hersteller zwei Arten von Kunden bedienen müssen, die Niedrigverdiener mit technologisch einfachen Fahrzeugen und die Vermögenden mit hochtechnologischen und hochwertigen Fahrzeugen. Die Kunden können nicht nach klassischen Methoden segmentiert werden, denn der chinesische Markt ist nicht generell ein Markt eines Entwicklungs- oder eines Industrielandes.

5.2.3   Modelle der Personalentwicklung

Beispiel: Sales Academy

Rahmendaten

Die Sales Academy wird sich auf die Bereiche Sales und After Sales konzentrieren. Die JV verfügen zum Absatz ihrer produzierten Fahrzeuge jeweils über ein eigenes Vertriebssystem. Für unser HRTC spielen die Sales und After Sales Trainings eine große Rolle. Sie werden bisher von den JV getrennt durchgeführt. Dadurch verfügen sie über eigene Schulen und lokale chinesische Trainer. Angeboten werden sowohl technische, als auch nichttechnische Trainings für Händler. Technische Trainings beinhalten in erster Linie Schulungen zu Motoren sowie zu Diagnosetechniken zur Fehlersuche bei elektronischen Bauteilen. Sie sind somit mehrheitlich After Sales Trainings. Nichttechnische Trainings vermitteln betriebswirtschaftliches Wissen, Personalauswahlverfahren, Verkaufstechniken oder Managementwissen und sind den Sales Trainings zuzuordnen. Die JVs planen die Trainings für ihre Händlerorganisation getrennt voneinander und verfügen über ähnliche Organisationen. Für die Sales Academy des HRTC liegen die Aufgaben vorrangig im Angebot und der Organisation dieser Trainings, soweit sie von den JV nachgefragt werden. Training on Demand[336] ist das Stichwort für die Wirtschaftlichkeit des HRTC. Synergien zwischen den JV müssen verstärkt identifiziert und genutzt werden.

Konstruktive Entscheidung: Grad der Eigenständigkeit

Prinzipiell stellt sich bei der Rechtsformwahl die Frage, ob ein eigenes Unternehmen in Form einer Tochtergesellschaft oder ein JV gegründet werden sollte. Auf detaillierte Bestimmungen zur Gründung eines JVs wird nicht näher eingegangen. In der folgenden Übersicht sind die allgemein zu beachtenden Umstände und Aufwendungen zur Gründung eines JV in China aufgeführt.

---

[336] i.S.v. nachfrageinduziertem Training

Tochtergesellschaft	Joint Venture
•knappe Dokumentation	•aufwendige Dokumentation
•kaum Verhandlungsaufwand	•erheblicher Verhandlungsaufwand
•Transaktionskosten begrenzt	•höhere Transaktionskosten
•größere Flexibilität bei Standortwahl	•Standort wird durch den Partner vorgegeben
•keine Bewertungsprobleme	•erhebliche Bewertungsprobleme
•Kapital muss allein aufgebracht werden	•Kapitalaufwand wird mit JV-Partner geteilt
•Managementaufwand für Gründung höher bzw. durch externe Berater zu leisten	•Managementaufwand für die Gründung kann zum Teil vom Partner übernommen werden
•Markt muss selbst erschlossen werden	•Markt Know-how des Partners wird oft überschätzt
•optimaler Technologieschutz	•Technologieschutz relativ
•volle Kontrolle über das Personal	•Personalkontrolle meist durch Partner
•begrenzter Overhead	•Overhead-Kosten tendenziell höher
•keine Interessenkonflikte	•Interessenskonflikte erfordern permanente Abstimmung
•kein Konfliktpotential	•erhebliches Konfliktpotential

Abb. 44: Entscheidungshilfen für die Unternehmensgründung in China
Quelle: Stucken,. B.-U., a.a.O., S. 15.

Für die Sales Academy bedeutet das, den Business Unit Weg als Teil einer deutschen Tochtergesellschaft in China zu gehen, um Probleme, wie einen hohen Verhandlungsaufwand für ein JV oder den Verlust der Personalhoheit sowie das Auftreten von Interessenskonflikten, zu vermeiden.

Konstruktive Entscheidung: Standort
Die Trainingsorte sind nach den Sales- und After Sales Trainings zu unterscheiden. Sales Trainings werden in erster Linie in Trainingshotels durchgeführt, da die Programme keine speziellen Trainingsorte benötigen. Die Nähe zu den Kunden ist wichtig, um beispielsweise Reisekosten zu senken und die Teilnehmer aus bestimmten Regionen an einem Ort zu versammeln. Für die Durchführung von After Sales Trainings sind Trainingsschulen notwendig, um technische Inhalte, wie das Trainieren von Reparaturvorgängen, ausreichend vermitteln zu können.

Kundengruppen
Der neutrale Auftritt als HRTC soll neben den internen Kunden auch das Angebot des Sales Academy Produktportfolios an externe Kunden ermöglichen. Sämtliche Trainingskurse, die nicht spezifisch für unseren Hersteller sind, können über diesen Kanal angeboten werden. Unter externen Kunden sind alle Unternehmen mit Vertriebstrukturen sowie Institutionen zu verstehen, welche keine eigenen Trainingskapazitäten aufbauen, diese aber bei Dienstleistern wie dem HRTC anmieten wollen. Bei der Angebotslegung ist der rechtliche Rahmen zu beachten.

Wettbewerbsüberblick

Die Darstellung der Wettbewerbssituation, in der sich die Sales Academy befindet, soll anhand des Fünf-Kräfte Modell nach Porter dargestellt werden.[337] Die Ausprägung der Kräfte bestimmt die Schärfe des Wettbewerbs einer Branche und beeinflusst damit die Profitabilität und die Attraktivität dieser Branche. Das Ziel einer jeden Unternehmung sollte die Schwächung der Wettbewerbskräfte sein. Dort, wo starke Marktkräfte herrschen, sollte sich ein Unternehmen nicht positionieren. Ist der Markt aber sehr attraktiv, muss ein Unternehmen den Kräften nicht ausweichen, sondern es kann versuchen, deren Ursachen zu beeinflussen.

Unter Berücksichtigung der Struktur des Fünf-Kräfte Modells nach Porter ergibt sich die in der folgenden Abbildung dargestellte Situation für die Sales Academy. Dabei werden zwei unterschiedliche Wettbewerbspositionen oder Perspektiven betrachtet. Die interne Perspektive legt sich auf Kunden fest, an denen das HRTC beteiligt ist. Die externe Perspektive stellt den freien Markt in ganz China dar.

---

[337] Das sind im Einzelnen die Rivalität der Anbieter untereinander, die Gefahr durch potentielle Wettbewerber, die Marktmacht der Lieferanten und die der Kunden sowie die Gefahr durch Ersatzprodukte. Vgl. dazu auch Porter, M. E., Wettbewerbsstrategie-Methoden zur Analyse von Branchen und Konkurrenten, 10. Auflage, 1999, Frankfurt a. M., S. 34 ff

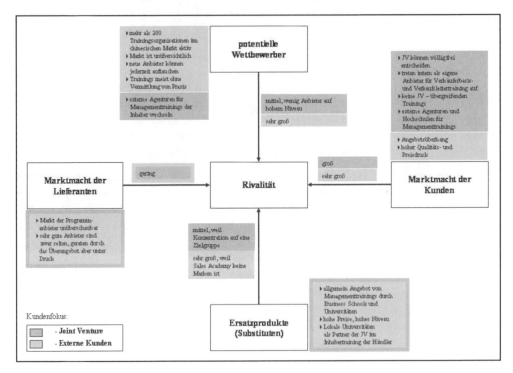

Abb. 45: Das Fünf-Kräfte Modell nach Porter für die Sales Academy
Quelle:Porter, M. E., Wettbewerbsstrategie-Methoden zur Analyse von Branchen und Konkurrenten, 10. Auflage,
Frankfurt/ Main, 1999, S. 34 ff.

Folgt die Sales Academy der Strategie der Meidung von starken Marktkräften, ist eine Etablierung am Markt kaum möglich. Intern wie extern ist die Marktmacht der Lieferanten für Trainingsprogramme aller Art gering. Auf dem Markt der externen Trainingsanbieter gibt es zu viele potentielle Mitbewerber. Die Sales Academy als potentieller Programmlieferant würde inmitten dieser Marktkräfte nicht bestehen können. Intern konzentrieren sich die Anbieter auf Managementtrainings für Inhaber von Autohäusern.

Ziele

Aufgaben der Sales Academy

Ziel der Sales Academy ist es, die Vereinigung der Sales- und After Sales Trainingsaktivitäten zwischen den JV zu unterstützen und zusätzlich benötigte Trainings anzubieten. Dieses Ziel muss weiter operationalisiert werden und dabei die Marktnischen der Sales Academy berücksichtigen. Marktnischen sind extern wie intern die nicht vorhandene Praxisnähe der Trainings und intern zusätzlich die nicht vorhandene Abstimmung zwischen den einzelnen

JV hinsichtlich gemeinsamer Trainings.[338] Die Ziele werden in der folgenden Abbildung mit den dazugehörigen Aufgaben zur Zielerfüllung dargestellt.

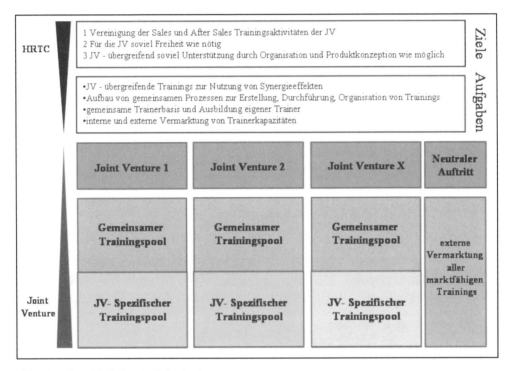

Abb. 46: Ziele und Aufgaben der Sales Academy

Ziel und Aufgaben orientieren sich in zwei Richtungen: die des gesamten HRTC und die der einzelnen JV. Das HRTC schafft den Rahmen für die Sales Academy, indem sie die Aktivitäten der JV in China bündelt und Synergien nutzt. Nach außen wird der Auftritt nach JV separiert, nach innen werden alle ähnlichen Prozesse zusammengeführt. Im Einzelnen bedeutet das, gleiche Quellen zur Trainingskonzeption zu nutzen, die Trainings gemeinsam mit den entsprechenden Inhalten zu erstellen und sie mit den gleichen Trainern an JV spezifische Kunden zu vertreiben.

Zuerst müssen die Händlerorganisationen der JV im Fokus stehen. Erst nach dem Aufbau interner Geschäftsbeziehungen und der erfolgreichen Durchführung von Trainingsmaßnahmen kann die externe Vermarktung im großen Rahmen beginnen. Die intern aufgebaute Reputation muss das HRTC nutzen, um ein klares Image auf dem externen Trainingsmarkt in China aufzubauen.

---

[338] Praxisnähe in China ist gerade bei Management Trainings wichtig, weil die Methoden und Inhalte aufgrund der unterschiedlichen Kulturen häufig zwar verstanden werden, der Weg zur Umsetzung aber durch die Trennung von Kopf- und Handarbeit ein weiter ist.

Risikoanalyse

Der Aufbau einer Sales Academy in China birgt, wie jede Geschäftstätigkeit, auch Risiken in sich. Neben den Risiken gibt es weitere Faktoren, die das Umfeld der Geschäftstätigkeit beschreiben, um die Position von Unternehmen in einem Markt zu charakterisieren. Das sind im Einzelnen die Stärken und Schwächen sowie die Chancen und Risiken einer Unternehmung. Die SWOT-Analyse baut auf diesen vier Faktoren auf und ist somit ein ideales Instrument zur Analyse der Unternehmensposition.[339]

Stärken		Chancen	
Sales Training als Inhouse-Training nah am Kunden	internes Know-how verschafft Vorteil gegenüber externen Anbietern bei internen Kunden	langfristig ganze Region Asien-Pazifik als Markt	Akzeptanz von Langzeitentwicklungsprogrammen für Personal/Prozesse bei Händlern
Erfahrungswerte aus Deutschland	durch gewonnene Größe bessere Einkaufskonditionen	praktische Ausrichtung der Trainingsprogramme	externe Vermarktung eigener Trainingskapazitäten zur besseren Auslastung
gemeinsame Entwicklung der Trainingsprogramme	Bündelung der internen und externen Programmquellen	Imagewirkung durch Fahrertrainingsschulen	Übernahme weiterer Aufgaben wie Mystery Shopping, Personalbeschaffung auf Messen
Reduzierung der Fixkosten Durch Zusammenlegung der Organisation mit den JV			
Schwächen		**Risiken**	
limitierte Trainerressourcen	Verbesserung (ROI) durch Trainingsleistung ist schwer zu kalkulieren	JV selbst Anbieter für Verkäufer- und Verkaufsleitertrainings	Know-how-Abfluss durch hohe Mitarbeiterfluktuation
begrenzter finanzieller Rahmen	Trainingspläne kein Muss für die Businesspläne der Händler	Budgeterhöhungen bei den JV schwer zu erreichen	Emerging Market
auf das Autogeschäft spezialisierte Trainer schwer zu finden	Langzeittrainings (3 Tage) nicht tolerierbar durch die Händler, Mitarbeiter fehlen im Autohaus	Trainingprogramm und Wissen werden kopiert und von Wettbewerbern genutzt	JV schwer von langfristig gemeinsamen Trainings zu überzeugen
Händler haben eine andere Auffassung zu Investitionen in das Training (Vertriebsfokus)	internationale Trainingsmaterialien/-theorien nicht auf chin. Markt zugeschnitten		

Abb. 47: SWOT-Analyse der Sales Academy[340]

Instrumente

Leistungsprogramm

Das Leistungsprogramm der Sales Academy wird sich auf die Bereiche Strategie, Prozesse und den Verkauf für Sales und After Sales konzentrieren. Rein technische Trainings werden von den JV selbst konzipiert und durchgeführt. Hinter dem Bereich Strategie verbergen sich

---

[339] SWOT: Strength- Weakness, Opportunities-Threats; Stärken-Schwächen, Chancen-Risiken; Die SWOT-Analyse besteht aus diesen beiden Teilen. Teil eins beschreibt die Geschäftsfeldstärke, Teil zwei beurteilt die Marktattraktivität. Vgl. http://www.fh-brandenburg.de/~hoeft/toolbox/ swot.htm, 27.03.2003.

[340] Anmerkung: Unter Mystery Shopping wird ein Testkauf beim Händler verstanden, der vom Automobilhersteller durchgeführt wird und ihm Einblick in die Qualität und die Kompetenzen seiner Händlerschaft gewährt. Schwerpunkte sind die Kundenbetreuung und die Reparaturqualität.

Entwicklungsprogramme für das Management der Händler wie z.B. das Führen nach Kennzahlen, die Mitarbeiterführung oder die Personalauswahl (Dealer Management Training/ Geschäftsführertrainings, Training Management). Prozesstrainings schulen die Mitarbeiter in der Verkaufsprozessen, der Fahrzeugannahme, dem Lagermanagement oder in den Werkstattprozessen (Internal Staff Training/Mitarbeiterschulungen, Dealer Training, Nontechnical Training/ Nichttechnisches Training). Das reine Verkaufstraining bildet Automobilverkäufer aus und weiter (Marque Values/ Markenwerte, Dealer CRM System/ Kundenbeziehungsmanagement).

Durch die direkte Zusammenarbeit mit den einzelnen JV ergeben sich in der Sales Academy die folgenden Programme. Um die Darstellung zu vereinfachen, sind sie zu Obergruppen zusammengefasst.

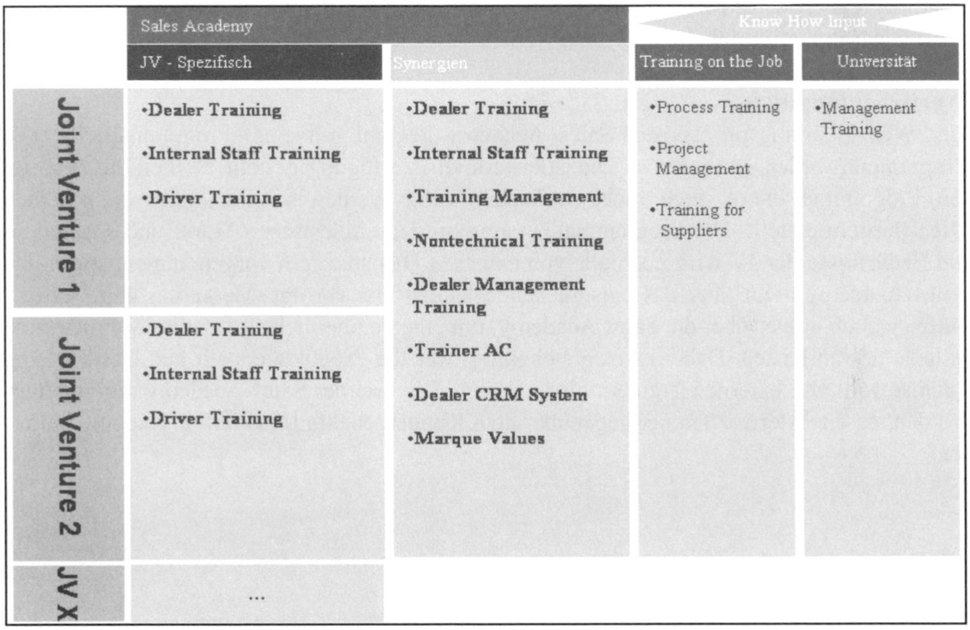

Abb. 48: Leistungsprogramm der Sales Academy

Die Produktgruppen teilen sich in die der JV und in die der Synergien. Die Produkte der JV sind vom Aufbau her ähnlich, vom Inhalt aber komplett unterschiedlich. Beispielsweise definieren sich die Driver Trainings unterschiedlich, da verschiedene Fahrzeuge in den einzelnen JV gefertigt werden. Diese Art von Trainings kann zwar von identischen Trainern geschult werden, die Inhalte sind aber JV spezifisch zu konzipieren und zu vermitteln.

Die Synergien beinhalten sämtliche Produkte, die inhaltlich keine Unterschiede zwischen den einzelnen JV aufweisen. Sie können inhaltlich gemeinsam entwickelt und verbessert werden und bilden mit der gemeinsamen Nutzung der Trainerressourcen den Kern für die Kooperationsbestrebungen.

Die Geschäftsfelder Training on the Job und Universität bieten der Sales Academy den inhaltlichen und wissenschaftlichen Hintergrund und unterstützen den Ausbau und die Attraktivität ihrer Produktpalette. Die Attraktivität kann durch die Einführung eines Qualitätssystems der Händlerschaft weiter gesteigert werden. Erhalten die Händler z.B. für das Absolvieren eines bestimmten Trainingsprogramms einen roten, blauen oder gelben Gürtel, können sie dieses Erkennungsmerkmal als Markenzeichen gegenüber ihren Kunden nutzen. Verkäufer mit einem schwarzen Gürtel wären dann die beim Kunden beliebtesten.[341] Um der hohen Fluktuation entgegenzuwirken, werden die Qualifizierungsmodule grundlegend auf die Kernmarke aller JV ausgelegt, so dass ein Verkaufsmitarbeiter sein Wissen nicht bei einem Wettbewerber nutzen kann.

Die angebotenen Trainingsprogramme decken sich nicht unbedingt mit der Nachfrage im Markt. Darum muss ein Trainingskatalog erstellt werden, mit dessen Hilfe ein Nachfragetrend hergeleitet wird. Erst dann kann seitens der Sales Academy mit der detaillierten Konzeption der Programminhalte begonnen werden.[342]

Wertschöpfungstiefe

Der Wertschöpfungsprozess der Sales Academy beginnt mit einer Programmquelle. Die Programme werden von internen Dienstleistern zur Verfügung gestellt. Sollten die benötigten Programme intern noch nicht vorhanden sein, werden sie komplett von externen Dienstleistern erstellt. Die Programmanpassung an den chinesischen Markt und speziell an die Bedürfnisse der JV wird ebenfalls von externen Dienstleistern vorgenommen, sofern die Sales Academy nicht über das entsprechende Know-how verfügt. Marketing und Vertrieb laufen jedoch immer über die Sales Academy, um einen einheitlichen Auftritt der Produktpalette zu gewährleisten. Dabei ist es gleichgültig, wer die Produkte erstellt hat. Das Training kann sowohl von externen Trainern als auch von Trainern der Sales Academy durchgeführt werden, da die externen Trainer gegenüber dem Kunden ebenfalls als Sales Academy auftreten.

---

[341] Nach einer Analyse der Unternehmensberatung McKinsey in Beijing, Guangzhou und Shanghai sind für die Kunden Serviceangebot, Händlerreputation, Exklusivität, Schnelligkeit und die Qualität des Verkaufspersonals am wichtigsten. Die Reinfolge der Aufzählung kennzeichnet die Wichtigkeit. Vgl. Gao, Paul, Capturing the Growth Opportunities in China's Automotive Market, McKinsey Automotive & Assembly Extranet, https://autoassembly.mckinsey.com, 21.02. 2003.

[342] Um die Kosten gering zu halten, muss der induktiven Denkweise der Chinesen entsprochen werden. Als erstes kommen Beispieltrainingskurse mit einer breiten thematischen Auffächerung in Frage. Danach folgt ein Feedback des Kunden in Form einer Anfrage und erst dann kann der spezielle Trainingskurs von der Sales Academy erstellt werden.

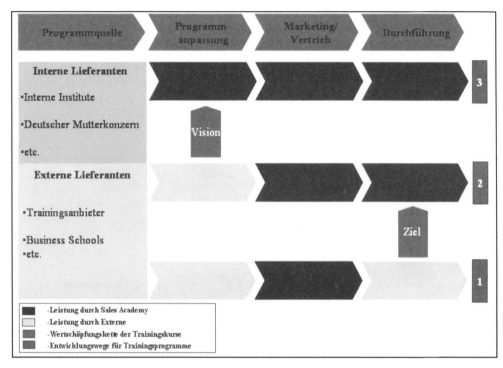

Abb. 49: Wertschöpfungstiefe der Sales Academy

Der erste Entwicklungsweg der Trainingsprogramme macht eine Lieferung und Anpassung der Trainings sowie eine Durchführung durch Externe notwendig, solange die Sales Academy nicht genügend eigene Kapazitäten für die Durchführung der Trainings und die Anpassung der Inhalte aufgebaut hat. In der Startphase werden viele Trainings diesen Wertschöpfungsprozess durchlaufen. Lokale und eigene Trainer sind aber langfristig preiswerter und sie nehmen der Sales Academy den Schein, nur eine Sales Agentur von vielen zu sein. Die JV werden diese Agenturtätigkeit langfristig ablehnen, da sie die Sales Academy als unnötigen Kostentreiber für ihre Produkte ansehen werden. Um die Kosten für eigene Trainer zu senken, können sie in- und extern verliehen werden. Das führt zu einer maximalen Auslastung.

Ein zweiter Entwicklungsweg lässt nur noch die Programmlieferung und -anpassung durch externe Anbieter zu. Solange das Know-how dafür bei der Sales Academy nicht vorhanden oder diese Leistung durch Externe schlichtweg günstiger ist, muss sie so vorgehen. Dieser Entwicklungsweg muss zum vorherrschenden im gesamten Trainingsportfolio werden.

In einigen Fällen ist ein dritter Entwicklungsweg möglich. Er ist durch eine von der Programmanpassung bis zur Durchführung reichende Wertschöpfung durch die Sales Academy charakterisiert. Den Einsparungen durch den Verzicht auf externe Trainingsdienstleister mit ihren Trainern, ob nun lokal im Markt präsent oder in Deutschland tätig, stehen die Aufwendungen für den Aufbau von eigenem Know-how und den dazugehörigen Trainern gegenüber.

Beispiel: Training on the Job

Rahmendaten
Ist-Produktportfolio: Das hier dargestellte Ist-Produktportfolio kann als beispielhaft für die vorhandenen Funktionen innerhalb eines Großunternehmens gesehen werden. Das Produktportfolio wird fast ausnahmslos vom deutschen Mutterkonzern bestimmt. Dieser bietet vier unterschiedlich ausgerichtete Beratungs-/ Trainingsbereiche.

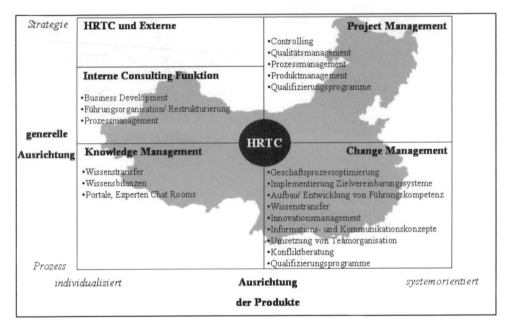

Abb. 50: Ist-Produktportfolio Training on the Job

Für das Knowledge Management bedeutet individualisiert die exakte Anpassung von Know-how Transfer Systemen an die Kundenbedürfnisse. Beim Wechsel von Führungskräften ist es elementar, nicht nur das Geschäftswissen, sondern auch die Persönlichkeit einer Führungskraft zu beachten. Netzwerke spielen dabei eine große Rolle. Der Wissenstransfer bei Kooperationsprojekten zwischen unterschiedlichen Herstellern ist ebenfalls eine stark individualisierte Lösung, genau wie die Wissensbilanzen zur Vorbereitung von neuen Fahrzeugmodellanläufen. Dabei werden bestehendes und neu benötigtes Wissen miteinander abgeglichen und Konzepte zur Ausfüllung der Wissenslücken erarbeitet. Die Consulting Funktionen eröffnen ein breites Spektrum an internen und externen Leistungen. Der Fokus liegt aber mehr auf den Prozessen als in einer Strategieorientierung.

Der HRTC kann die einzelnen Produkte zielgerichtet aus dem Produktportfolio in Abhängigkeit vom jeweiligen Kunden auswählen und vermarkten. Das Portfolio lässt eine Lücke im strategischen und stark individualisierten Bereich offen, die der HRTC selbst schließen muss, wenn die Leistungen nicht extern eingekauft werden sollen.

Das Project Management ist auf das Angebot von Trainings zum Projektmanager sowie zur aktiven Begleitung und Führung von Projekten ausgerichtet. Es ist wie das Change Management stark systemorientiert und bietet Lösungen in Programmen und Modulen an.

Interne Ausgangssituation

In den produzierenden JV als möglichen Hauptkunden wurden bisher keine umfangreichen Beratungsprojekte einer internen eigenen oder externen Unternehmensberatung durchgeführt. Der Grund dafür liegt in der sehr guten wirtschaftlichen Lage der JV. In einer solchen Situation schaut keiner der beiden Partner auf Optimierungspotentiale in den Prozessen, sondern konzentriert sich auf den weiteren raschen Ausbau der Kapazitäten und die Erhöhung des Outputs.

Beispiele für notwendige Veränderungen der Prozesse in den JV lassen sich in der Beschaffung und der indirekten Logistik finden. Dort sind vereinzelt interne Projekte angelaufen. Sie wurden und werden aber durch interne Interessensgegensätze beider Partner behindert. Die folgende Abbildung zeigt diese Interessensgegensätze.

deutsche Seite	chinesische Seite
•zügige Optimierung der Prozesse •Transparenz im Unternehmen •Prozesssicherheit •Prozesskostenreduktion	•Einfluss erhalten •Zeit verschaffen zur Anpassung an veränderte Unternehmensumwelt •starke Rückkopplung zur Muttergesellschaft •Einbettung in die Lokal- und Zentralpolitik
Einordnung in Konzern-Organisation	Einordnung in JV-Organisation

Abb. 51: Interessensgegensätze der JV Partner

Die deutsche Seite ist stark prozessorientiert, während für die chinesische Seite das Prozessumfeld eine wesentlich größere Rolle spielt. Deutsche handeln aus einer Position der beruflichen und persönlichen Sicherheit heraus. Abstimmungen zwischen den Deutschen und mit der deutschen Muttergesellschaft fallen leichter. Chinesen agieren aus einer Position der beruflichen und persönlichen Unsicherheit heraus. Sie müssen sich mit ihrer chinesischen Muttergesellschaft und den politischen Interessengruppen weitaus stärker auseinandersetzen.

Häufig ist den Chinesen nicht klar, welche Auswirkungen gewollte Veränderungen der Prozesse durch die deutsche Seite auf die chinesische Seite haben. Sie benötigen Zeit, das herauszufinden, da die deutsche Seite das Problem oftmals mit einer Lösung verbindet, die nicht mehr zur Disposition zu stehen hat.[343] Dieses Umfeld erschwert es dem Training on the Job Geschäftsfeld, von der chinesischen Seite akzeptiert zu werden und nur so erfolgreich zu sein.

Kundengruppen

Kunden des Trainings on the Job sind in erster Linie die JV. Durch erfolgreich durchgeführte Projekte in den JV können extern Aufträge akquiriert werden, denn nur ein vorzeigbarer Grundstock an guten Projektreferenzen ermöglicht den Vertrieb von weiteren Beratungsprojekten. Der externe Markt ist hart umkämpft und für das HRTC ohne Erfahrungen in China schwer zu besetzen.[344] Der Zugang zu den JV als interne Kunden ist für das HRTC durch die Verbindung mit dem deutschen Stammhaus und dem jeweiligen chinesischen Partner leichter. Für Projekte des Marketing und des Vertrieb in den JV kann die Sales Academy mit ihrem nach JV differenzierten Auftritt genutzt werden. Alle anderen Aktivitäten innerhalb der produzierenden Werke sind über den neutralen Auftritt des HRTC anzubieten. Das gilt auch für alle externen Beratungsdienstleistungen.

Wettbewerbsüberblick

Bevor das HRTC als Beratungsanbieter aktiv wird, muss er sich den Kräften des Marktes anpassen. Die Wirkungsweisen werden in der folgenden Abbildung gezeigt.

---

[343] Grund hierfür ist die induktive Denkweise der Chinesen, die im Gegensatz zur deduktiven der Deutschen steht.

[344] Sämtliche namhaften Unternehmensberatungen aus dem Ausland sind in China vertreten. Aber auch sie (z.B. Roland Berger Strategy Consultants) werden vom Markt abgestraft, wenn sie nur internationale und keine chinesische Projekterfahrung mitbringen. Dadurch wird die vorhandene Reputation schnell zerstört. Vgl. Crummenerl, C., Aufbau einer Unternehmensbratung in China-Eine ressourcen-theoretische Analyse am Beispiel der VOLKSWAGEN Consulting, Diplomarbeit, Lehrstuhl für Betriebswirtschaftslehre der Universität Passau, Mai 2002, S. A-13.

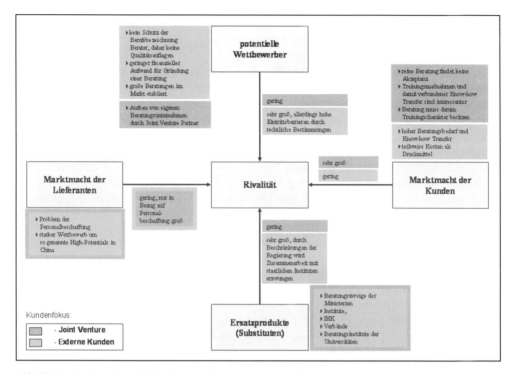

Abb. 52: Das Fünf-Kräfte Modell nach Porter für das Training on the Job
Quelle: In Anlehnung an: Porter, M. E., Wettbewerbsstrategie-Methoden zur Analyse von Branchen und Konkurren-
ten , 10. Aufl. Frankfurt/ Main 1999, S. 34 ff

Das HRTC kann den starken Marktkräften, verursacht durch die sehr große interne Marktmacht der Kunden, nicht ausweichen. Um sich Reputation durch erfolgreiche Projekte zu
verschaffen, muss er sich zuerst auf die internen Kunden konzentrieren, da die Wettbewerber
den externen Markt beherrschen. Um Zugang zum internen Markt zu erhalten, müssen die
Ursachen erforscht und behoben werden. Beratungsleistungen mit Trainingscharakter sind
der Schlüssel zum Erfolg.

Ein weiterer Grund für die Bevorzugung des internen vor dem externen Markt ist der Zwang
zur Partnerschaft mit öffentlichen Institutionen bei externer Tätigkeit.[345] Diese öffentlichen
Akademien und Institute sind die F & E-Abteilungen vieler chinesischer Unternehmen, die
nicht selbst über derartige Bereiche verfügen.[346] Sie sind ständig auf der Suche nach neuem
Wissen, weshalb der chinesische Staat ihnen Partnerschaften mit westlichen Wissensträgern
per Zwang ermöglichen möchte. Intern ist es dem HRTC erlaubt, Dienstleistungen an alle
Unternehmen alleine zu vermarkten, an denen das deutsche Stammhaus Beteiligungen hält.

---

[345] Andernfalls ist eine externe Geschäftstätigkeit ohne lokalen Partner nicht erlaubt.

[346] Tang, Z., Reisch, B., Erfolg im China-Geschäft, Campus Verlag GmbH, Frankfurt/ Main 1995, S. 36.

Die Beschaffung von lokalem Personal ist jedoch ein Problem. Professionelle chinesische Berater gibt es nicht in ausreichender Menge in China. Dementsprechend hoch sind die Nachfrage und die gezahlten Löhne. Für einen Auslandschinesen mit MBA und Berufserfahrung können beispielsweise ca. 100000 USD pro Jahr eingeplant werden. Abwerbungen sind ein teuer zu bezahlendes Instrument der Personalbeschaffung.

Ziele

Aufgaben des Training on the Job
Das durch das Fünf-Kräfte Modell nach Porter beschriebene Marktumfeld unterstreicht die Zielsetzung des Geschäftsfelds Training on the Job, die Zusammenarbeit zwischen den JV durch gemeinsame Projekte zu verstärken. Um wirklich gemeinsame Projekte zwischen den JV zu ermöglichen, muss das HRTC Projektsteuerungsfunktionen für JV-übergreifende Projekte übernehmen. Diese verschaffen kurz- und mittelfristig zwar keine Einnahmen, erschließen aber Anschlussaufträge.

Angeboten werden müssen Beratungsprojekte mit einem starken Trainingshintergrund. Darum ist das Geschäftsfeld Training on the Job mit dem Geschäftsfeld der Universität zu verknüpfen. So lassen sich die für weitere Aufträge notwendigen Geschäftskontakte in das Management der JV aufbauen. Um die Nachfrage von Beratungsdienstleistungen zu verstärken, müssen Prozesstrainer als Inhouse Consultants in den Personalentwicklungs-abteilungen der JV ausgebildet werden. Diese Inhouse Consultants sind Angestellte der jeweiligen JV. Sie können vom HRTC trainiert werden und beraten selbstständig innerhalb ihrer Unternehmen. Sind die Grenzen der Kompetenzen dieser Prozesstrainer durch bestimmte Projekte erreicht, liefert das HRTC weitere Trainings oder stellt eigene Berater zur Unterstützung. Nachdem das HRTC einige erfolgreiche Projekte innerhalb der JV durchgeführt und Erfahrungen in China gesammelt hat, kann es sich später um externe Kunden bewerben.

Risikoanalyse
Das Training on the Job Geschäftsfeld befindet sich in einer schwierigen Umwelt, in welcher derartige Leistungen nicht wie in der westlichen Kultur gewohnt, akzeptiert und genutzt werden. Guter Rat oder Beratung ist auch in China teuer. Dort ist es jedoch schwieriger, Vertrauen in den Rat aufzubauen, damit dieser akzeptiert wird.

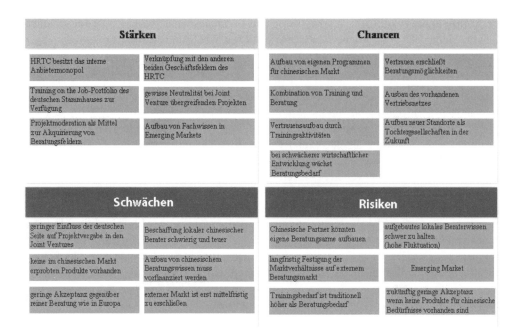

Abb. 53: SWOT-Analyse des Training on the Job

Die Stärken des HRTC bestehen in der Nutzung des gesamten Training on the Job Portfolios. Ein weiterer Schlüssel ist das Anbietermonopol für Produkte des deutschen Stammhauses. Die Verknüpfung mit den anderen beiden Geschäftsfeldern des HRTC schafft ebenfalls Möglichkeiten, Kundenbeziehungen aufzubauen und diese dann für Beratungsleistungen zu nutzen. Hilfreich beim Aufbau von Kundenbeziehungen sind auch Projektleitungs- und Moderationsaufgaben, welche Verbesserungspotentiale als Beratungsansatz herausfiltern und Vertrauensverhältnisse auf Geschäftsebene schaffen. Zu den Schwächen des Training on the Job zählt der geringe Einfluss des deutschen Partners auf Projektvergaben in den JV. Das Ist-Produktportfolio des Trainings on the Job enthält keine für den chinesischen Markt konzipierten oder in ihm erfolgreich umgesetzten Produkte. Die China-Erfahrung ist folglich gering und die 1:1-Umsetzung wegen der schon erwähnten kulturellen Besonderheiten hinsichtlich der reinen Beratung unmöglich. Die Entwicklung von speziell für China konzipierten Lösungen durch erfahrene lokale Berater ist mit einem hohen Aufwand verbunden. Diese Berater sind knapp und müssen alternativ erst herangezogen werden. Der externe Markt ist aufgrund der harten Konkurrenz seitens der Wettbewerber und durch Substituten sowie durch rechtliche Bestimmungen erst mittelfristig zu erschießen.

Die Chancen liegen im Aufbau eigener Lösungen für den chinesischen Markt, wofür sich das Ist-Produktportfolio des Trainings on the Job nutzen lässt. Beratungsleistungen müssen mit Training verbunden sein. Das Training schafft die Vertrauensbasis und damit den Bedarf für eine Beratungsleistung, die wiederum ein Training für die Umsetzung erfordert. Der Ausbau existierender Vertriebssysteme, die Vergrößerung vorhandener Produktionskapazitäten und der Aufbau neuer zukünftiger Werke, lassen den Beratungsbedarf steigen. Er kann sich aber auch bei einem sich abschwächenden wirtschaftlichen Wachstum erhöhen.

Risiken liegen intern vor allem darin, dass die chinesischen Joint Venture Partner eigene Beratungsarme aufbauen könnten. Der externe Markt ist für das HRTC später schwer zu erschließen, da er sich bis dahin konsolidiert haben könnte. Ein schneller Einstieg ist aber aufgrund der geringen Reputation nicht möglich. Der Bedarf an Trainings ist in China höher als der Beratungsbedarf, da neue Lösungen mit einem westlichen Hintergrund schwerer zu vermitteln sind. Sehr gute lokale Berater sind, sofern sie erst einmal für das eigene Unternehmen gewonnen worden sind, schwer zu halten. Ist die Fluktuation zu hoch, kann das spezifische Wissen nicht weiterentwickelt werden und es entstehen Leerzeiten. Vor dem Hintergrund eines sich schnell entwickelnden Emerging Market ist es jedoch besonders wichtig, eine eigene Mitarbeiterbasis aufzubauen. Extern und speziell für einzelne Projekte eingestellte Berater bringen keine Kontinuität in den Aufbau von Beratungswissen über den chinesischen Markt. Riskant ist dieser diskontinuierliche Know-how-Aufbau für die Akzeptanz der Produkte. Das HRTC hat dadurch nur einen Agenturruf, durch den die Möglichkeiten für chinesische Lösungen aus Kundensicht schon rein subjektiv gering sind.

Instrumente

Leistungsprogramm

Um das Training on the Job Geschäftsfeld vor allem in den JV erfolgreich zu sein, muss beim Kunden der Wunsch nach Beratung geweckt werden. Dieser Wunsch kann aber nur durch einen konkret aufgezeigten Bedarf und ein entsprechendes Vertrauensverhältnis entstehen. Solch ein Vertrauensverhältnis kann nicht allein durch eine vorhergegangene Beratung erzeugt werden, sondern ist durch erbrachte Trainingsleistungen und den damit fortgeführten Aufbau von persönlichen Beziehungen zu entwickeln.[347] Einen Ansatz hierfür bietet die Taiji-Formel.[348]

---

[347] Vgl. Zailiang T., Reisch B., a.a.O., S. 43 f. Für eine Geschäftsbasis ist ein langwieriger Aufbau von persönlichen Beziehungen notwendig, um Vertrauen zu schaffen. Vertrauen ist wichtiger für Chinesen, als hunderte sehr gut begründete Produkteigenschaften bei einem Geschäft.

[348] Das vor rund 5000 Jahren entstandene Taiji- Symbol stellt die universelle chinesische Weltformel dar. Das dunkle Yin als Schattenseite und das helle Yang als Sonnenseite symbolisieren einen endlosen Übergang und Ausgleich der Gegensätze. Das Licht beinhaltet das Dunkel in sich, ebenso wie das Dunkel den Keim des Lichts in sich birgt. Ziel ist es, zu jeder Zeit im Einklang mit seiner Umgebung zu sein. Dazu muss in jedem Gegensatz das Gemeinsame gefunden und zu einem neuen Ganzen zusammengefügt werden. Vgl. Krott, M. F., Marktmacht China, Wien 1999, S. 11.

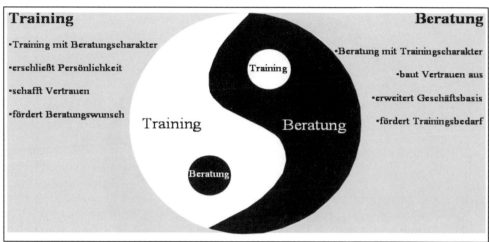

Abb. 54: Das ausgleichende Verhältnis von Training und Beratung
Quelle: eigene Darstellung auf der Basis der Taiji-Formel

Diese Symbolik soll am Beispiel eines speziellen Trainingsprogramms für chinesische und deutsche Manager beschrieben werden, bei dem die Managementfähigkeiten an realen Projekten weiterzuentwickeln sind. Während eines solchen Trainings werden sich weitere Verbesserungsmöglichkeiten in der Projektumgebung aufzeigen, für die dann ein neues Trainingsprogramm aufgelegt wird oder konkret Beratungslösungen erarbeitet werden können. Die Fähigkeiten des HRTC wurden vorher im Training unter Beweis gestellt.

Daneben sind in allen JV so genannte Prozessberater auszubilden, die selbstständig Projekte in den Werken akquirieren und durchführen. Das HRTC bildet die JV Mitarbeiter aus und schult sie weiter oder stellt Berater, wenn die Prozessberater an ihre Leistungsgrenzen stoßen. Die Akzeptanz von Beratungsprojekten ist weitaus höher, wenn sie scheinbar von innen durchgeführt werden. Der Beratungserfolg ist größer und Ergebnisse lassen sich schneller erzielen, da die externen Berater von Prozessberatern unterstützt werden, welche mit der internen Situation des JV besser vertraut sind.

Es gibt aber auch Trainings, die keine direkten Beratungsansätze ermöglichen. Sie dienen nur dem reinen Aufbau von Geschäftsbeziehungen und als Einnahmequelle.

Wertschöpfungstiefe
Die Wertschöpfungstiefe ähnelt der der Sales Academy. Ziel muss es sein, eigene HRTC-Trainer durch ein Train the Trainer Verfahren seitens externer Anbieter direkt in den Trainings auszubilden. Der finale externe Anteil eines jeden Trainings sollte etwa 30 % betragen. Rund 70 % werden durch interne Trainer geleistet. Somit kann das HRTC eigenes Know-how aufbauen, den Agenturruf abschütteln, die Kosten für Trainings bei kontinuierlich garantierter Auslastung absenken und die eigene Gewinnspanne erhöhen.

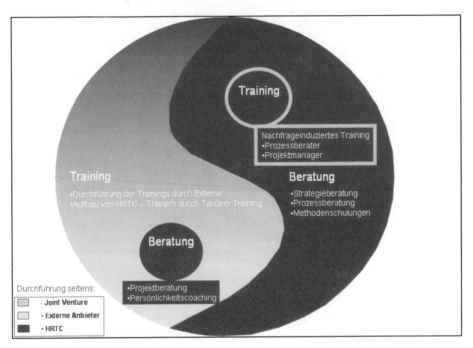

Abb. 55: Wertschöpfungstiefe des Training on the Job
Quelle: eigene Darstellung auf der Basis der Taiji-Formel

Im Vordergrund stehen Trainings, welche in dieser Arbeit bereits beispielhaft behandelt worden sind und in erster Linie Beratungsmöglichkeiten erschließen. Darunter können sich auch Management Trainings befinden, deren primäres Ziel nicht die Entwicklung von Mitarbeitern des Chinageschäfts des deutschen Stammhauses, sondern die chinesischer Manager für die JV Partner ist. Diese Trainingsart ist gut geeignet, um interkulturelle Konflikte in Teams unterschiedlicher Nationalitäten zu lösen. Zudem lassen sich so Beratungslösungen herbeiführen, die von der chinesischen und der deutschen Seite gemeinsam getragen werden. Die reine Beratung kann vom HRTC oder auch von den JV direkt durchgeführt werden. Von den JV durchgeführt heißt, dass in bestimmten Bereichen, wie der Organisation oder der Personalentwicklung, innerhalb der JV Mitarbeiter zu Prozessberatern und Projektmanagern geschult werden. Diese beraten selbstständig in den JV und werden dabei an die Grenzen ihres Wissens stoßen. Für diesen Fall benötigen sie langfristig weiteres Methodenwissen, welches ihnen durch Trainings seitens des HRTC vermittelt wird. Kurzfristig brauchen sie jedoch schnelle Hilfe, die von Beratern des HRTC geleistet werden kann. Das HRTC hat wiederum die Möglichkeit, eigene Berater durch derartige Beratungsprojekte im Umgang mit den chinesischen Kunden zu schulen und auszubilden, während die Finanzierung durch die JV Partner geleistet wird. Eigene Berater lassen sich aus den Reihen chinesischer Berater rekrutieren, welche über Erfahrungswerte aus internationalen Beratungsunternehmen verfügen. Sie erhalten zunächst befristete Projektverträge, die in ein festes Beschäftigungsverhältnis umgewandelt werden, sobald der Kunde mit einem entsprechenden Auftragsniveau erschlossen worden ist.

Beispiel: Universität

Rahmendaten
Interne Ausgangssituation: Kern der Beschreibung der Ausgangsituation sind die Aktivitäten zur Managemententwicklung in allen JV, die hier zusammenfassend als "Universität" bezeichnet werden.

Die Personalverantwortung in den Tochtergesellschaften liegt in der Hand des deutschen Stammhauses. Im Gegensatz dazu besitzt in den JV die chinesische Seite die Personalhoheit und der Einfluss der deutschen Seite ist begrenzt. Technische Trainings finden keine Beachtung, weil sie von den JV in Eigenregie durchgeführt werden. Sämtliche JV haben eigene Auswahl- und Entwicklungsprogramme. Die angebotenen Trainingskurse sind von ihnen selbst entwickelt worden oder wurden von lokalen Externen hinzugekauft. Für die JV ist es uninteressant, Trainingsleistungen vom Stammhaus des deutschen Partners direkt in Deutschland einzukaufen, da die Übertragung der Trainings häufig die Anwesenheit von deutschen Trainern erfordert. Die Reisekosten sind dabei ein wichtiger Faktor, kombiniert mit der meist nicht vorhandenen China-Erfahrung der Trainer. Viele der Trainingskurse wie Teamführung, Problemlösungsmethoden oder Delegation, können auch in China von lokalen Anbietern angeboten werden. Für das HRTC mit seinem Geschäftsfeld Universität bleiben damit die Managementtrainings als Schwerpunkt.

Management Trainings des deutschen Partners sind aber auch problematisch, denn ihr Ziel liegt in der Gewinnung und Entwicklung von Führungskräften für die deutsche Seite. Daran sind die chinesischen Partner nicht interessiert. So steigt z.B. die Gefahr einer Abwerbung, da die Managementleistung durch einen internationalen Standard vergleichbar geworden ist. Die JV unterhalten zudem viele Austauschprogramme und besitzen meist Kontakte zu Universitäten. Damit unterstützen sowie fördern sie teilweise ihre Mitarbeiter bei der Erlangung eines MBA-Abschlusses. Auch hier befindet sich der HRTC in einer Konkurrenzsituation, die es geschickt zu nutzen gilt. Ferner müssen, entsprechend der Nachfrage, neue lokale Trainings vom HRTC für die JV entwickelt werden.

Rechtsform
Das Geschäftsfeld Universität sollte idealerweise organisatorisch ein Teil vom HRTC sein. Die administrativen Prozesse und die fachlichen Synergien mit den anderen beiden Geschäftsfeldern lassen sich so besser erschließen. Um ein funktionierendes Managemententwicklungssystem für chinesische wie auch deutsche Mitarbeiter aufzubauen, sind prinzipiell drei Wege denkbar.

Erstens besteht die Möglichkeit zum Aufbau einer eigenen Universität, für die eine eigene Lizenz notwendig wäre. Sie ist ohne einen lokalen Partner sehr schwer zu erhalten.[349] Zweitens ist eine Partnerschaft mit einer chinesischen Hochschule denkbar. Sie erleichtert das Gründungsvorhaben, weil aus chinesischer Sicht hierbei kein neuer Konkurrent entsteht, sondern Know-how transferiert wird. Beispielsweise kann die Vergabe von postgradualen

---

[349] Zuständig für die Lizenzvergabe ist das National Education Committee. Ohne lokalen Partner wäre ein weiterer Konkurrent am Markt und es erfolgt keine Zulassung.

Abschlüssen über die Partnerhochschule erfolgen. Eine dritte Möglichkeit stellt die Reduzierung aller Aktivitäten in China auf ein Trainingscenter dar. Postgraduale Studiengänge können dann über eine Entsendungsmöglichkeit der Teilnehmer nach Deutschland angeboten werden. Die HRTC-Zielstellung, ein Profit Center sein zu wollen, wird durch diese Lösung stark behindert. Es können nicht genügend Abschlüsse über diesen Transfer angeboten werden. Der externe Markt ist nur schlecht zu erschließen.

Standort
Die beispielhafte Möglichkeit der Partnerschaft mit einer chinesischen Universität soll hier als einzige betrachtet werden, da sie für unser HRTC die besten Entwicklungsmöglichkeiten in China bietet. Als Partner würden nur die besten Universitäten Chinas in Frage kommen, um einmal das Image des deutschen Stammhauses positiv zu beeinflussen, den angemessenen akademischen Hintergrund für die Programme zu schaffen und einen Zugang zu den hoch qualifizierten Absolventen, den so genannten High Potentials, zu erhalten. Dazu muss ein Hochschulnetzwerk aufgebaut werden, welches nach Schlüsselpartnerschaften zur Programmerstellung und Durchführung sowie reinen Netzwerkpartnern zu unterscheiden ist. Die Netzwerkpartner sind insofern Kunden, die als Abnehmer von Trainingsprogrammen einen monetären, als Inputgeber für den Trainingsbedarf einen informellen und als Quelle für High Potentials einen kommunikativ akquirierenden Kundenwert besitzen. Die für beide Partnergruppen in Frage kommenden Universitäten sollten unter folgenden Gesichtspunkten ausgewählt werden:

- Reputation und Status der Hochschule in China und im Ausland
- Nähe zu den Werken/ dem Stammsitz der chinesischen Partner
- Gute Erreichbarkeit per Flugzeug und Bahn

Reputation und Status der in Frage kommenden Hochschulen lassen sich beispielsweise an Hand der MBA Rankings der Financial Times oder der Asia Inc. bewerten.

Kundengruppen
Um attraktiv und erfolgreich am Markt und vor allem wirtschaftlich als Profit Center zu sein, muss sich das Geschäftsfeld Universität auf zwei Zielgruppen konzentrieren, die Internen und die Externen. Beiden Zielgruppen sind unterschiedlichen Programmzielen zugeordnet. Für die Internen stehen die Gewinnung, Bindung und Entwicklung von Spitzenkräften im Vordergrund. Diese Zielgruppe bildet den Kern aller Aktivitäten, da sie essentiell für den weiteren Ausbau der Aktivitäten des deutschen Stammhauses in China ist.

Die Gruppe der Externen trägt in erster Linie zur Stärkung des eigenen Images und der Erhöhung der Bekanntheit bei. Zudem schafft sie eine zusätzliche finanzielle Einnahmequelle, ermöglicht dem deutschen Stammhaus die Gewinnung von geeigneten Hochqualifizierten und liefert fachlichen Input von Außen. Somit entsteht keine abgeschottete Universität.

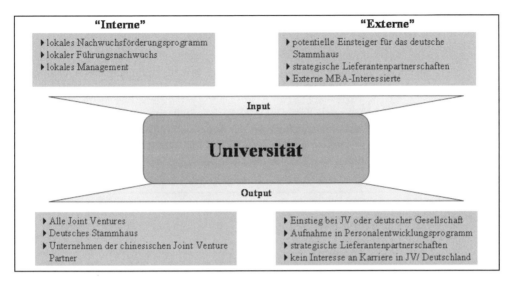

Abb. 56: Kunden des Geschäftsfelds Universität

Die Gruppe der Internen, die erst in die Universität eintreten wollen, besteht aus den Mitgliedern eines aufzubauenden Nachwuchsförderungsprogramms. Sie haben bereits die Senior High School absolviert.[350] Mit dem lokalen Führungsnachwuchs sind alle Kandidaten für eine Managementposition bezeichnet, die in den JV tätig sind. Sie werden hier über spezielle Programme auf ihre spätere Laufbahn vorbereitet. Ähnliches muss es für die lokalen Manager geben.

Im Ergebnis stehen für das deutsche Stammhaus und die JV vorbereitete Nachwuchsmanager und weitergebildete gestandene Führungskräfte zur Verfügung. Unter den Externen werden sich die am deutschen Stammhaus interessierten potentiellen Einsteiger befinden, die ein Erststudium oder eines postgradualen Studium anstreben. Daneben sollte es auch den Automobillieferanten der JV möglich sein, Mitarbeiter an der Universität weiterzubilden. Neben diesen beiden Gruppen sind auch die nicht beruflich an einer Tätigkeit für die chinesische oder deutsche Seite der JV interessierten Zielgruppen aus finanziellen und Imagegründen zu betrachten.

Nach dem erfolgreichem Abschluss und einem entsprechenden Bedarf können über die Lernprogramme Mitarbeiter akquiriert werden. Nur diejenigen verlassen die Universität, die auch nach den Qualifizierungsmaßnahmen nicht an einem beruflichen Einstieg interessiert sind.

Wettbewerbsüberblick
Der chinesische Hochschulbildungsmarkt unterteilt sich in die staatlichen und die privaten Universitäten. Die staatlichen Hochschulen besitzen strenge Zugangsformalitäten auf der

---

[350] Vgl. Abschnitt V.1.2. Bildungsmarkt China

Basis von gezeigter Leistung. Ein Studium an einer privaten Hochschule ist, das entsprechende finanzielle Budget vorausgesetzt, käuflich.[351] Dementsprechend prestigeträchtig sind
Studiengänge und MBA-Programme an staatlichen Hochschulen. Für das HRTC wären deshalb nur die staatlichen Hochschulen und einige wenige private Bildungsträger als Kooperationspartner und für eine Wettbewerbsanalyse interessant.

Für das Fünf-Kräfte Modell nach Porter wurde die Rivalität aus zwei Perspektiven untersucht. Die interne Perspektive kennzeichnet das deutsche Stammhaus und seine chinesischen
Joint Venture Partner, die Externen alle übrigen. Wenn die Internen keine Einflussmöglich-
keiten auf die Rivalität nehmen können, werden sie in der folgenden Grafik nicht betrachtet.

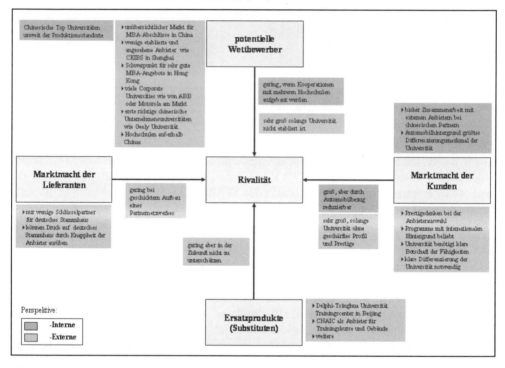

Abb. 57: Das Fünf-Kräfte-Modell nach Porter für die Universität
Quelle: In Anlehnung an: Porter, M. E., Wettbewerbsstrategie-Methoden zur Analyse von Branchen und Konkur-
renten , 10. Aufl. Frankfurt/Main 1999, S. 34 ff

Auf dem chinesischen Bildungsmarkt wirken gerade im MBA-Bereich starke Marktkräfte.
Denen kann das HRTC nur teilweise ausweichen, um sich am Markt zu behaupten. Generell
müsste davon abgesehen werden, sich als Anbieter von allgemeinen MBA-Programmen
etablieren zu wollen. Der Konkurrenzdruck ist zu groß. Neben den staatlichen Universitäten
bieten eine Reihe von privaten Hochschulen MBA-Programme an. Im Bereich der privaten

---

[351] Vgl. Kap. V. 1. 2. Bildungsmarkt China

Universitäten gibt es auch die Corporate Universities oder unternehmenseigene Hochschulen. Hierbei handelt es sich aber nicht um Hochschulen im Sinne der Vergabe von akademischen Titeln, sondern um reine Trainingseinheiten, die nur teilweise offen sind für externe Kunden. Motorola unterhält z.B. ein rein internes Trainingszentrum ausschließlich für Mitarbeiter. ABB vermarktet Trainings zur eigenen Produktpalette und bezeichnet diese Leistungen als eine Corporate University. Daneben gibt es aber auch kleine private Universitäten, wie die Beijing Geely University. Sie ist vom Gründer des gleichnamigen Automobilunternehmens aufgebaut worden, lehrt aber keine ausgesprochen automobillastigen Programme. Für die Universität bietet sich eine Marktnische durch die Ausrichtung auf automobile Programme oder auf das so genannte German Engineering. In diesem Segment sind die deutschen Hersteller führend und verfügen auch über das meiste Know-how. Es ist die einzige Differenzierungsmöglichkeit gegenüber starken Anbietern aus den USA. Die Ausrichtung der Universität auf automobile Themen von Anfang an, verschafft einen Vorsprung gegenüber den Wettbewerbern. Helfen kann dabei der ausgesprochene Praxisbezug aller Programme, der die Anwendbarkeit des Gelernten garantiert.

Um die Marktmacht der Lieferanten zu senken und den Druck durch potentielle Wettbewerber zu verringern, sind Schlüsselpartnerschaften aufzubauen, die gleichzeitig den Zugang zu internen Kunden erleichtern. Die Auswahlkriterien wurden unter "Standort" beschrieben. Darüber hinaus ist auch eine Partnerschaft mit einigen einflussreichen Automobilverbänden wie CNAIC[352] anzustreben.

Erst nach einer internen Etablierung kann an die Erschließung des externen Marktes gegangen werden, Dazu benötigt die Universität in erster Linie ein prestigeträchtiges Image, das nur von innen heraus kommen kann. Wenn deutsche Unternehmen als Kunden für Managementwicklungsprogramme angesprochen werden sollen, sind die Konkurrenzangebote anderer deutscher Anbieter nicht außer Acht zu lassen. Das German Institute of Science and Technology in Singapur soll hier als Beispiel genannt sein.[353]

Ziele

Aufgaben der SHG University
Entsprechend den Zielvorgaben für das HRTC liegt eine Aufgabe der Universität im Aufbau von lokalen Managementkapazitäten. In den JV sollen die Managementwicklungsprogramme angeboten werden. Diese ermöglichen für Konzernmitarbeiter die Personalentwicklung im Ausland und für Mitarbeiter der JV Partner den Gewinn von neuem Management Know-how sowie die Schaffung vergleichbarer Standards. Zusätzlich wäre es notwendig, für

---

[352] CNAIC ist die einflussreichste Vereinigung im Automobilbereich in China. Per Rotationsprinzip leiten jeweils die Präsidenten der chinesischen Automobilhersteller die Organisation. CNAIC tritt selbst als Trainingsanbieter auf.

[353] Das GIST mit Sitz in Singapur bietet den Studiengang Industriechemie sowie in Zukunft Masterprogramme in Finanz- und Industriemathematik, Biomedizin und Nahrungsmitteltechnik an. Dabei sind die Studienprogramme ganz auf die industriellen Auftraggeber, wie die Wacker Chemie, BASF und Allianz zugeschnitten. Asiaten büffeln für die deutsche Industrie, in: Frankfurter Allgemeine Zeitung, Frankfurt a. M., 05. Februar 2003.

sämtliche in China tätigen Mitarbeiter einen Produktkatalog anzubieten, der die Nachfrage nach einzelnen Trainings überprüfen soll.

Gerade zur Gewinnung und Bindung von Hochqualifizierten sind prestigeträchtige Programme für junge Menschen in den Schulen und Hochschulen geeignet. Sie verbessern die Attraktivität des deutschen Stammhauses als Arbeitgeber, erhöhen das Markenimage und bauen die Regierungsbeziehungen aus.

Die Verstärkung der Zusammenarbeit der JV untereinander als eine zweite Zielvorgabe, wird durch eine gemeinsame Trainerbasis für Managementprogramme unterstützt. Daneben bringen die Schlüsselpartnerschaften mit den Hochschulen die chinesischen JV Partner im Bereich der Managemententwicklung näher zusammen. Das ermöglicht in Zukunft gemeinsame Managementtrainings und MBA-Programme.

Durch die Ausrichtung auf automobile Themen mit starkem Praxisbezug und die Ausfüllung eines Nischenmarktes in China mit dem Hintergrund des German Engineering, wird das Ziel des Profit Center Status ebenfalls unterstützt. Damit lässt sich ein automobiles Image aufbauen, mit welchem das in China für eine erfolgreiche externe Vermarktung notwendige Prestige verbunden ist.

Risikoanalyse
Die SWOT-Analyse der Universität zeigt eine gewisse Alleinstellung und Vorreiterrolle für derartige Bildungsaktivitäten, die aber erst geschaffen werden muss und mit Risiken verbunden ist, wie die folgende Abbildung verdeutlicht.

Stärken		Chancen	
HRTC besitzt das interne Anbietermonopol	Verknüpfung mit den anderen beiden Geschäftsfeldern des HRTC	Aufbau von eigenen Programmen für chinesischen Markt	Vertrauen erschließt Beratungsmöglichkeiten
Training on the Job-Portfolio des deutschen Stammhauses zur Verfügung	gewisse Neutralität bei Joint Venture übergreifenden Projekten	Kombination von Training und Beratung	Ausbau des vorhandenen Vertriebsnetzes
Projektmoderation als Mittel zur Akquirierung von Beratungsfeldern	Aufbau von Fachwissen in Emerging Markets	Vertrauensaufbau durch Trainingsaktivitäten	Aufbau neuer Standorte als Tochtergesellschaften in der Zukunft
		bei schwächerer wirtschaftlicher Entwicklung wächst Beratungsbedarf	

Schwächen		Risiken	
geringer Einfluss der deutschen Seite auf Projektvergabe in den Joint Ventures	Beschaffung lokaler chinesischer Berater schwierig und teuer	Chinesische Partner könnten eigene Beratungsarme aufbauen	aufgebautes lokales Beraterwissen schwer zu halten (hohe Fluktuation)
keine im chinesischen Markt erprobten Produkte vorhanden	Aufbau von chinesischem Beratungswissen muss vorfinanziert werden	langfristig Festigung der Marktverhältnisse auf externem Beratungsmarkt	Emerging Market
geringe Akzeptanz gegenüber reiner Beratung wie in Europa	externer Markt ist erst mittelfristig zu erschließen	Trainingsbedarf ist traditionell höher als Beratungsbedarf	zukünftig geringe Akzeptanz wenn keine Produkte für chinesische Bedürfnisse vorhanden sind

Abb. 58: SWOT-Analyse der Universität

Eine Stärke des Geschäftsfelds Universität ist das hohe Ansehen, welches deutsche Automobilindustrie allgemein in China genießt. Das wirkt sich auch auf die Hochschulen des Landes aus. Für anstehende Kooperationsverhandlungen ist die Ausgangsposition damit durchaus positiv.

Die lokalen Personalentwicklungen der JV verfügen über eigene Programme und Hochschulkontakte, allerdings mit einem sehr starken Fokus auf das eigene Unternehmen. Sie bieten gleichzeitig die Möglichkeit, praktische Fallstudien aus realen Projekten der JV heraus zu entwickeln oder die Teilnehmer direkt in diesen Projekten arbeiten zu lassen.

Hochbegabte Kandidaten sind an chinesischen Schulen und Hochschulen schwer zu identifizieren. Zwischen den Anforderungen westlicher Unternehmen an ihre Mitarbeiter und denen der chinesischen Hochschulen und Unternehmen bestehen erhebliche Unterschiede. Hier müssen Vergleichsmaßstäbe, wie z.B. spezielle Testverfahren, welche in den Unterricht eingebettet sind, mit ihren Analysemöglichkeiten Abhilfe schaffen. Dementsprechend ist das Image von chinesischen Hochschulen im internationalen Vergleich schwer einzuordnen. Zudem ist ein reines Kooperationsnetzwerk für den Aufbau eines Bildungsimages des deutschen Stammhauses hinderlich, sobald sich einzelne JV-Partner zu stark im Alleingang am Markt profilieren wollen. Generell sind die Investitionen, gerade in die interne Personalentwicklung, zu rechtfertigen. Denn ein Großteil der chinesischen Manager der JV Partner wird nach den diversen Programmen nicht mehr den JV, sondern möglicherweise den Konkurrenzunternehmen der JV Partner angehören.

Die Chancen am Markt liegen im überdurchschnittlich hohen Bedarf an MBA Programmen, was sich aus der Vielzahl der Anbieter ableiten lässt. Konzentriert sich die Universität auf ein automobiles Programm mit einem starken Praxisbezug, nimmt sie als ausländisches Unternehmen eine gewisse Alleinstellung im chinesischen Markt ein. Diese Alleinstellung baut ein Prestige auf, von dem vor allem auf dem Markt der Externen profitiert werden kann. Die Bekanntheit der Marke des deutschen Stammhauses würde dadurch positiv beeinflusst.

Ein Risiko bleibt die Verringerung der Nachfrage nach MBA-Programmen aufgrund einer langsameren wirtschaftlichen Entwicklung. Die Spezialisierung auf den Teilmarkt Automobil, der eine gewisse Robustheit in China besitzt, wirkt dem entgegen. Die JV Partner könnten die Personalarbeit weiterhin zu einer jeweils internen Angelegenheit machen und damit den Aufbau des Geschäftsfelds Universität behindern, wenn beispielsweise keine praktischen Projekte bei der MBA-Ausbildung in den JV möglich sind. Ebenso kann das aufzubauende Bildungsimage durch die Partnerhochschulen verwässert werden, wenn sich das deutsche Stammhaus nicht deutlich genug engagieren würde und die Hochschulen ihren Beitrag zu stark herausstellen oder Kooperationen aus diesem Grund scheitern. Noch viel schlimmer ist jedoch die Fluktuation der Hochqualifizierten während und direkt nach den Programmen. Ihr kann nur durch die Attraktivität als Arbeitgeber aufgrund der langfristigen Entwicklungsmöglichkeiten im deutschen Stammhaus oder den lokalen JV entgegengewirkt werden. Das erfordert eine Öffnung des gesamten deutschen Stammhauses für chinesische Mitarbeiter bis in die höchsten Positionen. Nur dadurch wird die Identifikation eines Chinesen mit einem deutschen Unternehmen ermöglicht. Solange sich die chinesischen Manager mehr als "Chinesen" denn als Mitarbeiter eines deutschen Unternehmens fühlen, wird es ihnen nicht schwer fallen, bei der nächsten Gelegenheit in ein anderes Unternehmen zu wechseln.

Instrumente

Leistungsprogramm

Das Produktportfolio der Universität muss die Basis dafür schaffen, dass die vorher erwähnten Risiken nicht eintreten. Dazu sind den beiden Zielgruppen die entsprechenden Produkte zuzuordnen.

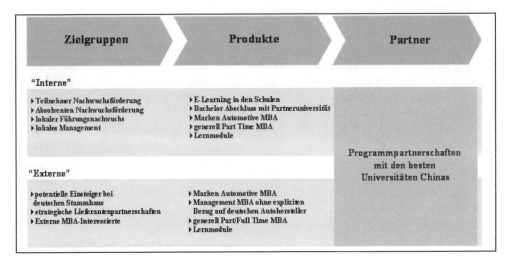

Abb. 59: Die Produkte der Universität nach Zielgruppen

Die Zielgruppe der Internen sind in erster Linie die Teilnehmer eines Nachwuchsförderungsprogramms. Sie können schon in der Senior High School oder direkt an der Universität ausgewählt werden.[354] Bei der Auswahl helfen E-Learning Lösungen, mit denen gerade in den Schulen ein Imageentwicklungsprogramm kombiniert werden kann.[355] Das Studium dieser besonders geeigneten Personen sollte an einer Partneruniversität in der Nähe eines Automobilwerks erfolgen. Hier kann ein an die Bedürfnisse der JV angepasster Bachelor Abschluss angeboten werden. Während des Studiums müssen Praktika in den chinesischen JV angeboten werden. Nach Abschluss des Studiums sollten die Absolventen die Möglichkeit haben ein

---

[354] Vgl. Kap. V. 1. 2. Bildungsmarkt China

[355] Aus Benchmarks mit dem Coca Cola E-Learning Center in China und dem von Cisco Systems unterstützten Human Capacity Building Program in Asien ergibt sich eine beispielhafte E-Learning Lösung für unser deutsches Stammhaus. Es kann die Durchführung von allgemeinbildenden Unterrichtseinheiten durch spezielle Trainingstools beeinflussen, indem die Schüler mit westlicheren Lernmethoden konfrontiert und Ergebnisse evaluiert werden. Die jeweils Besten werden öffentlich ausgezeichnet und an das deutsche Stammhaus durch das Nachwuchsförderungsprogramm gebunden. Die breite Streuung von E-Learning Lösungen in unterentwickelten Regionen sichert auch das Wohlwollen der Zentralregierung und verbessert die politischen Kontakte. Es müssen lediglich die Software, eine Schulung der Lehrer sowie eventuell teilweise die Hardware gestellt werden. Diese Kosten ließen sich durch einen strategischen und branchenfremden IT-Partner halbieren. Zudem ist diese Lösung finanziell günstiger, als beispielsweise der von UPS eingeschlagene und ganze Schulen finanzierende Weg.

internationales Trainee- oder Doktorandenprogramm im deutschen Stammhaus zu absolvieren. Danach sollte den chinesischen Mitarbeitern und ihren ausländischen Kollegen die Möglichkeit zu einem MBA offen stehen. Der MBA bietet einen hohen Praxisbezug durch die Teilnahme an realen Projekten und der Lösung von dort anfallenden Problemen im wissenschaftlichen Kontext zu den Studienanforderungen. Der MBA sollte berufsbegleitend ausgelegt werden. Um darüber hinaus weitere Trainingsleistungen in den JVs anzubieten, muss ein Trainingskatalog erstellt werden, der die Nachfragesituation testet.[356] In jedem Fall sollen mit den internen Programmen Fachleute für den chinesischen Markt ausgebildet werden. Chinesen sind aufgrund der Kenntnis der eigenen Kultur besser geeignet, benötigen aber den Managementhintergrund des ausländischen Unternehmens.

Die externen Kundengruppen dienen primär als Einnahmequelle zur Refinanzierung der internen Programme und zur Gewinnung von Hochqualifizierten. Generell können aus Kostengründen die gleichen MBA-Programme angeboten werden. Nur sind stark auf interne Anforderungen ausgerichtete Programme nicht attraktiv genug für alle Externen, so dass ein Managementprogramm mit einem weniger starken internen Bezug angeboten werden muss. Diese Programme können nur aus realen Projekten abgeleitete Fallstudien oder die Arbeit an nicht geheimhaltungsbedürftigen Projekten beinhalten. Generell sind Vollzeit- und Teilzeitprogramme anzubieten. Gerade für die MBA Abschlüsse wird ein kompetenter Partner zur Erstellung der Studiengänge benötigt. Das könnten in China z.B. etablierte Business Schools wie die China European International Business School (CEIBS) leisten. Solche Kooperationen müssen jedoch für den Kunden im Verborgenen bleiben und sich auf die Programmerstellung konzentrieren, da sie das Markenimage unserer Universität negativ beeinflussen könnten.

Neben den vorher genannten Programmen und Produkten besteht auf dem externen Markt eine Nachfrage nach exklusiven Managemententwicklungsprogrammen für Chinesen in Deutschland. Solche Programme haben mehr den Charakter einer Geschäftsreise "ohne triftigen Grund", sind aber eine willkommene Möglichkeit zur Kontaktaufnahme zu chinesischen Top Managern aus anderen Branchen und Staatsunternehmen. Diese Kontakte können zur Anbahnung von Geschäften für das HRTC in allen seiner drei Geschäftsfelder genutzt werden. Das HRTC benötigt dafür ein Minimum an Programmaufwendungen. Viel wichtiger ist das Rahmenprogramm in Deutschland, welches relativ einfach zu organisieren ist.

Wertschöpfungstiefe
Ein für die Wertschöpfungstiefe wichtiger Aspekt ist die chinesische Kultur. Bei jedem Trainingsprogramm ist darauf zu achten, die chinesischen Teilnehmer nicht zu westlich zu unterrichten, um sie nicht zu überlasten. Hauptsächlich bei älteren Teilnehmern aus höheren Positionen müssen die Trainingskurse diesem Umstand angepasst sein. Die einzelnen Wertschöpfungstiefen werden im Folgenden beschrieben.

Die E-Learning Lösungen sollten mit einem starken Programmpartner wie einem IT-Dienstleister (Bsp. IBM) entwickelt werden. Diese Unternehmen besitzen weit mehr Know-

---

[356] Gemeint sind Managementtrainings im Bereich der Unternehmer-, Fach- und Sozialkompetenz, der Persönlichkeit, der Teamentwicklung und der Moderation sowie die Organisation von Workshops.

how für E-Learning Systeme und verfügen über Standardlösungen. Der IT-Dienstleister kann bei einer Kooperation und der Teilung der Investitionskosten in China ähnliche Ziele verfolgen, ohne in direkter Konkurrenz zum HRTC zu stehen.

Die Bachelor Abschlüsse an den Partneruniversitäten lohnen sich erst ab einer bestimmten Teilnehmerzahl. Darum sollten sie zwar grundsätzlich auf die Gewinnung und Entwicklung von hochqualifizierten Studenten ausgerichtet, aber trotzdem offen für jedermann mit den entsprechenden Qualifikationen sein. So lassen sich die Bachelor Abschlüsse finanzieren, da die Universitäten maßgeblich an der Erarbeitung und Durchführung beteiligt sind, während das HRTC Gastdozenten bereitstellen und automobile Inhalte liefern könnte.

Der Marken Automotive MBA und der Management MBA ohne expliziten Marken Bezug müssen von der Programmseite her von einer etablierten und erfahrenden Business School erarbeitet werden. Die JV haben ihr eigenes Trainingsportfolio und benötigen nur einzelne neue Kurse, nicht aber ganze Programme mit einem eindeutigen Standard. Es bestünde so für die JV Partner die Gefahr, dass chinesische Manager auf ein vergleichbares Niveau mit ihren deutschen Kollegen gebracht werden könnten und umgekehrt. Die deutsche Seite könnte die Situation nutzen, um diese chinesischen Manager abzuwerben.

Die Nachfrage nach reinen Trainingskursen muss vor einer detaillierten Konzeption durch einen Produktkatalog getestet werden. Danach kann mit einem externen Partner (z.B. Achieve Gobal[357]) mit der Erstellung von Trainingskursen und der Durchführung begonnen werden.

5.2.4 Aspekte der Durchführung

Auf die Aspekte der Durchführung soll hier nicht mehr detailliert eingegangen werden, da bereits in Abschnitt II. 7. im Rahmen der Strategieimplementierung ausführlich Stellung genommen wurde. Bei der Umsetzung der oben ausgeführten konkreten Vorgaben muss eine Orientierung nach den strategischen Prioritäten erfolgen. Die Gestaltung des Beziehungsmanagements durch interne und externe Personalentwicklung durch Aufbau eines Human Resource Training Center sollte in der Durchführungsphase neben den in Abschnitt II genannten Einflussfaktoren weitere Punkte umfassen. Hierzu gehört u.a.:

- die Erstellung verschiedener Szenarien mit z.B. positiver, realistischer und negativer Einschätzung,
- die Bewertung der Risiken,
- die Einschätzung des zeitlichen Horizonts für die Umsetzung und
- die Budgetierung mit Abgabe einer Wirtschaftlichkeitsbewertung.

---

[357] Achieve Global ist einer der größten Anbieter weltweit für die Konzeption und Durchführung von Trainings in den Bereichen Vertrieb, Kundendienst, Teambildung, Managemententwicklung und Projektmanagement.

Literaturverzeichnis

Ahlert, D., Distributionspolitik : das Management des Absatzkanals, 3. Aufl., Stuttgart 1996

Albaum, G., Stradskov, J., Duerr, E., Internationales Marketing und Exportmarketing, München 2001

Albrecht, K., Best practice, checklists actionlists, Frankfurt a. M. 2003

Ansoff, I., A Model for Diversification, in: Management Science, 1958

Ansoff, I., Corporate Strategy, 1988

Astheimer, S., Den Unternehmen droht ein enormer Wissensverlust, in: FAZ, Nr.300, 24.12.05

Bänsch, A., Käuferverhalten, 9. Aufl., München, 2002

Backhaus, K., Industriegütermarketing, 7. Aufl., München, 2003

Backhaus, K., Baumeister, C., Mühlfeld, K., Kundenbindung im Industriegütermarketing; in: Bruhn, M., Homburg, C. (Hrsg.), Handbuch Kundenbindungsmanagement, 4. Aufl., Wiesbaden, 2003

Barth, T., Outsourcing unternehmensnaher Leistungen, Frankfurt a.M., 2003

Bartlett, C. A. and Ghoshal, S., Management across Borders, The Transnational Solution, Harvard Business School Press, Boston, 1989

Baumann, N., Das Interesse hält nur fünf Minuten an, FAZ, Nr. 36, 11. 02. 2006

Bausch, T., Stichprobenverfahren in der Marktforschung, München, 1990

Bea, X., Strategisches Management, 3. Aufl., Stuttgart, 2001

Becker, J., Marketing-Konzeption, 7.Aufl., München, 2002

Becker, J., Einzel-, Familien- und Dachmarken als grundlegende Handlungsoptionen, S. 301, in Esch, Moderne Markenführung, 3. Aufl., 2001

Berekoven, L., Eckert, W., Ellenrieder, P., Marktforschung: Methodische Grundlagen und praktische Anwendung, 10. Aufl., Wiesbaden, 2004

Berndt, R., Altobelli, C. F., Sander, M., Internationales Marketing-Management, 2. Aufl., Berlin, 2003

Beutin, N., Verfahren zur Messung der Kundenzufriedenheit im Überblick, in: Homburg, C. (Hrsg.), Kundenzufriedenheit, Konzepte-Methoden-Erfahrungen, 5. Aufl., Wiesbaden, 2003

Black, J. S., Gregersen, H. B., Mendenhall, J. C., Global Assignments, Succesfully Expatriating and Repatriating International Managers, San Francisco 1992

Borg, M., International Transfer of Managers in Multinational Corporations, Stockholm 1988

Borg, M., Harzing, A.-W., Karrierepfade und Effektivität internationaler Führungskräfte, in: Handbuch Internationales Führungskräfte-Management, hrsg. v. Macharzina, K., Wolf, J., Stuttgart et al 1996

Böcker, F., Die Verbindung von Kaufverbundenheit von Produkten, Berlin, 1978

BP, vielfalt & einbeziehung bewusst gelebt, London 2003

Bruhn, M., Kommunikationspolitik: Bedeutung, Strategien, Instrumente, München, 1997

Bruhn, M., Marketing: Grundlagen für Studium und Praxis., 5. Aufl., Wiesbaden, 2001

Bruhn, M., Strategische Ausrichtung des Relationship Marketings, in: Payne, A., Rapp, R., Handbuch Relationship Marketing, 2.Aufl., München, 2003

Bruhn, M., Homburg, C. (Hrsg.), Handbuch Kundenbindungsmanagement, 4. Aufl., Wiesbaden, 2003

Bruhn, M., Georgi, D., Wirtschaftlichkeit des Kundenbindungsmanagements, in: Bruhn, M., Homburg, C. (Hrsg.), Handbuch Kundenbindungsmanagement, 4. Aufl., Wiesbaden, 2003

Buck-Emden, R., Saddei, D., Informationstechnologische Perspektiven von CRM, in: Bruhn, M., Homburg, C. (Hrsg.), Handbuch Kundenbindungsmanagement, 4. Aufl., Wiesbaden, 2003

Bukhari, I., Europäisches Brand Management, Wiesbaden 1999

Büschken, J., Hinzdorf, T., Preispolitik auf interdependenten Märkten, S. 18, in: Belz, C., Mühlmeyer, J., Internationales Preismanagement, Wien/Frankfurt a. M., 2000

Butscher, S., Kundenclubs als modernes Marketinginstrument: Kritische Analyse und Einsatzmöglichkeiten, 2. Aufl., Ettlingen, 1995

Butscher, S., Handbuch Kundenbindungsprogramme & Kundenclubs, Ettlingen, 1998

Butscher, S, Burger, V., Kundenbindungsprogramme auf dem Prüfstand, in: Direkt Marketing, Heft 38, Ettlingen, 2002

Buzell, R. D., Gale, B. T., Das PIMS-Programm: Strategien und Unternehmenserfolg, Wiesbaden, 1989

Cateora, P.R., Graham, J.L., International Marketing, Boston 2001

Chandler, A., Strategy and Structure, Cambridge 1962

Christensen, C. M., Johnson, M. W., Rigby, D. K., Foundation for Growth. in: Sloan, Management Review, Spring 2002

Coenenberg, A. G., Salfeld, R., Wertorientierte Unternehmensführung, Stuttgart, 2003

Continentale Versicherung a.G. (Hrsg.), Continentale Studie 2004: Die Deutschen und ihr Gesundheitssystem: Unzufriedenheit und Ängste, Dortmund, 2004

Corsten, H., Lexikon der Betriebswirtschaftslehre, 4. Aufl., München, 2000.

Dahlke, B., Kleinaltenkamp, M., Einzelkundenorientierung im Business-to-Business-Bereich: Konzeptualisierung und Operationalisierung, Wiesbaden, 2001

Depner, H., Doktorandenkolloquium Fachbereich Geographie, Philipps-Universität Marburg, Dezember 2003

Diller, H., Goerdt, T., Marken- und Einkaufsstättentreue der Konsumenten als Bestimmungsfaktoren der Markenführung, in, Esch, F.-R. (Hrsg.): Moderne Markenführung, Grundlagen, Innovative Ansätze, Praktische Umsetzungen, 2. Aufl., Wiesbaden, 2000

Diller, M., Handbuch Preispolitik : Strategien, Planung, Organisation, Umsetzung,1. Aufl., Wiesbaden, 2003

Dlugos, G., Dorow, W., Farrell, D., Organizational Politics: From conflict-suppression to rational conflictmanagement, Wiesbaden 1993

Domsch, M., Lichtenberger, B., Der internationale Personaleinsatz, in: Führung von Mitarbeitern

Domsch, M., Lichtenberger, B., Internationaler Einsatz weiblicher Führungskräfte, in: Internationales Personalmarketing. Konzepte – Erfahrungen –Perspektiven, hrsg. v. Strutz, H. u. Wiedemann, K., Wiesbaden 1992

Dorenkamp, A., Kombination aus Diversifikation- und Wachstumsstrategien im Lichte von Rendite, Risiko und Unternehmensgröße, Osnabrück, 2002

Dorow; W., von Kibed, G. V., Corporate cultural identity and the challenge of globalisation, in: Mohn, L.: A Cultural Forum, The Impact of Globalization on Cultural Identity in Business, Bertelsmann Stiftung, Gütersloh 2002

Effenberg, J., Erfolgsfaktoren der Strategieberatung: Die Analyse einer Leistung von Unternehmensberatern aus Klientensicht., 1. Aufl., Stuttgart, 1998

Elderhorst, M., Diversity Management und Demographie, in: Arbeit und Arbeitsrecht, Ausgabe 03/2005, Berlin 2005

Engelhardt, W. H., Günter, B., Investitionsgüter-Marketing: Anlagen, Einzelaggregate, Teile, Roh- und Einsatzstoffe, Energieträger, Stuttgart, 1981

Esch, F.-R., Strategie und Technik der Markenführung, München, 2003

Farris, P. W. R., David, J., "How Prices, Expenditures and Profits are linked." in: Harvard Business Review, Nov. Dez. 1979

Fiedler, F. E., Mitchell, T., Triandis, H. C., The Cultural Assimilator: An Approach to Cross-Cultural Training, in: Journal of Applied Psychology, Vol. 55, 2, 1971

Frank, S., Verhandeln in China: Lächelnde Drachen, Manager Magazin Online, 2005

Frese, E., Grundlagen der Organisation, 8. Aufl., Wiesbaden 2000

Fromm, E., Die Kunst des Liebens, Frankfurt/Main 1979

Fuchs, W., Management der Business-to-Business-Kommunikation: Instrumente-Maßnahmen-Fallbeispiele, Wiesbaden, 2003

Ginter, T., Dambacher, J., Markenpolitik im B2B-Sektor; in: Baaken, T. (Hrsg.): Business-to-Business-Kommunikation: Neue Entwicklungen im B2B-Marketing, Berlin, 2002

Gloede, D., Strategische Personalplanung in multinationalen Unternehmungen Wiesbaden 1991

Gollnick, D., Kulturspezifische Auslandsvorbereitung, in: Kopper, E. Kiechl, R (Hrsg.), Globalisierung – von der Vision zur Praxis, Zürich 1997

Graham, J. L., Lam, N. M., Geschäfte mit Chinesen, HARVARD BUSINESS manager, Nr.1, 2004

Gronover, S., Kolbe, L. M., Österle, H.: Methodisches Vorgehen zur Einführung von CRM, in: Hippner, H., Wilde, K. D. (Hrsg.), Management von CRM-Projekten, Handlungsempfehlungen und Branchenkonzepte, Wiesbaden, 2004

Gummesson, E., Relationship-Marketing: Von 4P zu 30R, Wie sie von den 4 Marketingprinzipien zu den 30 Erfolgsbeziehungen gelangen, Landsberg/Lech, 1997

Hagel, J., "Die Zukunft des Wachstums." in: Harvard Business Manager, Juni 2003

Hamacher, E., Vielfalt bringt die Würze, Die Welt; 3. Juli 2004

Hammer, R. M., Strategische Planung und Frühaufklärung, 2. Aufl., München, 1992

Hammer, M., Champy, J., Reengineering the Corporation, New York 1993

Harvard Business Manager, „Ärger im Reich der Mitte", November 2003

Haspeslagh, P. C., Jemison, D. B., Managing Acquisitions: Creating Value through Corporate Renewal, New York et al. 1991

Heinen, E., Unternehmenskultur – Perspektiven für Wissenschaft und Praxis, München 1987

Herrmann-Pillath, C., Eine Krise der Wirtschaft als Krise der Kultur: Der „asiatische Kapitalismus und seine Beobachtung", Duisburger Arbeitspapiere zur Ostasienwirtschaft, Gerhard Mercator Universität Duisburg, Duisburg 1999

Herzhoff, S., Innovations-Management. Gestaltung von Prozessen und Systemen zur Entwicklung und Verbesserung der Innovationsfähigkeit von Unternehmungen, Bergisch Gladbach 1991

Hinterhuber, H. H., Strategisches Denken, 1996

Hippner, H., Wilde, K. D., CRM – Ein Überblick, in: Helmke, S., Uebel, M., Dangelmaier, W. (Hrsg.), Effektives Customer Relationship Management, Instrumente-Einführungskonzepte-Organisation, 3. Aufl., Wiesbaden, 2003

Hirschmann, A. O., Exit, Voice and Loyalty, Cambridge/ MA 1970

Hofer, C. W., Towards a Contingency Theory of Business Strategy in: Hahn, D., Taylor, B. (Hrsg.), Strategische Unternehmensplanung, Würzburg, 1980

Holland, H., Heeg, S., Erfolgreiche Strategien für die Kundenbindung, Von der Automobilbranche lernen, Wiesbaden, 1998

Holtbrügge, D., Personalmanagement multinationaler Unternehmungen in Osteuropa, Wiesbaden 1995

Homburg, C., Bruhn, M., Kundenbindungsmanagement, in: Bruhn, M., Homburg, C. (Hrsg.), Handbuch Kundenbindungsmanagement, 4. Aufl., Wiesbaden, 2003

Homburg, C., Fassnacht, M., Werner, H., Operationalisierung von Kundenzufriedenheit und Kundenbindung, in: Bruhn, M., Homburg, C. (Hrsg.), Handbuch Kundenbindungsmanagement, 4. Aufl, Wiesbaden, 2003

Homburg, C., Becker, A., Hentschel, H., Der Zusammenhang zwischen Kundenzufriedenheit und Kundenbindung, in Bruhn, M., Homburg, C. (Hrsg.), Handbuch Kundenbindungsmanagement, 4. Aufl., Wiesbaden, 2003

Homburg, C., Krohmer, H., Marketing Management: Strategie-Instrumente-Umsetzung-Unternehmensführung, Wiesbaden, 2003

Hungenberg, H., Strategisches Management in Unternehmen, 2. Aufl., Wiesbaden 2001

Hüttner, M., Schwarting, U., Grundzüge der Marktforschung, 7. Aufl., München Wien, 2002

Jacobs, S., Strategische Erfolgsfaktoren der Diversifikation, Mannheim, 1992

Johnson, G., Managing Strategic Change: the Role of Symbolic Action, in: British Journal of Management, 1. Jg., 1990

Johnson, G., Kevan S., Exploring corporate strategy, 6. Aufl., Financial Times Prentice Hall, 2002

Kasper, H., Zum Management von Unternehmenskulturen, in: Management Forum, 6, 1986

Kasper, H., Organisationskultur – Über den Stand der Forschung, Service, Wien 1987

Kasper, K., Interkulturelle Kompetenz als strategischer Erfolgsfaktor, in:

Kopper, E. Kiechl, R (Hrsg.), Globalisierung – von der Vision zur Praxis, Zürich 1997

Kaufmann, L., Pahans, D., Poovan, B., Sobotka, B., China Champions, Wiesbaden 2005

Keegan, W. J., Schlegelmilch, B. B., Stöttinger, B., Globales Marketing-Management: eine europäische Perspektive, München, 2002

Keller, K. L., Kundenorientierte Messung des Markenwertes, in: Esch, F.-R. (Hrsg.), Moderne Markenführung, Grundlagen, Innovative Ansätze, Praktische Umsetzung, 2. Aufl., Wiesbaden, 2000

Keller, E., Management in fremden Kulturen, Bern und Stuttgart 1982

Kenter, M. E., Entsendung von Stammhausdelegierten, in: HWInt, hrsg. v. Macharzina, K. u. Welge, M. K., Stuttgart 1989

Keogh, A., Stategien für globales Lernen und globale Integration, in: Kopper, E. Kiechl, R (Hrsg.), Globalisierung von der Vision zur Praxis, Zürich 1997

Kiechl, R., Interkulturelle Kompetenz, in: Kopper, E. Kiechl, R (Hrsg.), Globalisierung – von der Vision zur Praxis, Zürich 1997

Kirchhofer, R.G., Assessment vor dem Koffer-Packen, in: Kopper, E. Kiechl, R (Hrsg.), Globalisierung von der Vision zur Praxis, Zürich 1997

Kleinaltenkamp, M., Dahlke, B., Wengler, S., CRM auf Business to Business-Märkten, in: Hippner, H., Wilde, K. D. (Hrsg.): Management von CRM-Projekten, Handlungsempfehlungen und Branchenkonzepte, Wiesbaden, 2004

Koch, J., Marketing: Einführung in die marktorientierte Unternehmensführung, 1. Aufl., München, 1999

Kopper,E., Was ist Kulturschock und wie gehe ich damit um?, in: Kopper, E. Kiechl, R (Hrsg.), Globalisierung –von der Vision zur Praxis, Zürich 1997

Koschnik, W., Marketing Lexikon, 2. Aufl., Stuttgart, 1997

Kotabe, M., Helsen, K., Global Marketing Management, 2nd ed., New York, 2001

Kotler, P., Bliemel, F., Marketing Management: Analyse, Planung und Verwirklichung, 10. Aufl., Stuttgart, 2001

Kotler, P., Marketing Management, 11th ed., New Jersey, 2003

Krabbe, E. (Hrsg.), Leitfaden zum Grundstudium Betriebswirtschaftslehre, 6. Aufl., Gernsbach, 1998

Kroeber-Riel, W., Strategie und Technik der Werbung, 3. Aufl., 1991

Krott, M. F., Marktmacht China, Wien 1999

Krüger, W., Implementierung als Kernaufgabe des Wandlungsmanagement, in: Strategische Unternehmensplanung – Strategische Unternehmensführung, Hrsg. V. Hahn, D., Taylor, B., 8. Aufl., Heidelberg 1999

Kumar, B. N., Personalpolitische Herausforderung für im Ausland tätige Unternehmen, in: Exportnation Deutschland, hrsg. v. Dichtl, E., Issing, O., 2 Aufl., München 1992

Kunz, R. M., Diversifikationsstrategien und Unternehmenserfolg in: Die Unternehmung, 1993

Laakmann, K., Marketing von Value-added-Services: ein Beitrag zur Angebotsprofilierung im Wettbewerb, Münster, 1995

Leavitt, H. J., Grundlagen der Führungspsychologie, München 1974

Lengel, R., Daft, R., The Selection of Communicatiom Media as an Effective Skill, in: The Academy of Management Executive, 2. Jg., 1988, Nr. 3

Lin-Huber, M. A., Chinesen verstehen lernen, Bern et al 2001

Linxweiler, marken-design, 2. Aufl. 2004

Lohrmann, A., Nachhaltige Personalpolitik angesichts der drohenden Demografiefalle, www.diversity-gesellschaft.de, 27.12.05

Macharzina, K., Unternehmensführung, 4. Aufl., Wiesbaden, 2003

Macharzina, K., Auslandseinsatz von Mitarbeitern, in: HWP, 2. Aufl., hrsg. v. Gaugler, E. u. Weber, W., Stuttgart 1992

Martin, J., Organizational Culture, Mapping the Terrain, Thousand Oaks 2002

Marr, R., Schmölz, A., internationale Stellenbesetzung, in: HWInt, hrsg. v. Macharzina, K. u. Welge, M. K., Stuttgart 1989

Mayer, A., Ulrich, M., Imagetransfer, Hamburg, 1987

Mayrhofer, W., Entgeltfindung bei Auslandseinsätzen – Konzepte und Problemlösungen, in: Handbuch Internationales Führungskräfte-Management, hrsg. v. Macharzina, K., Wolf, J., Stuttgart et al 1996

McAuley, A., International Marketing, Chichester, 2001

Meffert, H., Bolz, J., Internationales Marketing-Management, 2. Aufl., Stuttgart 1994

Meffert, H., Marketing, 9. Aufl., Wiesbaden, 2000

Mercer Human Resource Consulting/F.A.Z.-Grafik Kaiser, o. V., Indien ist für Arbeitgeber noch günstiger als China, F.A.Z., 26.11.2005 Nr. 276

Mes, P., Patentgesetz, Gebrauchsmustergesetz, München, 1997

Metzger, T., Escape from Predicament. Neo-Confucianism and China's Evolving Political Culture, New York 1977

Müller, A., "Win-Win-Potential nutzen" in: Der Organisator, 11/2002

Müller, J., Diversifikation und Reputation: Transferprozesse und Wettbewerbswirkungen, Wiesbaden, 1996

Müller-Stewens, G., Vorstoß in neue Geschäfte: Identifikation und Eintrittsstrategien, in: Riekhof, H.-C. (Hrsg.), Praxis der Strategieentwicklung, Stuttgart, 1994

Müller-Stewens, G., Strategisches Management: Wie strategische Initiativen zum Wandel führen – der St. Galler General Management Navigator, Stuttgart, 2001

Münzberg, H., Den Kundennutzen managen: So beschreiten Sie den Weg zur Wertschöpfungskette, Wiesbaden, 1995

Nagle, T. T. H., Reed, K., Larsen Georg M., Pricing - Praxis der optimalen Preisfindung, 1. Aufl., Berlin, 1998

Nicolai, Ch., Die Nutzwertanalyse in: Das Wirtschaftsstudium, 23/1994

Ostler, V., Managing Diversity, www.diversity-gesellschaft.de, 27.12.05

o.V., Kleine Kniffe für große Geschäfte, Wirtschaftswoche Sonderheft China, 2004

Payne, A., Rapp, R., Handbuch Relationship Marketing, 2. Aufl., München, 2003

Pepels, W., Kommunikations-Management: Marketing-Kommunikation vom Briefing bis zur Realisation, 3. Aufl., Stuttgart, 2001

Pepels, W., Marketing: Lehr- und Handbuch, 4. Aufl., München, 2004

Perlmutter, H. V., The Tortuous Evolution of the Multinational Corporation, in: Columbia Journal of World Business, 4, 1969

Peters, T. J., Waterman, R. H. Jr., In Search of Excellence: Lessons from America's Best Run Companies, New York, 1982

Plinke, W., Unternehmensstrategie, in:Kleinaltenkamp, M., Plinke, W., Strategisches Business-to-Business Marketing, Berlin et al. 2000

Porter, E. M., Wettbewerbsstrategie (Competitive Strategy), 6. Aufl., Frankfurt a. M., 1990

Porter, M. E., What is strategy?, in: Harvard Business Review, 74.96, Boston, 1996

Porter, M. E., Wettbewerbsstrategie: (Competitive Strategy) - Methoden zur Analyse von Branchen und Konkurrenten, 10. Aufl., Frankfurt a. M., 1999

Porter, M. E., Wettbewerbsvorteile: Spitzenleistungen erreichen und behaupten (Competitive advantage), 5. Aufl., Frankfurt a. M., 2000

Prasuhn, T., Die Entwicklung eines ganzheitlichen Produkthaftungsmanagements auf Basis einer umfassenden Analyse der deutschen Produkthaftungssituation, 1. Aufl. 1998

Rall, W., Internes vs. externes Wachstum in: Glaum, M. (Hrsg.), Wachstumsstrategien internationaler Unternehmungen, Stuttgart, 2002

Rappaport, A., Shareholder Value, Stuttgart, 1995

Reichheld, F., Sasser, W. E., Zero-Migration: Dienstleister im Sog der Qualitätsrevolution, in: Harvard Business Manager, Heft 4, 1991

Richter, D., Müschenich, M., Ekkernkamp, A., "Eine Vision in zwei Teilen von einer Wirklichkeit, die den Erfolg zulässt." in: F&W, 4/2002, 19. Jg.

Richter, T., Marketing Standardisation in International Marketing, Frankfurt a. M., 2002

Rinne, A, Die rechtliche Gestaltung von Kundenbindungssystemen. in: Dallmer, H. (Hrsg.): Das Handbuch direct marketing & more, 8. Aufl., Wiesbaden, 2002

Roessel, R., Führungskräfte-Transfer in internationalen Unternehmungen, Köln 1988,

Rudolph, B., Kundenzufriedenheit im Industriegüterbereich, Wiesbaden, 1998

Sieben, F.G., Customer Relationship Management als Schlüssel der Kundenzufriedenheit, in: Homburg, C. (Hrsg.): Kundenzufriedenheit: Konzepte-Methoden-Erfahrungen, 5. Aufl., Wiesbaden, 2003

Simon, H., Homburg, C., Kundenzufriedenheit, Konzepte-Methoden-Erfahrungen, 2. Aufl., Wiesbaden, 1997

Scharf/Schubert: Marketing, 2001

Schein, E. H., Soll und kann man die Unternehmenskultur verändern?, in: gdi-impuls, 2, 1984

Scherm, E., Internationales Personalmanagement, München und Wien 1995

Scholz, Ch., Strategisches Management: Ein integrativer Ansatz, Regensburg, 1986

Scholz, Ch. Strategische Stimmigkeit in: Wirtschaftswissenschaftliches Studium, 1988

Schramm, M, Taube, M, Institutionenökonomische Anmerkungen zur Einbettung von Korruption in das Ordnungssystem chinesischer Guanxi-Netzwerke" Duisburger

Arbeitspapiere zur Ostasienwirtschaft, Gerhard Mercator Universität Duisburg, Duisburg 2001

Schultze, S.: Methoden der Unternehmensbewertung, 2. Aufl., Düsseldorf, 2003

Schumacher, U.,Vorstand Personal- und Sozialwesen der Ford-Werke AG Deutschland, in: Diversity – Vielfalt als Stärke, www.ford.de/ie/ueber-ford/-/uford12/-/-/4/-, 28.12.05

Stahr, G., Internationale strategische Unternehmensführung, Stuttgart Berlin Köln 1989

Steinmann, H., Schreyögg, G., Management, 5. Aufl., Wiesbaden, 2000

Strebel, H., "Zielsysteme und Zielforschung" in: Die Betriebswirtschaft, 3/1981, 41. Jg.

Strohmeyer, M., Expansion durch Kooperation, Frankfurt a. M., 1996

Sydow, J., Strategische Netzwerke: Evolution und Organisation Wiesbaden, 1992

Tang, Z., Reisch, B.: Erfolg im China-Geschäft, Frankfurt/ Main 1995

Thomas, A., Hagemann, K., Training interkultureller Kompetenz, in: Interkulturelles Management, hrsg. v. Bergemann, N., Sourisseaux, A. L. J., 2 Aufl., Heidelberg 1996

Tietz, B., Die Grundlagen des Marketing, Band 3: Das Marketing-Management, München 1976

Toyne, B., Kühne, R. J., The Management of the International Executive Compensation and Benefit Process, in: JIBS, Vol. 4, 4, 1983

Trommsdorf, V., Konsumentenverhalten, 5. Aufl., 2003

Tsekrekos, A. E., The effect of first-mover`s advantages on the strategic exercise of real options in: Paxson, D. A. (Hrsg.), Real R&D options, Oxford, 2003

Töpfer, A., Kundenzufriedenheit messen und steigern, Neuwied, Kriftel, Berlin, Luchterhand, 1996

Uhe, G., Strategisches Marketing: vom Ziel zur Strategie, 1. Aufl., Berlin, 2002

Vedder, G., Fünf zentrale Fragen und Antworten zum Diversity Management, www.unitrier.de/uni/fb4/apo/diversity.html, 27.12.05 und www.ungleich-besser.de, 18.4.2005

Wacker, W. H., Steuerliche Probleme bei der Entsendung von Führungskräften ins Ausland, in: Handbuch Internationales Führungskräfte-Management, hrsg. v. Macharzina, K., Wolf, J., Stuttgart et al 1996

Waterman, R. H. Jr., The Seven Elements of Strategic Fit in Journal of Business Strategy, 1982

Watzka, K., Betriebliche Reintegration von Arbeitslosen: Probleme und Maßnahmen zur Problemreduzierung, Münster 1989

Weber, M., Krahnen, J., Weber, A., Scoring Verfahren - häufige Anwendungsfehler und ihre Vermeidung in: Der Betrieb, Heft 33, 48.Jg., 1995

Weber, W., Festing, M., Wiedereingliederung entsandter Führungskräfte-Idealtypische Modellvorstellungen und realtypische Handhabungsformen, in: Handbuch Internationales Führungskräfte Management, hrsg. v. Macharzina, K., Wolf, J., Stuttgart et al 1996

Weiber, R., Adler, J., Internationales Business-to-Business-Marketing, in: Kleinaltenkamp, M., Plinke, W., Strategisches Business-to-Business-Marketing, Berlin et al. 2000

Weinert, A.B., Organisationspsychologie, 4. Aufl. und Schuler, Weinheim 1998

Weis, H. C., Marketing, 12. Aufl., Ludwigshafen (Rhein), 2001

Weis, H. C., Marketing: Kompendium der Betriebswirtschaft, 13. überarbeitete und aktualisierte Aufl., Ludwigshafen, 2004

Welge, M. K., Al-Laham, A., Strategisches Management: Grundlagen - Prozess - Implementierung, 3. Aufl., Wiesbaden, 2001

Welge, M. K., Al-Laham, A., Strategisches Management: Grundlagen - Prozess - Implementierung, 4. Aufl., Wiesbaden, 2003

Welge, M. K., Holtbrügge, D., Internationales Management, Stuttgart 2003

Wilde, K., Bewertung von Produkt-Markt-Strategie: Theorie und Methoden, Berlin, 1989

Wilson, R., Reputation in Games and Markets in: Roth, A. E. (Hrsg.), Game theoretic models of bargaining, Cambridge / New York, 1985

Winkelmann, P., Marketing und Vertrieb, 3. Aufl., 2002

Wirth, E., Mitarbeiter im Auslandseinsatz. Planung und Gestaltung, Wiesbaden 1992

Wöhe, G., Einführung in die Allgemeine Betriebswirtschaftslehre, 20. neubearbeitete Aufl., München, 2000

Wurche, S., Strategische Kooperation: theoretische Grundlagen und praktische Erfahrungen am Beispiel mittelständischer Pharmaunternehmen., Wiesbaden, 1994

www.diversity-gesellschaft.de, 27.12.05

www.diversity-forum.org, 23.12.2005

www.uni-trier.de/uni/fb4/apo/diversity.html, 27.12.05

www.ungleich-besser.de, 18.04.2005

www.eeoc.gov/abouteeo/overview_laws.html, 27.12.05, www.diversityinc.com, 27.12.05

www.ford.de/ie/ueber-ford/-/uford12/-/-/4/-, 28.12.05

www.bmwi.de/Homepage/download/wirtschaftspolitik/Wikurzinfo.pdf, 20.02.2003

www.spiegel.de/wirtschaft/0,1518,229812,00.html, 20.02.2003

www.miprox.de/Sonstiges/China.html, 20.02.2003

www.deutschebotschaft-china.org/de/wirtschaft/info_zahlen/statistischedaten2001.htm#Bevoelkerung, 08.03.2003

www.manager-magazin.de/koepfe/karrierecheck/0,2828,348569,00.html, 3.3.2006

www.china9.de/kultur/china-knigge-gluecksbringer.php

www.dw-world.de/dw/article/0,2144,1814218,00.html

www.top-jobs.de/lifestyle/lexikon/land_asien.html, 3.3.2006

www.plagiarius.com/d_index_china.html, 3.3.2006

www.oav.de/laenderinfo/index.php?1gid=316968&r=66, 10.03.2003

www.infos.com/de/theorie/klass12.epl, 25.02.2002

www. autoassembly.mckinsey.com, 21.02. 2003

www.diversity-gesellschaft.de, 27.12.05

www.unitrier.de/uni/fb4/apo/diversity.html, 27.12.05

www.fh-brandenburg.de/~hoeft/toolbox/ swot.htm, 27.03.2003

Zentes, J., Swoboda, B., Morschett, D., Kundenbindung im vertikalen Marketing, in: Bruhn, M., Homburg, C. (Hrsg.): Handbuch Kundenbindungsmanagement, 4. Aufl., Wiesbaden, 2003

Schlagwortverzeichnis

Basel II S. 104
B-to-B Marketing S. 14 f
B-to-C Marketing S. 14

Chinesisches Bildungssystem S. 130 ff
Checklistenverfahren S. 53

Desinvestitionsstrategie S. 22
Diversity Management S. 88
   Anwendung S. 97 ff
   Dimensionen S. 89
   Generatives D.M. S. 90 ff
   Internes und Externes D.M. S. 90
   Vorteile und Verbesserungen S. 94 ff
Diversifikation S. 28
Domestic Market Extension Orientation
   S. 9

EPRG-Konzeption S. 10
Externes Wachstum S. 34 f

Faule Kredite S. 129
Führung S. 74 ff

Gewinneinflussgrößen S. 47 f
Global Marketing Orientation S. 10
Guanxi S. 134 f

Human Resource Training Center
   S. 148 ff
   Beispiel Sales Academy
   - Aufgaben S. 155
   - Grad der Eigenständigkeit S. 152 f

- Kundengruppen S. 153
- Leistungsprogramm S. 157
- Risikoanalyse S. 156
- Standort S. 153
- Wertschöpfungstiefe S. 158
- Wettbewerbsüberblick S. 153
Beispiel Training on the Job
- Aufgaben S. 164 f
- Instrumente S. 167
- Interne Ausgangssituation S. 161 f
- Ist-Portfolio S. 160 f
- Kundengruppen S. 162
- Leistungsprogramm S. 167 f
- Risikoanalyse S. 165 f
- Wettbewerbsüberblick S. 163 f
- Wertschöpfungstiefe S. 168
Beispiel Universität
- Aufgaben S. 175 f
- Interne Ausgangssituation S. 169 f
- Kundengruppen S. 171 f
- Leistungsprogramm S. 178 ff
- Rechtsform S. 170 f
- Risikoanalyse S. 176 f
- Standort S. 171
- Wertschöpfungstiefe S. 180 f
- Wettbewerbsüberblick S. 173

Industriegütermarkt S. 15
Informationsmaßnahmen S. 79 f
Internationales Marketing S. 9
Internationaler Marketing Mix S. 11
Internes Wachstum S. 34 f

Joint Venture: Deutschland-China

Interessengegensätze   S. 142 f

Kulturspezifische
Lerntechniken   S. 144

Philosophische Perspektive   S. 143

Problemstellung   S. 140 f

Spieltheoretische Perspektive   S. 146 f

Systemtheoretisch-
kybernetische Perspektive   S. 145

Unternehmenskulturelle
Perspektive   S. 147 f

Ursache Handlungsbedarf   S. 141

Konfuzianismus   S. 133 ff

Kooperationsprozess

- Artefakte   S. 107

- Basic Assumptions   S. 107

- Exposed Values   S. 107

Konfliktreaktionsmöglichkeiten

- „EXIT“   S. 108

- „LOYALITY“   S. 109

- „VOICE“   S. 108 f

Koordinationsportfolio   S. 106

Kulturintegration

- Ethnozentrisch   S. 109

- Polyzentrisch   S. 109

Korruption   S. 138 f

Marktarealstrategie   S. 23 f

Marktattraktivität   S. 51

Marktentwicklung   S. 27

Marktparzellierungsstrategie   S. 40

Marktstimulierungsstrategie   S. 36 f

Me-too-Produkte   S. 26

Mianzis   S. 136

Multidomestic Market Orientation S. 9

Nutzwertanalyse   S. 45

Operative Lücke   S. 19

Personalmanagement

Besetzung

- Ethnozentrisch   S. 110 f

- Geozentrisch   S. 111 f

- Polyzentrisch   S. 110 f

Entsendungsprozess

- Auswahlphase   S. 113 ff

- Einsatzphase

Einkommensdifferenzierung   S. 119 f

- Reintegrationsphase

Eingebürgerte Führungskräfte   S. 124

- Kosmopoliten   S. 126

- Lokale Führungskräfte   S. 124

- Nicht sesshafte
Führungskräfte   S. 125

Vorbereitungsphase

Erfahrungsbezogene
Vorbereitung   S. 117

- Intellektuelle Vorbereitung   S. 116

- Landesspezifische
Vorbereitung   S. 117

- Landesübergreifende
Vorbereitung   S. 118

Erfolgskomponenten   S. 126 f

PIMS-Programm   S. 46

Portfolio-Technik   S. 47 f

Präferenz-Strategie   S. 37 f

Preis-Mengen-Strategie   S. 38 f

Produktentwicklung   S. 26

Produkt-Markt-Strategien   S. 24 f

Shareholder-Value-Konzept   S. 32 f

Stabilisierungsstrategie   S. 22

Strategie   S. 16

Strategiearten   S. 21

Strategieimplementierung   S. 55

Aufbaustrukturen	S. 61 f	Operative Planung	S. 85 f
Aufgabenspezialisierung	S. 61 f	Organisation	
Controlling		- Divisionale	S. 66 f
- Durchführungskontrolle	S. 85	- Funktionale	S. 65 f
- Konsistenzkontrolle	S. 84 f	- Matrixorganisation	S. 67 ff
- Management-Informations-		- Strategieorientierte	S. 59
systeme	S. 82	Prozessstrukturen	S. 69 ff
- Prämissenkotrolle	S. 84	Qualifizierung	S. 80 ff
Führung	S. 74 ff	Unternehmenskultur	S. 72 ff
Implementierungsprobleme		Strategieprofil-Methode	S. 45
(Widerstände)	S. 76 ff	Strategischer Fit	S. 52
Informationsmaßnahmen	S. 79 f	Strategische Lücke	S. 19
Marketing-Mix	S. 71 ff	SWOT-Analyse	S. 17
Motivation	S. 80		

International Management

Eberhard Dülfer

International Management in Diverse Cultural Areas
Internationales Management in unterschied-
lichen Kulturbereichen

1999 | 1.052 S. | 64 Abb. | gb.
€ 54,80 | ISBN 978-3-486-25205-7
Global Text

- Basics.
- Long-term Fields of Operation for International Management.
- The Process of Internationalization.
- Business Systems Used Abroad.
- How to Consider the Unfamiliar Environment: The Core Problem of international Management.
- Influences of the Global Environment on Management, Labor and Consumption Behavior in Host Countries.
- Particularities of the Interactional Relationship in Foreign Business from the Perspective of the Decision Maker (Manager).
- Challenges for the Manager Abroad.

- Grundlagen.
- Langfristig aktuelle Operationsfelder des Internationalen Managements.
- Die Internationalisierung der Unternehmung.
- Auslands- Geschäftssysteme.
- Berücksichtigung des fremden Umfeldes als Kernproblem des Internationalen Managements.
- Einflüsse der globalen Umwelt auf das Führungs-, Arbeits- und Konsumverhalten in Gastländern.
- Besonderheiten der Interaktionsbeziehungen im Auslandsgeschäft aus der Sicht des Entscheidungsträgers (Manager).
- Anforderungen an den Auslandsmanager.

Professor Dr. Dr. h.c. Eberhard Dülfer war von 1967 bis 1991 geschäftsführender Direktor des Instituts für Kooperation in Entwicklungsländern an der Universität Marburg.

Oldenbourg